BESTACTIVITYBOOKS.COM

PRIMEIRA EDIÇÃO - 2022

Ilustración gráfica adicional: www.freepik.com
Graças a Alekksall, Starline, Pch.vector, Rawpixel.com, Vectorpocket, Dgim-studio, Upklyak, Macrovector, Stockgiu, Pikisuperstar & Freepik.com Designers

5 DICAS PARA COMEÇAR

1) CÓMO RESOLVER LAS SOPA DE LETRAS

Os puzzles têm um formato clássico:

- As palavras estão escondidas sem espaços ou hífenes,...
- Orientação: As palavras podem ser escritas para a frente, para trás, para cima, para baixo ou na diagonal (podem ser invertidas).
- As palavras podem sobrepor-se ou intersectar-se.

2) APRENDIZAGEM ACTIVA

Ao lado de cada palavra há um espaço para anotar a tradução. Para encorajar a aprendizagem activa, um **DICIONÁRIO** no final desta edição permitir-lhe-á verificar e expandir os seus conhecimentos. Procure e anote as traduções, encontre-as no puzzle e adicione-as ao seu vocabulário!

3) MARCAR AS PALAVRAS

Pode inventar o seu próprio sistema de marcação - talvez já use um? Pode também, por exemplo, marcar palavras difíceis de encontrar com uma cruz, palavras favoritas com uma estrela, palavras novas com um triângulo, palavras raras com um diamante, e assim por diante.

4) ESTRUTURANDO A APRENDIZAGEM

Esta edição oferece um **CADERNO DE NOTAS** prático no final do livro. Nas férias, em viagem ou em casa, pode facilmente organizar os seus novos conhecimentos sem a necessidade de um segundo caderno!

5) JÁ TERMINOU TODAS AS GRELHAS?

Nas últimas páginas deste livro, na secção **DESAFIO FINAL**, encontrará um jogo gratuito!

Rápido e fácil! Consulte a nossa colecção de livros de actividades para o seu próximo momento de diversão e **aprendizagem**, a apenas um clique de distância!

Encontre o seu próximo desafio em:

BestActivityBooks.com/MeuProximoLivro

Aos vossos lugares, preparem-se...Vão!

Sabia que existem cerca de 7.000 línguas diferentes no mundo? As palavras são preciosas.

Adoramos línguas e temos trabalhado arduamente para criar livros da mais alta qualidade para si. Os nossos ingredientes?

Uma selecção de tópicos adequados à aprendizagem, três boas porções de entretenimento, e depois acrescentamos uma colherada de palavras difíceis e uma pitada de palavras raras. Servimo-los com amor e máximo divertimento, para que possa resolver os melhores jogos de palavras e se divirta a aprender!

A sua opinião é essencial. Pode participar activamente no sucesso deste livro, deixando-nos um comentário. Gostaríamos de saber o que mais lhe agradou nesta edição.

Aqui está um link rápido para a sua página de encomendas:

BestBooksActivity.com/Avaliacoes50

Obrigado pela vossa ajuda e divirtam-se!

A Equipa Inteira

1 - Dirigindo

Μ	Μ	Υ	Ο	Ξ	Ν	Χ	Ω	Ρ	Α	Ο	Έ	Μ	Ε	Ψ	Έ
Μ	Ω	Η	Α	Ν	Ί	Ξ	Τ	Λ	Β	Ε	Ν	Έ	Α	Τ	Υ
Δ	Κ	Ι	Ν	Δ	Ύ	Ν	Ο	Υ	Έ	Β	Ρ	Τ	Σ	Έ	Ο
Χ	Ρ	Έ	Τ	Ο	Μ	Α	Ι	Ε	Δ	Ά	Ν	Μ	Φ	Π	Π
Μ	Μ	Ό	Λ	Γ	Υ	Τ	Σ	Ξ	Ω	Π	Α	Λ	Ά	Ε	Ω
Ο	Η	Ο	Μ	Ι	Σ	Ύ	Α	Κ	Η	Ι	Χ	Ν	Λ	Ζ	Β
Τ	Δ	Τ	Ί	Ο	Μ	Χ	Ξ	Η	Σ	Ά	Λ	Μ	Ε	Ό	Υ
Ο	Ρ	Η	Π	Ι	Σ	Η	Γ	Κ	Α	Ρ	Ά	Ζ	Ι	Σ	Ι
Σ	Ό	Ν	Η	Ρ	Μ	Μ	Λ	Τ	Ί	Ο	Ε	Λ	Α	Ί	Ρ
Υ	Μ	Ί	Υ	Έ	Ο	Α	Ί	Ρ	Ο	Φ	Ο	Λ	Κ	Υ	Κ
Κ	Ο	Κ	Γ	Α	Π	Σ	Α	Γ	Γ	Α	Ρ	Ή	Σ	Ψ	Ο
Λ	Β	Ο	Δ	Ψ	Ι	Έ	Ο	Ο	Μ	Τ	Ν	Υ	Ε	Ν	Ρ
Έ	Ξ	Τ	Ρ	Π	Σ	Σ	Δ	Χ	Α	Ε	Δ	Έ	Έ	Ί	Χ
Τ	Ε	Υ	Λ	Τ	Ν	Μ	Ε	Τ	Ή	Μ	Χ	Ά	Ρ	Τ	Η
Α	Λ	Α	Ί	Μ	Ο	Ν	Υ	Τ	Σ	Α	Ω	Τ	Ξ	Φ	Ψ
Π	Τ	Π	Β	Ε	Τ	Ω	Ν	Υ	Ν	Σ	Ψ	Ν	Γ	Β	Λ

ΑΤΎΧΗΜΑ
ΑΥΤΟΚΊΝΗΤΟ
ΚΑΎΣΙΜΟ
ΠΡΟΣΟΧΉ
ΔΡΌΜΟΣ
ΦΡΈΝΑ
ΓΚΑΡΆΖ
ΑΈΡΙΟ
ΆΔΕΙΑ
ΧΆΡΤΗ
ΜΟΤΟΣΥΚΛΈΤΑ
ΜΟΤΈΡ
ΠΕΖΌΣ
ΚΙΝΔΎΝΟΥ
ΑΣΤΥΝΟΜΊΑ
ΔΡΌΜΟ
ΑΣΦΆΛΕΙΑ
ΜΕΤΑΦΟΡΆ
ΚΥΚΛΟΦΟΡΊΑ
ΣΉΡΑΓΓΑ

2 - Antiguidades

Δ	Ι	Α	Κ	Ο	Σ	Μ	Η	Τ	Ι	Κ	Ό	Ν	Α	Έ	Σ
Δ	Η	Μ	Ο	Π	Ρ	Α	Σ	Ί	Α	Τ	Δ	Ρ	Σ	Ε	Τ
Γ	Λ	Υ	Π	Τ	Ι	Κ	Ή	Ή	Γ	Ο	Λ	Λ	Υ	Σ	Ο
Κ	Λ	Σ	Η	Δ	Ώ	Ι	Σ	Υ	Ο	Θ	Ν	Ε	Ν	Σ	Ι
Α	Ο	Ω	Τ	Τ	Έ	Χ	Ν	Η	Η	Η	Η	Έ	Ή	Ρ	Χ
Λ	Υ	Μ	Ν	Υ	Λ	Π	Π	Ν	Σ	Δ	Λ	Τ	Θ	Έ	Ε
Π	Π	Θ	Ψ	Δ	Λ	Γ	Π	Λ	Α	Δ	Π	Ν	Ι	Η	Ί
Ι	Ο	Λ	Ε	Ό	Α	Έ	Ψ	Λ	Τ	Σ	Υ	Ι	Σ	Υ	Ο
Π	Ι	Ε	Ω	Ν	Μ	Χ	Ξ	Τ	Σ	Ρ	Ξ	Υ	Τ	Δ	Β
Έ	Ό	Π	Β	Σ	Τ	Χ	Ο	Μ	Ά	Σ	Κ	Ο	Ο	Υ	Ί
Χ	Τ	Έ	Τ	Ε	Ε	Ι	Σ	Η	Τ	Κ	Έ	Λ	Λ	Υ	Σ
Ί	Η	Ν	Ψ	Μ	Α	Ω	Κ	Μ	Α	Ε	Ρ	Ψ	Β	Ρ	Ο
Δ	Τ	Δ	Π	Α	Λ	Ι	Ό	Ό	Κ	Ε	Μ	Τ	Ι	Μ	Ή
Β	Α	Υ	Ξ	Υ	Ν	Ν	Ρ	Ω	Ο	Υ	Α	Λ	Ρ	Η	Γ
Ε	Β	Σ	Ι	Μ	Ρ	Χ	Ο	Γ	Π	Υ	Τ	Ξ	Τ	Έ	Ξ
Ξ	Γ	Η	Α	Ι	Ώ	Ν	Α	Σ	Α	Ε	Α	Έ	Ω	Α	Δ

ΤΈΧΝΗ
ΑΥΘΕΝΤΙΚΌ
ΣΥΛΛΈΚΤΗΣ
ΔΙΑΚΟΣΜΗΤΙΚΌ
ΚΟΜΨΌ
ΕΝΘΟΥΣΙΏΔΗΣ
ΓΛΥΠΤΙΚΉ
ΣΤΥΛ
ΣΥΛΛΟΓΉ
ΑΣΥΝΉΘΙΣΤΟ

ΕΠΈΝΔΥΣΗ
ΣΤΟΙΧΕΊΟ
ΔΗΜΟΠΡΑΣΊΑ
ΈΠΙΠΛΑ
ΚΈΡΜΑΤΑ
ΤΙΜΉ
ΠΟΙΌΤΗΤΑ
ΑΠΟΚΑΤΆΣΤΑΣΗ
ΑΙΏΝΑΣ
ΠΑΛΙΌ

3 - Atividades

Σ	Υ	Μ	Φ	Έ	Ρ	Ο	Ν	Τ	Α	Χ	Ψ	Έ	Δ	Ψ	Δ
Ε	Υ	Χ	Α	Ρ	Ί	Σ	Τ	Η	Σ	Η	Μ	Ί	Σ	Ν	Ρ
Η	Π	Ε	Ζ	Ο	Π	Ο	Ρ	Ί	Α	Υ	Β	Τ	Δ	Ψ	Α
Ν	Σ	Ε	Π	Ι	Δ	Ε	Ξ	Ι	Ό	Τ	Η	Τ	Α	Λ	Σ
Χ	Ί	Ω	Μ	Ι	Π	Ψ	Υ	Ή	Χ	Υ	Ψ	Α	Ν	Α	Τ
Έ	Μ	Β	Ν	Ξ	Ρ	Ί	Έ	Κ	Ρ	Ί	Σ	Α	Λ	Π	Η
Τ	Ν	Τ	Ι	Γ	Χ	Ι	Έ	Ι	Γ	Ή	Ν	Υ	Κ	Α	Ρ
Β	Ι	Ε	Υ	Ψ	Ά	Ρ	Ε	Μ	Α	Χ	Η	Κ	Χ	Ι	Ι
Ε	Ι	Έ	Σ	Π	Ρ	Ν	Ξ	Α	Τ	Ν	Τ	Η	Α	Χ	Ό
Ξ	Ι	Ο	Ή	Κ	Ι	Φ	Α	Ρ	Γ	Ω	Ζ	Π	Λ	Ν	Τ
Ε	Μ	Τ	Τ	Λ	Ξ	Δ	Γ	Ε	Ο	Ν	Ι	Ο	Ά	Ί	Η
Ί	Χ	Υ	Έ	Ε	Ν	Τ	Ν	Κ	Ε	Δ	Έ	Υ	Ρ	Δ	Τ
Ξ	Α	Α	Δ	Ρ	Χ	Μ	Α	Γ	Ε	Ί	Α	Ρ	Ω	Ι	Α
Ξ	Μ	Υ	Σ	Ε	Ί	Ν	Λ	Ξ	Α	Χ	Ω	Ι	Σ	Α	Γ
Π	Ξ	Η	Δ	Σ	Η	Ξ	Ί	Έ	Σ	Μ	Β	Κ	Η	Ο	Ί
Ψ	Ξ	Τ	Ρ	Μ	Π	Τ	Σ	Α	Υ	Δ	Ί	Ή	Ί	Γ	Ξ

ΤΈΧΝΗ
ΒΙΟΤΕΧΝΊΑ
ΔΡΑΣΤΗΡΙΌΤΗΤΑ
ΚΥΝΉΓΙ
ΠΕΖΟΠΟΡΊΑ
ΚΕΡΑΜΙΚΉ
ΕΠΙΔΕΞΙΌΤΗΤΑ
ΣΥΜΦΈΡΟΝΤΑ
ΚΗΠΟΥΡΙΚΉ
ΠΑΙΧΝΊΔΙΑ
ΑΝΑΨΥΧΉ
ΑΝΆΓΝΩΣΗ
ΜΑΓΕΊΑ
ΨΆΡΕΜΑ
ΖΩΓΡΑΦΙΚΉ
ΕΥΧΑΡΊΣΤΗΣΗ
ΧΑΛΆΡΩΣΗ

4 - Churrascos

Π	Ρ	Ό	Σ	Κ	Λ	Η	Σ	Η	Σ	Χ	Ά	Ρ	Α	Π	Ζ
Υ	Έ	Φ	Ο	Γ	Π	Έ	Ξ	Μ	Σ	Δ	Τ	Ψ	Μ	Ι	Ε
Ε	Ρ	Σ	Ρ	Μ	Μ	Έ	Ψ	Έ	Ο	Έ	Δ	Α	Ύ	Π	Σ
Έ	Α	Τ	Έ	Ο	Υ	Π	Π	Ι	Λ	Υ	Β	Σ	Ε	Έ	Τ
Γ	Ε	Ί	Λ	Π	Ύ	Ψ	Ξ	Έ	Α	Ε	Σ	Υ	Γ	Ρ	Ό
Γ	Ξ	Ε	Ί	Η	Ψ	Τ	Ο	Ψ	Χ	Η	Α	Ι	Δ	Ι	Ο
Ι	Μ	Ι	Ρ	Ί	Α	Κ	Ο	Λ	Α	Κ	Χ	Τ	Κ	Ω	Ι
Μ	Α	Χ	Α	Ί	Ρ	Ι	Α	Ε	Ν	Η	Β	Ά	Δ	Ή	Κ
Κ	Ο	Τ	Ό	Π	Ο	Υ	Λ	Ο	Ι	Π	Ε	Λ	Υ	Ί	Ο
Π	Α	Ι	Δ	Ί	Ο	Ο	Δ	Β	Κ	Ν	Ε	Α	Γ	Ω	Γ
Σ	Α	Λ	Ά	Τ	Α	Α	Υ	Σ	Ά	Δ	Μ	Ί	Ο	Τ	Έ
Ν	Τ	Ο	Μ	Ά	Τ	Α	Χ	Ά	Λ	Ο	Ε	Ο	Ν	Ρ	Ν
Υ	Χ	Δ	Γ	Α	Τ	Σ	Ρ	Λ	Λ	Λ	Γ	Π	Π	Α	Ε
Υ	Ω	Δ	Ψ	Μ	Ξ	Χ	Χ	Τ	Ι	Α	Ψ	Σ	Ί	Ι	Ι
Δ	Ω	Σ	Δ	Ρ	Λ	Ψ	Ξ	Σ	Ω	Ψ	Α	Χ	Ε	Α	Α
Γ	Α	Ι	Δ	Ί	Ν	Χ	Ι	Α	Π	Έ	Ν	Π	Δ	Β	Α

ΓΕΎΜΑ
ΠΡΌΣΚΛΗΣΗ
ΠΑΙΔΊ
ΜΑΧΑΊΡΙΑ
ΟΙΚΟΓΈΝΕΙΑ
ΠΕΊΝΑ
ΚΟΤΌΠΟΥΛΟ
ΦΡΟΎΤΟ
ΣΧΆΡΑ
ΔΕΊΠΝΟ
ΠΑΙΧΝΊΔΙΑ
ΛΑΧΑΝΙΚΆ
ΣΆΛΤΣΑ
ΜΟΥΣΙΚΉ
ΠΙΠΈΡΙ
ΖΕΣΤΌ
ΑΛΆΤΙ
ΣΑΛΆΤΑ
ΝΤΟΜΆΤΑ
ΚΑΛΟΚΑΊΡΙ

5 - Pesca

Ρ	Π	Ω	Έ	Ε	Δ	Σ	Έ	Ν	Ψ	Ι	Θ	Ά	Λ	Α	Κ
Γ	Ι	Σ	Κ	Σ	Ύ	Ρ	Μ	Α	Α	Ι	Χ	Γ	Ά	Ρ	Β
Μ	Υ	Α	Γ	Ε	Σ	Υ	Δ	Ε	Α	Ν	Β	Κ	Έ	Ί	Υ
Ί	Υ	Ν	Έ	Τ	Α	Υ	Μ	Ν	Ω	Ό	Ά	Ι	Π	Ε	Ξ
Ζ	Υ	Γ	Ί	Ζ	Ω	Ν	Λ	Ρ	Μ	Γ	Ρ	Σ	Έ	Ξ	Λ
Υ	Π	Ο	Μ	Ο	Ν	Ή	Ό	Δ	Χ	Α	Κ	Τ	Λ	Ο	Γ
Υ	Μ	Ί	Χ	Ί	Ι	Α	Ρ	Σ	Ό	Σ	Α	Ρ	Ί	Π	Σ
Γ	Π	Ρ	Ε	Ν	Τ	Ι	Ε	Η	Ί	Λ	Δ	Ο	Μ	Λ	Έ
Τ	Ψ	Ε	Δ	Η	Ξ	Σ	Ν	Α	Λ	Τ	Ω	Ω	Ν	Ι	Λ
Τ	Ν	Έ	Ρ	Ω	Α	Λ	Ο	Ι	Γ	Ω	Σ	Μ	Η	Σ	Δ
Ε	Ι	Χ	Ψ	Β	Ψ	Υ	Δ	Γ	Ψ	Ρ	Ί	Τ	Α	Μ	Ρ
Ε	Ο	Α	Ο	Η	Ο	Π	Β	Ύ	Ε	Π	Ο	Χ	Ή	Ό	Ψ
Γ	Μ	Τ	Ξ	Α	Ί	Λ	Α	Ρ	Α	Π	Δ	Η	Β	Σ	Ι
Μ	Ί	Ψ	Ί	Λ	Υ	Ί	Ή	Ε	Ν	Μ	Γ	Τ	Μ	Λ	Ν
Λ	Τ	Δ	Π	Ι	Μ	Ω	Η	Τ	Μ	Ρ	Ν	Π	Ε	Σ	Ρ
Π	Ο	Τ	Α	Μ	Ό	Σ	Ψ	Π	Ί	Γ	Η	Ί	Ν	Π	Ξ

ΝΕΡΌ
ΠΤΕΡΎΓΙΑ
ΒΆΡΚΑ
ΒΡΆΓΧΙΑ
ΚΑΛΆΘΙ
ΕΞΟΠΛΙΣΜΌΣ
ΥΠΕΡΒΟΛΉ
ΣΎΡΜΑ
ΆΓΚΙΣΤΡΟ
ΔΌΛΩΜΑ
ΛΊΜΝΗ
ΣΑΓΌΝΙ
ΩΚΕΑΝΌΣ
ΥΠΟΜΟΝΉ
ΖΥΓΊΖΩ
ΠΑΡΑΛΊΑ
ΠΟΤΑΜΌΣ
ΕΠΟΧΉ

6 - Geologia

Κ	Ξ	Τ	Η	Δ	Η	Γ	Α	Π	Ο	Λ	Ί	Θ	Ω	Μ	Α
Ρ	Ρ	Υ	Η	Σ	Ω	Ρ	Β	Ά	Ι	Δ	Ε	Σ	Ν	Ψ	Μ
Σ	Λ	Ύ	Η	Ί	Ι	Ρ	Ά	Ω	Λ	Έ	Ι	Τ	Ε	Ν	Ξ
Σ	Ό	Μ	Σ	Ι	Ε	Σ	Λ	Δ	Υ	Λ	Ε	Α	Έ	Ω	Λ
Ι	Ν	Ψ	Γ	Τ	Ξ	Γ	Ι	Δ	Ί	Ψ	Β	Λ	Υ	Γ	Σ
Ί	Ι	Ξ	Α	Μ	Α	Ρ	Τ	Έ	Π	Ω	Β	Α	Σ	Ν	Π
Ο	Ρ	Υ	Κ	Τ	Ά	Λ	Ά	Γ	Δ	Ί	Ο	Γ	Τ	Ο	Ή
Α	Χ	Η	Ν	Ώ	Ζ	Υ	Λ	Ρ	Η	Χ	Ρ	Μ	Α	Τ	Λ
Η	Σ	Ί	Φ	Γ	Έ	Δ	Α	Α	Ψ	Κ	Ο	Ι	Λ	Ο	Α
Σ	Χ	Β	Υ	Α	Ψ	Υ	Ρ	Ι	Σ	Ο	Π	Τ	Α	Ξ	Ι
Ι	Α	Ε	Έ	Ρ	Ί	Ψ	Χ	Ρ	Χ	Ρ	Έ	Ε	Κ	Ύ	Ο
Β	Λ	Β	Ι	Σ	Β	Σ	Ν	Ι	Ί	Ά	Δ	Σ	Τ	Σ	Υ
Α	Α	Μ	Ώ	Ρ	Τ	Σ	Τ	Ν	Ψ	Λ	Ι	Δ	Ί	Ε	Ι
Α	Ζ	Δ	Έ	Η	Τ	Ι	Ξ	Ε	Ε	Λ	Ο	Τ	Τ	Ψ	Μ
Τ	Ί	Λ	Π	Ρ	Ο	Ρ	Ο	Ν	Ι	Ι	Σ	Δ	Η	Ο	Χ
Ν	Α	Ή	Π	Ε	Ι	Ρ	Ο	Σ	Λ	Ο	Ν	Ψ	Σ	Δ	Δ

ΟΞΎ
ΣΤΡΏΜΑ
ΣΠΉΛΑΙΟ
ΑΣΒΈΣΤΙΟ
ΉΠΕΙΡΟΣ
ΚΟΡΆΛΛΙ
ΚΡΎΣΤΑΛΛΑ
ΔΙΆΒΡΩΣΗ
ΣΤΑΛΑΚΤΊΤΗΣ
ΣΤΑΛΑΓΜΙΤΕΣ

ΑΠΟΛΊΘΩΜΑ
ΛΆΒΑ
ΟΡΥΚΤΆ
ΠΈΤΡΑ
ΟΡΟΠΈΔΙΟ
ΧΑΛΑΖΊΑ
ΑΛΆΤΙ
ΣΕΙΣΜΌΣ
ΗΦΑΊΣΤΕΙΟ
ΖΏΝΗ

7 - Ética

Α	Ί	Φ	Ο	Σ	Ό	Μ	Σ	Ι	Κ	Ι	Μ	Ο	Τ	Α	Σ
Κ	Σ	Ν	Σ	Ο	Μ	Σ	Ι	Λ	Α	Ε	Ρ	Σ	Έ	Υ	Σ
Ε	Α	Ι	Ε	Ν	Ί	Ρ	Κ	Ι	Λ	Ι	Ε	Β	Α	Ε	Ω
Ρ	Υ	Π	Ο	Μ	Ο	Ν	Ή	Χ	Ο	Έ	Ξ	Σ	Ί	Η	Ν
Α	Η	Ω	Ε	Ψ	Έ	Ο	Ι	Υ	Σ	Λ	Μ	Γ	Ξ	Λ	Ε
Ι	Φ	Π	Δ	Ι	Ν	Ψ	Ο	Π	Ύ	Ι	Η	Ξ	Ο	Π	Ξ
Ό	Α	Ι	Ε	Ψ	Έ	Ξ	Α	Χ	Ν	Ο	Ρ	Τ	Δ	Υ	Β
Τ	Λ	Ξ	Λ	Σ	Μ	Β	Έ	Χ	Η	Η	Ε	Ι	Ο	Η	Δ
Η	Ε	Σ	Ι	Ο	Δ	Ι	Π	Λ	Ω	Μ	Α	Τ	Ι	Κ	Ό
Τ	Ω	Ύ	Π	Ε	Σ	Σ	Υ	Ν	Ε	Ρ	Γ	Α	Σ	Ί	Α
Α	Ν	Σ	Λ	Β	Σ	Ο	Σ	Υ	Μ	Π	Ό	Ν	Ι	Α	Λ
Σ	Δ	Ρ	Σ	Ο	Έ	Μ	Φ	Λ	Ν	Λ	Υ	Ί	Α	Έ	Έ
Ι	Β	Ν	Π	Η	Γ	Ν	Ρ	Ί	Ε	Χ	Ω	Ν	Ρ	Χ	Γ
Ο	Έ	Ε	Ί	Γ	Ρ	Ο	Τ	Ρ	Α	Υ	Ε	Ψ	Μ	Ω	Χ
Α	Λ	Τ	Ρ	Ο	Υ	Ι	Σ	Μ	Ό	Σ	Ν	Ψ	Γ	Υ	Ν
Ν	Ί	Β	Ε	Δ	Λ	Ο	Γ	Ι	Κ	Ό	Τ	Η	Τ	Α	Σ

ΑΛΤΡΟΥΙΣΜΌΣ
ΚΑΛΟΣΎΝΗ
ΣΥΜΠΌΝΙΑ
ΣΥΝΕΡΓΑΣΊΑ
ΔΙΠΛΩΜΑΤΙΚΌ
ΦΙΛΟΣΟΦΊΑ
ΕΙΛΙΚΡΊΝΕΙΑ
ΑΤΟΜΙΚΙΣΜΌΣ
ΑΚΕΡΑΙΌΤΗΤΑ
ΑΙΣΙΟΔΟΞΊΑ
ΥΠΟΜΟΝΉ
ΛΟΓΙΚΌΤΗΤΑ
ΕΎΛΟΓΟ
ΡΕΑΛΙΣΜΟΣ
ΣΟΦΊΑ
ΑΞΙΕΣ

8 - Tempo

Ρ	Ι	Ε	Σ	Μ	Ρ	Ί	Ψ	Ε	Γ	Ψ	Β	Μ	Α	Π	Ώ
Η	Ξ	Τ	Ή	Π	Έ	Ρ	Ε	Τ	Ο	Σ	Π	Λ	Β	Ρ	Ρ
Έ	Μ	Ή	Μ	Ω	Ί	Ρ	Ψ	Ω	Γ	Δ	Ξ	Χ	Χ	Ω	Α
Ό	Σ	Σ	Ε	Ο	Ι	Ο	Α	Ί	Ν	Ί	Ι	Ρ	Ο	Ί	Υ
Τ	Μ	Ι	Ρ	Τ	Τ	Ω	Ν	Υ	Σ	Η	Δ	Ο	Ξ	Έ	Α
Π	Ώ	Α	Α	Δ	Ά	Μ	Ο	Δ	Β	Ε	Υ	Λ	Τ	Σ	Λ
Ε	Η	Ρ	Σ	Ε	Θ	Χ	Μ	Β	Ρ	Τ	Ί	Ό	Ο	Έ	Μ
Λ	Μ	Ρ	Α	Κ	Π	Ί	Έ	Ο	Τ	Ξ	Ν	Ι	Ρ	Π	Ε
Μ	Ε	Ρ	Ν	Α	Η	Υ	Γ	Ν	Α	Υ	Ψ	Μ	Τ	Μ	Σ
Υ	Ρ	Λ	Ή	Ε	Ί	Υ	Ρ	Έ	Ύ	Α	Γ	Έ	Α	Σ	Η
Η	Ο	Ν	Μ	Τ	Ή	Ρ	Ψ	Π	Α	Χ	Β	Ί	Ξ	Ε	Μ
Δ	Λ	Ρ	Ο	Ί	Μ	Έ	Λ	Λ	Ο	Ν	Τ	Υ	Έ	Ω	Έ
Ί	Ό	Δ	Α	Α	Γ	Β	Τ	Έ	Λ	Ξ	Ί	Α	Α	Η	Ρ
Μ	Γ	Λ	Ψ	Α	Ι	Π	Έ	Σ	Υ	Έ	Ψ	Ί	Ψ	Ί	Ι
Τ	Ι	Ο	Η	Υ	Τ	Ψ	Υ	Α	Ω	Τ	Έ	Π	Γ	Ί	Ε
Ξ	Ο	Π	Ε	Α	Σ	Α	Ν	Ώ	Ι	Α	Ρ	Η	Έ	Τ	Υ

ΤΏΡΑ
ΕΤΟΣ
ΠΡΙΝ
ΕΤΉΣΙΑ
ΗΜΕΡΟΛΌΓΙΟ
ΔΕΚΑΕΤΊΑ
ΜΈΡΑ
ΜΈΛΛΟΝ
ΣΉΜΕΡΑ
ΏΡΑ
ΠΡΩΊ
ΜΕΣΗΜΈΡΙ
ΜΉΝΑΣ
ΛΕΠΤΌ
ΣΤΙΓΜΉ
ΝΎΧΤΑ
ΧΘΕΣ
ΡΟΛΌΙ
ΕΒΔΟΜΆΔΑ
ΑΙΏΝΑΣ

9 - Astronomia

Η	Ι	Η	Ν	Α	Π	Μ	Ύ	Σ	Λ	Β	Μ	Γ	Μ	Ί	Φ
Γ	Σ	Α	Σ	Τ	Ρ	Ο	Ν	Ό	Μ	Ο	Σ	Α	Ε	Γ	Ε
Ί	Η	Ξ	Ε	Η	Ψ	Ι	Ε	Λ	Κ	Έ	Ή	Λ	Τ	Α	Γ
Η	Μ	Π	Τ	Τ	Π	Υ	Η	Έ	Ρ	Π	Δ	Α	Έ	Ί	Γ
Γ	Ε	Ρ	Α	Ύ	Υ	Β	Ο	Χ	Ο	Σ	Ι	Ξ	Ω	Σ	Ά
Α	Ρ	Σ	Ί	Ρ	Υ	Ρ	Σ	Ό	Υ	Ο	Ε	Ί	Ρ	Ν	Ρ
Σ	Ί	Χ	Λ	Α	Α	Υ	Δ	Μ	Κ	Σ	Ο	Α	Ο	Ε	Ι
Τ	Α	Β	Ο	Β	Β	Τ	Γ	Σ	Έ	Ρ	Ρ	Σ	Δ	Φ	Ω
Ρ	Γ	Β	Β	Ή	Ό	Σ	Η	Ι	Τ	Ω	Ε	Β	Ω	Έ	Ε
Ο	Γ	Π	Ο	Κ	Ν	Σ	Μ	Ρ	Α	Ο	Τ	Δ	Τ	Λ	Ν
Ν	Σ	Ό	Ν	Α	Ρ	Υ	Ο	Ε	Η	Ι	Σ	Ω	Χ	Ω	Ε
Α	Μ	Μ	Ι	Ι	Ε	Ξ	Λ	Τ	Μ	Τ	Α	Ε	Β	Μ	Ν
Ύ	Μ	Χ	Τ	Λ	Π	Ί	Π	Σ	Ι	Ί	Ή	Ε	Ο	Α	Η
Τ	Ν	Χ	Κ	Η	Υ	Α	Τ	Α	Χ	Χ	Π	Ρ	Λ	Έ	Δ
Η	Ο	Β	Α	Ο	Ο	Έ	Β	Υ	Ε	Γ	Η	Ί	Ι	Ο	Ε
Σ	Χ	Υ	Γ	Ω	Σ	Π	Λ	Α	Ν	Ή	Τ	Η	Σ	Ο	Β

ΑΣΤΕΡΟΕΙΔΉΣ
ΑΣΤΡΟΝΑΎΤΗΣ
ΑΣΤΡΟΝΌΜΟΣ
ΟΥΡΑΝΌΣ
ΑΣΤΕΡΙΣΜΌ
ΈΚΛΕΙΨΗ
ΙΣΗΜΕΡΊΑ
ΡΟΥΚΈΤΑ
ΓΑΛΑΞΊΑΣ
ΒΑΡΎΤΗΤΑ
ΦΕΓΓΆΡΙ
ΜΕΤΈΩΡΟ
ΝΕΦΈΛΩΜΑ
ΠΑΡΑΤΗΡΗΤΉΡΙΟ
ΠΛΑΝΉΤΗΣ
ΑΚΤΙΝΟΒΟΛΊΑ
ΗΛΙΑΚΉ
ΣΟΥΠΕΡΝΌΒΑ
ΓΗ
ΣΎΜΠΑΝ

10 - Acampamento

Λ	Π	Σ	Β	Λ	Α	Τ	Κ	Τ	Γ	Δ	Η	Η	Ε	Π	Η
Σ	Κ	Η	Ν	Ή	Δ	Ι	Σ	Υ	Ο	Ν	Π	Η	Ξ	Ε	Χ
Γ	Π	Ν	Μ	Η	Π	Ρ	Ώ	Ό	Ν	Υ	Ο	Β	Ο	Ρ	Α
Α	Χ	Ά	Ρ	Τ	Η	Ά	Ο	Ρ	Ν	Ή	Δ	Υ	Π	Ι	Φ
Χ	Α	Λ	Ί	Π	Ξ	Γ	Χ	Γ	Α	Χ	Γ	Χ	Λ	Π	Ω
Ψ	Δ	Ω	Σ	Έ	Ζ	Γ	Ψ	Ί	Ω	Η	Ψ	Ι	Ι	Έ	Τ
Β	Π	Ο	Ρ	Ν	Ώ	Ε	Δ	Λ	Τ	Ψ	Α	Β	Σ	Τ	Ι
Κ	Α	Ν	Ό	Δ	Α	Φ	Δ	Γ	Β	Σ	Σ	Γ	Μ	Ε	Ά
Τ	Ν	Γ	Ί	Υ	Δ	Υ	Χ	Ν	Π	Ρ	Ε	Π	Ό	Ι	Ν
Ο	Ί	Κ	Α	Π	Έ	Λ	Ο	Τ	Π	Η	Τ	Η	Σ	Α	Γ
Έ	Π	Η	Π	Δ	Γ	Ψ	Β	Α	Ί	Υ	Δ	Γ	Ο	Ί	Δ
Ο	Μ	Έ	Ν	Τ	Ο	Μ	Ο	Η	Υ	Υ	Ξ	Ρ	Ψ	Π	Α
Έ	Α	Π	Φ	Ύ	Σ	Η	Ν	Μ	Ί	Λ	Δ	Ί	Χ	Έ	Σ
Ί	Κ	Μ	Ί	Ω	Έ	Ψ	Η	Α	Ρ	Τ	Ν	Έ	Δ	Ι	Ο
Ί	Μ	Τ	Έ	Γ	Η	Ρ	Ν	Ί	Ξ	Π	Λ	Γ	Υ	Α	Σ
Υ	Σ	Υ	Π	Τ	Ν	Σ	Χ	Ο	Ι	Ν	Ί	Λ	Χ	Ν	Τ

ΖΏΑ
ΠΕΡΙΠΈΤΕΙΑ
ΔΈΝΤΡΑ
ΠΥΞΊΔΑ
ΚΑΜΠΊΝΑ
ΚΥΝΉΓΙ
ΚΑΝΌ
ΚΑΠΈΛΟ
ΣΧΟΙΝΊ
ΕΞΟΠΛΙΣΜΌΣ
ΔΑΣΟΣ
ΦΩΤΙΆ
ΈΝΤΟΜΟ
ΛΊΜΝΗ
ΦΕΓΓΆΡΙ
ΑΙΏΡΑ
ΧΆΡΤΗ
ΒΟΥΝΌ
ΦΎΣΗ
ΣΚΗΝΉ

11 - Ficção Científica

Ό	Κ	Ι	Τ	Σ	Α	Τ	Ν	Α	Φ	Ά	Έ	Ι	Ο	Β	Υ
Ν	Μ	Ρ	Ό	Ε	Π	Ο	Μ	Η	Ω	Κ	Κ	Ε	Ρ	Α	Ψ
Ι	Β	Ε	Π	Ν	Χ	Τ	Υ	Χ	Υ	Ρ	Ρ	Λ	Π	Τ	Ε
Ρ	Ί	Α	Μ	Χ	Έ	Ν	Ω	Τ	Γ	Ο	Η	Ξ	Φ	Ο	Υ
Κ	Η	Λ	Ο	Ξ	Ξ	Ξ	Ο	Ε	Ο	Ε	Ξ	Σ	Ο	Μ	Δ
Α	Ξ	Ι	Ρ	Β	Ι	Ί	Π	Λ	Ν	Π	Η	Μ	Υ	Ι	Α
Μ	Δ	Σ	Κ	Γ	Ι	Έ	Μ	Ρ	Ο	Ψ	Ί	Ω	Τ	Κ	Ί
Π	Σ	Τ	Ό	Μ	Α	Χ	Χ	Ε	Ί	Γ	Α	Α	Ο	Ό	Σ
Λ	Ε	Ι	Σ	Μ	Α	Ν	Τ	Ε	Ί	Ο	Ί	Σ	Υ	Χ	Θ
Α	Ν	Κ	Μ	Ψ	Φ	Υ	Μ	Σ	Ο	Β	Π	Α	Ρ	Π	Η
Ν	Ά	Ή	Ο	Γ	Ω	Ν	Ψ	Γ	Μ	Α	Ο	Ί	Ι	Δ	Σ
Ή	Ρ	Σ	Γ	Η	Τ	Π	Β	Μ	Η	Μ	Τ	Ξ	Σ	Ω	Η
Τ	Ι	Ο	Ν	Τ	Ι	Η	Β	Υ	Η	Λ	Σ	Α	Τ	Δ	Γ
Η	Ο	Ι	Υ	Γ	Ά	Π	Η	Έ	Υ	Χ	Υ	Λ	Ι	Ω	Λ
Σ	Α	Λ	Ψ	Β	Ι	Β	Λ	Ι	Α	Ο	Δ	Α	Κ	Ω	Τ
Μ	Υ	Σ	Τ	Η	Ρ	Ι	Ώ	Δ	Η	Σ	Χ	Γ	Ό	Π	Η

ΑΤΟΜΙΚΌ
ΣΕΝΆΡΙΟ
ΜΑΚΡΙΝΌ
ΔΥΣΤΟΠΊΑ
ΈΚΡΗΞΗ
ΆΚΡΟ
ΦΩΤΙΆ
ΦΟΥΤΟΥΡΙΣΤΙΚΌ
ΓΑΛΑΞΊΑΣ
ΨΕΥΔΑΊΣΘΗΣΗ
ΦΑΝΤΑΣΤΙΚΌ
ΒΙΒΛΙΑ
ΜΥΣΤΗΡΙΏΔΗΣ
ΚΌΣΜΟ
ΜΑΝΤΕΊΟ
ΠΛΑΝΉΤΗΣ
ΡΕΑΛΙΣΤΙΚΉ
ΡΟΜΠΌΤ
ΤΕΧΝΟΛΟΓΊΑ
ΟΥΤΟΠΊΑ

12 - Mitologia

Ή	Ρ	Τ	Η	Τ	Κ	Μ	Β	Α	Ν	Λ	Έ	Ξ	Η	Ω	Β
Ρ	Ο	Ι	Μ	Ψ	Α	Υ	Α	Ί	Έ	Έ	Σ	Ψ	Υ	Α	Ψ
Ω	Γ	Ψ	Α	Η	Τ	Β	Α	Γ	Χ	Β	Μ	Χ	Μ	Ί	Ω
Α	Ξ	Β	Ψ	Σ	Α	Ι	Σ	Ρ	Ι	Τ	Έ	Ρ	Α	Σ	Β
Σ	Ν	Ί	Έ	Η	Σ	Β	Τ	Υ	Θ	Κ	Υ	Π	Ι	Α	Ω
Σ	Λ	Γ	Λ	Κ	Τ	Έ	Ρ	Ο	Ρ	Ι	Ό	Ο	Λ	Ν	Θ
Ο	Υ	Η	Σ	Ί	Ρ	Ρ	Α	Ι	Ύ	Σ	Ε	Λ	Ή	Α	Ν
Θ	Α	Μ	Ξ	Δ	Ο	Η	Π	Μ	Λ	Γ	Ψ	Ι	Ζ	Θ	Η
Ν	Ν	Α	Π	Κ	Φ	Π	Ή	Η	Ο	Γ	Λ	Τ	Τ	Α	Τ
Ι	Η	Ν	Ο	Ε	Ή	Β	Υ	Δ	Σ	Ο	Ο	Ι	Π	Ί	Ό
Ρ	Ί	Ύ	Β	Γ	Ρ	Η	Ν	Τ	Σ	Ι	Σ	Σ	Λ	Ω	Σ
Ύ	Ψ	Δ	Ο	Ι	Τ	Ι	Ί	Μ	Έ	Π	Η	Μ	Ά	Γ	Έ
Β	Η	Ρ	Ω	Ί	Δ	Α	Φ	Έ	Δ	Χ	Ι	Ό	Σ	Ι	Ε
Α	Α	Ω	Υ	Ο	Ή	Τ	Ν	Ο	Ρ	Β	Ρ	Σ	Μ	Ι	Τ
Λ	Π	Η	Λ	Τ	Σ	Ί	Χ	Έ	Ρ	Ψ	Π	Α	Α	Υ	Υ
Π	Ο	Λ	Ε	Μ	Ι	Σ	Τ	Ή	Σ	Ά	Ι	Ί	Σ	Σ	Ι

ΑΡΧΈΤΥΠΟ
ΖΉΛΙΑ
ΣΥΜΠΕΡΙΦΟΡΆ
ΔΗΜΙΟΥΡΓΊΑ
ΠΛΆΣΜΑ
ΠΟΛΙΤΙΣΜΌΣ
ΚΑΤΑΣΤΡΟΦΉ
ΔΎΝΑΜΗ
ΠΟΛΕΜΙΣΤΉΣ
ΗΡΩΊΔΑ

ΉΡΩΑΣ
ΑΘΑΝΑΣΊΑ
ΛΑΒΎΡΙΝΘΟΣ
ΘΡΎΛΟΣ
ΜΑΓΙΚΌ
ΤΈΡΑΣ
ΘΝΗΤΌΣ
ΑΣΤΡΑΠΉ
ΒΡΟΝΤΉ
ΕΚΔΊΚΗΣΗ

13 - Medições

Ζ	Υ	Γ	Ί	Ζ	Ω	Λ	Ε	Π	Τ	Ό	Ψ	Β	Ί	Ο	Έ
Ί	Ν	Τ	Ί	Π	Η	Ό	Τ	Σ	Ο	Τ	Α	Κ	Ε	Ψ	Ν
Υ	Ψ	Ο	Σ	Ο	Λ	Κ	Τ	Ό	Ν	Ο	Σ	Γ	Ε	Η	Τ
Β	Α	Η	Η	Ν	Ά	Ι	Γ	Γ	Υ	Ο	Γ	Ψ	Γ	Φ	Α
Π	Λ	Ά	Τ	Ο	Σ	Δ	Β	Α	Α	Ρ	Λ	Υ	Ο	Ι	Σ
Π	Α	Τ	Π	Μ	Ν	Α	Δ	Α	Ι	Τ	Β	Ι	Ω	Ο	Η
Μ	Ά	Ζ	Α	Ε	Σ	Κ	Ν	Ο	Θ	Έ	Ι	Ι	Ι	Λ	Η
Λ	Ι	Έ	Η	Ρ	Ξ	Ε	Ί	Υ	Β	Μ	Ξ	Ι	Γ	Ε	Ο
Λ	Ψ	Ξ	Έ	Έ	Ο	Δ	Τ	Ν	Λ	Η	Ό	Ν	Γ	Ξ	Τ
Ω	Ί	Β	Ά	Θ	Ο	Σ	Έ	Ι	Τ	Ί	Η	Σ	Δ	Η	Α
Ο	Ρ	Τ	Ε	Μ	Ό	Ι	Λ	Ι	Χ	Σ	Τ	Ο	Υ	Υ	Χ
Λ	Ι	Ε	Ρ	Έ	Α	Ν	Β	Λ	Ρ	Δ	Α	Κ	Α	Χ	Η
Ο	Μ	Ο	Δ	Ο	Ρ	Ν	Δ	Έ	Ν	Ρ	Λ	Ή	Ν	Υ	Τ
Ε	Ε	Υ	Ρ	Χ	Υ	Ρ	Ο	Ι	Ρ	Ά	Μ	Μ	Α	Ρ	Γ
Δ	Ε	Μ	Ψ	Ρ	Ν	Ί	Ε	Π	Τ	Έ	Τ	Δ	Α	Ξ	Ν
Α	Α	Χ	Ι	Λ	Ι	Ό	Γ	Ρ	Α	Μ	Μ	Ο	Π	Ψ	Έ

ΥΨΟΣ
ΨΗΦΙΟΛΕΞΗ
ΕΚΑΤΟΣΤΌ
ΜΉΚΟΣ
ΔΕΚΑΔΙΚΌ
ΓΡΑΜΜΆΡΙΟ
ΒΑΘΜΌΣ
ΠΛΆΤΟΣ
ΛΊΤΡΟ
ΜΆΖΑ
ΜΈΤΡΟ
ΛΕΠΤΌ
ΟΥΓΓΙΆ
ΖΥΓΊΖΩ
ΊΝΤΣΑ
ΒΆΘΟΣ
ΧΙΛΙΌΓΡΑΜΜΟ
ΧΙΛΙΌΜΕΤΡΟ
ΤΌΝΟΣ
ΈΝΤΑΣΗ

14 - Álgebra

Η	Υ	Γ	Ε	Χ	Ν	Κ	Π	Ψ	Ρ	Τ	Ί	Ε	Β	Υ	Β
Ν	Σ	Ω	Ξ	Δ	Ω	Λ	Α	Β	Ψ	Ω	Π	Ώ	Ο	Ρ	Π
Μ	Ή	Τ	Ρ	Α	Λ	Ά	Ρ	Ά	Θ	Ρ	Ο	Ι	Σ	Μ	Α
Σ	Λ	Λ	Η	Χ	Ξ	Σ	Έ	Υ	Ο	Ρ	Ρ	Ο	Ο	Ή	Τ
Χ	Έ	Μ	Ί	Ο	Σ	Μ	Ν	Ί	Ι	Λ	Ι	Π	Π	Κ	Η
Γ	Ε	Ρ	Ψ	Σ	Α	Α	Θ	Η	Μ	Υ	Ε	Ο	Ύ	Ι	Τ
Γ	Λ	Γ	Υ	Α	Μ	Ε	Ε	Α	Λ	Ο	Π	Λ	Τ	Μ	Ό
Ε	Κ	Θ	Έ	Τ	Η	Ξ	Σ	Ρ	Έ	Ξ	Ά	Π	Μ	Μ	Σ
Α	Έ	Η	Ξ	Ν	Λ	Ί	Η	Σ	Ε	Ρ	Ί	Α	Φ	Α	Ο
Ρ	Λ	Έ	Υ	Ο	Β	Σ	Μ	Η	Δ	Έ	Ν	Έ	Α	Ρ	Π
Ι	Ύ	Μ	Ρ	Γ	Ό	Ω	Ί	Η	Ξ	Ο	Ι	Ρ	Ί	Γ	Ο
Θ	Σ	Λ	Υ	Ά	Ρ	Σ	Π	Ο	Ε	Γ	Σ	Δ	Ι	Υ	Ω
Μ	Η	Ψ	Η	Ρ	Π	Η	Σ	Ε	Ρ	Ί	Α	Ι	Δ	Ι	Λ
Ό	Ί	Υ	Έ	Α	Μ	Μ	Α	Ρ	Γ	Ά	Ι	Δ	Δ	Ω	Ο
Σ	Ί	Τ	Ο	Π	Μ	Ε	Τ	Α	Β	Λ	Η	Τ	Ή	Ξ	Ι
Α	Η	Ω	Λ	Ε	Δ	Σ	Ω	Τ	Δ	Ε	Ί	Μ	Υ	Υ	Έ

ΔΙΆΓΡΑΜΜΑ
ΔΙΑΊΡΕΣΗ
ΕΞΊΣΩΣΗ
ΕΚΘΈΤΗ
ΠΑΡΆΓΟΝΤΑΣ
ΤΎΠΟΣ
ΚΛΆΣΜΑ
ΆΠΕΙΡΟ
ΓΡΑΜΜΙΚΉ
ΜΉΤΡΑ

ΑΡΙΘΜΌΣ
ΠΑΡΈΝΘΕΣΗ
ΠΡΌΒΛΗΜΑ
ΠΟΣΌΤΗΤΑ
ΑΠΛΟΠΟΙΏ
ΛΎΣΗ
ΆΘΡΟΙΣΜΑ
ΑΦΑΊΡΕΣΗ
ΜΕΤΑΒΛΗΤΉ
ΜΗΔΈΝ

15 - Plantas

Δ	Σ	Ω	Β	Κ	Φ	Ύ	Λ	Λ	Ω	Μ	Α	Ο	Έ	Λ	Υ
Έ	Δ	Δ	Τ	Χ	Ή	Λ	Υ	Ν	Δ	Π	Υ	Ω	Τ	Ο	Α
Ν	Ψ	Ι	Γ	Δ	Ψ	Π	Ε	Ξ	Υ	Σ	Μ	Ο	Ρ	Υ	Α
Τ	Β	Δ	Β	Λ	Β	Σ	Ο	Λ	Λ	Ύ	Φ	Υ	Β	Λ	Β
Ρ	Ε	Ε	Ό	Χ	Ι	Α	Λ	Σ	Ο	Τ	Κ	Ά	Κ	Ο	Λ
Ο	Β	Ε	Τ	Γ	Χ	Π	Α	Ψ	Ό	Ν	Μ	Λ	Γ	Ύ	Ά
Β	Έ	Ί	Α	Ζ	Ί	Ρ	Τ	Ω	Έ	Σ	Ο	Σ	Α	Δ	Σ
Α	Ρ	Ξ	Ν	Ω	Έ	Ί	Έ	Β	Β	Υ	Σ	Η	Π	Ι	Τ
Σ	Υ	Ύ	Ο	Ο	Τ	Ο	Π	Ο	Η	Ο	Σ	Ι	Λ	Τ	Η
Δ	Ν	Ο	Α	Δ	Ί	Ρ	Ω	Λ	Χ	Σ	Υ	Β	Κ	Τ	Σ
Ψ	Τ	Π	Λ	Ί	Π	Α	Σ	Μ	Α	Α	Τ	Τ	Ο	Ι	Η
Ί	Χ	Μ	Γ	Ρ	Α	Σ	Ί	Δ	Ι	Ε	Χ	Ω	Ψ	Β	Ψ
Η	Α	Α	Β	Ο	Τ	Α	Ν	Ι	Κ	Ή	Ε	Β	Α	Η	Ψ
Ι	Τ	Π	Μ	Ο	Ύ	Ρ	Ο	Φ	Α	Σ	Ό	Λ	Ι	Τ	Β
Ρ	Χ	Μ	Α	Ε	Έ	Ρ	Α	Μ	Έ	Β	Α	Τ	Ξ	Τ	Ι
Γ	Ξ	Ρ	Β	Ο	Π	Ι	Ν	Ψ	Ι	Ο	Τ	Γ	Ω	Δ	Ξ

ΔΈΝΤΡΟ
ΜΟΎΡΟ
ΜΠΑΜΠΟΎ
ΒΟΤΑΝΙΚΉ
ΚΆΚΤΟΣ
ΒΌΤΑΝΟ
ΦΑΣΌΛΙ
ΛΊΠΑΣΜΑ
ΛΟΥΛΟΎΔΙ
ΧΛΩΡΊΔΑ
ΔΑΣΟΣ
ΦΎΛΛΟ
ΦΎΛΛΩΜΑ
ΓΡΑΣΊΔΙ
ΚΙΣΣΌΣ
ΚΉΠΟΣ
ΒΡΎΑ
ΠΈΤΑΛΟ
ΡΊΖΑ
ΒΛΆΣΤΗΣΗ

16 - Veículos

Π	Ρ	Ε	Μ	Υ	Ρ	Έ	Ν	Ψ	Έ	Γ	Λ	Ω	Γ	Λ	Ρ
Τ	Ο	Α	Σ	Θ	Ε	Ν	Ο	Φ	Ό	Ρ	Ο	Ω	Ι	Ε	Ο
Ρ	Α	Ρ	Π	Ή	Ν	Α	Χ	Η	Μ	Χ	Υ	Ν	Δ	Ω	Υ
Ο	Υ	Σ	Θ	Ω	Λ	Β	Ψ	Τ	Β	Υ	Τ	Ρ	Σ	Φ	Κ
Χ	Τ	Έ	Κ	Μ	Υ	Π	Ο	Β	Ρ	Ύ	Χ	Ι	Ο	Ο	Έ
Ό	Ο	Π	Α	Ο	Ε	Σ	Χ	Ε	Δ	Ί	Α	Τ	Ν	Ρ	Τ
Σ	Κ	Ο	Ν	Ε	Ύ	Ί	Ξ	Α	Τ	Υ	Γ	Ω	Α	Ε	Α
Π	Ί	Δ	Τ	Ν	Γ	Τ	Ο	Μ	Τ	Ψ	Ί	Γ	Ε	Ί	Ν
Ι	Ν	Ή	Τ	Ι	Α	Έ	Ε	Η	Ό	Γ	Η	Τ	Ρ	Ο	Φ
Τ	Η	Λ	Λ	Η	Χ	Η	Ψ	Ρ	Ρ	Σ	Υ	Σ	Ο	Τ	Η
Ο	Τ	Α	Ε	Λ	Ι	Κ	Ό	Π	Τ	Ε	Ρ	Ο	Π	Ρ	Ι
Ο	Ο	Τ	Κ	Μ	Τ	Β	Δ	Μ	Ε	Χ	Β	Δ	Λ	Α	Γ
Γ	Ξ	Ο	Χ	Ρ	Σ	Β	Ω	Ε	Μ	Χ	Χ	Ω	Ά	Κ	Γ
Ρ	Π	Δ	Υ	Μ	Ά	Ο	Η	Ω	Τ	Ί	Μ	Δ	Ν	Τ	Ι
Ψ	Ξ	Έ	Σ	Ψ	Λ	Β	Σ	Ν	Ρ	Ξ	Π	Ψ	Ο	Έ	Έ
Λ	Β	Ι	Η	Ψ	Ρ	Ε	Υ	Χ	Σ	Λ	Ο	Β	Η	Ρ	Ν

ΑΣΘΕΝΟΦΌΡΟ
ΑΕΡΟΠΛΆΝΟ
ΠΟΡΘΜΕΊΟ
ΒΆΡΚΑ
ΠΟΔΉΛΑΤΟ
ΦΟΡΤΗΓΌ
ΤΡΟΧΌΣΠΙΤΟ
ΑΥΤΟΚΊΝΗΤΟ
ΡΟΥΚΈΤΑ
ΒΑΝ
ΕΛΙΚΌΠΤΕΡΟ
ΣΧΕΔΊΑ
ΣΚΟΎΤΕΡ
ΜΕΤΡΌ
ΜΗΧΑΝΉ
ΛΕΩΦΟΡΕΊΟ
ΛΆΣΤΙΧΑ
ΥΠΟΒΡΎΧΙΟ
ΤΑΞΊ
ΤΡΑΚΤΈΡ

17 - Engenharia

Υ	Β	Ν	Δ	Σ	Ό	Μ	Σ	Ι	Γ	Ο	Λ	Ο	Π	Υ	Η
Μ	Έ	Τ	Ρ	Η	Σ	Η	Σ	Η	Θ	Ώ	Ω	Έ	Μ	Γ	Υ
Ά	Σ	Ι	Σ	Α	Ο	Δ	Ψ	Δ	Σ	Β	Ω	Σ	Ρ	Ρ	Ι
Ξ	Π	Τ	Β	Ε	Θ	Ρ	Ι	Δ	Ύ	Ν	Α	Μ	Η	Ό	Π
Ο	Ι	Ρ	Α	Ο	Ά	Α	Η	Α	Ι	Ε	Γ	Ρ	Έ	Ν	Ε
Ν	Δ	Χ	Ί	Θ	Β	Μ	Γ	Ή	Ν	Α	Χ	Η	Μ	Δ	Π
Α	Χ	Ψ	Ν	Ε	Ε	Ρ	Γ	Π	Ν	Ο	Ο	Ί	Χ	Ι	Ε
Σ	Ξ	Ο	Ω	Ί	Ι	Ρ	Ν	Ξ	Ο	Μ	Μ	Μ	Χ	Ά	Ρ
Ε	Χ	Τ	Γ	Δ	Μ	Ο	Ό	Τ	Ω	Λ	Η	Ή	Η	Γ	Ι
Β	Η	Γ	Ψ	Η	Π	Ν	Ρ	Τ	Ί	Λ	Ί	Χ	Λ	Ρ	Σ
Κ	Α	Τ	Α	Σ	Κ	Ε	Υ	Ή	Η	Ζ	Υ	Λ	Έ	Α	Τ
Σ	Δ	Ο	Μ	Ή	Ψ	Β	Υ	Β	Σ	Τ	Ε	Χ	Γ	Μ	Ρ
Λ	Ί	Δ	Έ	Έ	Ν	Ί	Τ	Ι	Η	Ν	Α	Λ	Ε	Μ	Ο
Γ	Σ	Μ	Α	Π	Ν	Έ	Ν	Ρ	Ν	Λ	Ε	Β	Ν	Α	Φ
Χ	Ω	Χ	Έ	Μ	Σ	Σ	Λ	Τ	Ί	Π	Α	Ο	Ψ	Χ	Ή
Δ	Ι	Ά	Μ	Ε	Τ	Ρ	Ο	Σ	Κ	Β	Ν	Ξ	Ν	Ξ	Ί

ΤΡΙΒΉ
ΓΩΝΊΑ
ΥΠΟΛΟΓΙΣΜΌΣ
ΚΑΤΑΣΚΕΥΉ
ΔΙΆΓΡΑΜΜΑ
ΔΙΆΜΕΤΡΟΣ
ΝΤΊΖΕΛ
ΔΙΑΝΟΜΉ
ΆΞΟΝΑΣ
ΕΝΈΡΓΕΙΑ
ΣΤΑΘΕΡΌΤΗΤΑ
ΔΟΜΉ
ΔΎΝΑΜΗ
ΥΓΡΌ
ΜΗΧΑΝΉ
ΜΈΤΡΗΣΗ
ΚΊΝΗΣΗ
ΒΆΘΟΣ
ΏΘΗΣΗ
ΠΕΡΙΣΤΡΟΦΉ

18 - Restaurante # 2

Κ	Ρ	Ν	Α	Ν	Η	Ι	Ε	Ω	Κ	Η	Μ	Μ	Ρ	Π	Σ
Ψ	Ο	Μ	Ι	Τ	Σ	Ό	Ν	Ρ	Α	Ο	Π	Ε	Σ	Ά	Σ
Τ	Ε	Υ	Ό	Ε	Ψ	Γ	Ε	Η	Ρ	Α	Α	Λ	Ρ	Γ	Π
Η	Ε	Υ	Τ	Π	Ο	Ί	Ξ	Ω	Έ	Λ	Χ	Ψ	Ν	Ο	Ο
Υ	Ί	Η	Ο	Ά	Π	Ρ	Ί	Ψ	Κ	Ά	Α	Ι	Τ	Σ	Ν
Β	Γ	Ι	Π	Δ	Λ	Ι	Ε	Χ	Λ	Τ	Ρ	Α	Α	Φ	Λ
Η	Α	Μ	Ύ	Ε	Γ	Ι	Ρ	Κ	Α	Ι	Ι	Δ	Ε	Ρ	Α
Μ	Ξ	Ο	Τ	Ί	Μ	Ρ	Τ	Ο	Τ	Α	Κ	Α	Ί	Ο	Χ
Ί	Β	Ί	Γ	Π	Υ	Ά	Α	Έ	Ύ	Ι	Ό	Α	Κ	Ύ	Α
Ν	Ε	Ρ	Ό	Ν	Ε	Ψ	Σ	Π	Γ	Ν	Κ	Ι	Έ	Τ	Ν
Υ	Ω	Τ	Ι	Ο	Υ	Μ	Ο	Ο	Α	Ά	Ι	Ό	Ι	Ο	Ι
Ο	Ν	Χ	Α	Χ	Ν	Χ	Ύ	Έ	Έ	Ζ	Ν	Ν	Κ	Γ	Κ
Α	Δ	Ρ	Ψ	Ε	Ω	Ψ	Π	Π	Ν	Α	Β	Β	Ψ	Ψ	Ά
Ψ	Ψ	Μ	Ί	Ι	Π	Δ	Α	Ο	Δ	Λ	Α	Η	Λ	Β	Υ
Π	Γ	Ω	Ι	Ρ	Ω	Δ	Σ	Ψ	Λ	Γ	Υ	Έ	Β	Η	Χ
Σ	Ε	Ρ	Β	Ι	Τ	Ό	Ρ	Ο	Σ	Σ	Α	Λ	Ά	Τ	Α

ΓΕΎΜΑ
ΟΡΕΚΤΙΚΌ
ΝΕΡΌ
ΠΟΤΌ
ΚΈΙΚ
ΚΑΡΈΚΛΑ
ΚΟΥΤΆΛΙ
ΝΌΣΤΙΜΟ
ΜΠΑΧΑΡΙΚΌ
ΦΡΟΎΤΟ
ΣΕΡΒΙΤΌΡΟΣ
ΠΙΡΟΎΝΙ
ΠΆΓΟΣ
ΔΕΊΠΝΟ
ΛΑΧΑΝΙΚΆ
ΛΑΖΆΝΙΑ
ΨΆΡΙ
ΑΛΆΤΙ
ΣΑΛΆΤΑ
ΣΟΎΠΑ

19 - Países #2

Π	Ρ	Ω	Σ	Ί	Α	Ί	Ρ	Υ	Σ	Ο	Η	Δ	Ο	Λ	Τ
Υ	Α	Ό	Ο	Υ	Γ	Κ	Ά	Ν	Τ	Α	Ί	Χ	Ω	Ά	Γ
Σ	Ί	Κ	Β	Έ	Μ	Ν	Χ	Τ	Η	Χ	Α	Ε	Υ	Ο	Ν
Σ	Σ	Ι	Ι	Υ	Χ	Τ	Λ	Ψ	Η	Έ	Υ	Γ	Η	Σ	Τ
Γ	Η	Ξ	Ξ	Σ	Τ	Λ	Η	Α	Σ	Α	Δ	Ω	Δ	Β	Γ
Ν	Ν	Ε	Τ	Υ	Τ	Ί	Τ	Έ	Λ	Έ	Έ	Λ	Υ	Ε	Β
Υ	Ο	Μ	Ξ	Ι	Ψ	Ά	Χ	Μ	Ρ	Β	Α	Ξ	Ψ	Ω	Π
Α	Δ	Π	Δ	Π	Ρ	Χ	Ν	Π	Σ	Υ	Α	Α	Ϊ	Τ	Ή
Ί	Ν	Ψ	Ν	Ε	Ν	Λ	Σ	Β	Ο	Π	Μ	Δ	Χ	Ρ	Ν
Λ	Ι	Α	Ί	Ν	Ω	Π	Α	Ι	Π	Χ	Ι	Ά	Τ	Π	Μ
Α	Ί	Ν	Α	Ρ	Κ	Υ	Ο	Ν	Χ	Ξ	Ω	Λ	Μ	Γ	Ν
Μ	Έ	Β	Γ	Α	Λ	Λ	Ί	Α	Δ	Ι	Έ	Λ	Έ	Γ	Σ
Ο	Ν	Ί	Α	Ί	Ν	Α	Β	Λ	Α	Ί	Δ	Ε	Π	Έ	Π
Σ	Π	Ι	Ε	Ν	Ν	Ε	Π	Ά	Λ	Υ	Α	Γ	Τ	Ψ	Ι
Ί	Β	Δ	Ί	Α	Ο	Ί	Τ	Ζ	Α	Μ	Ά	Ι	Κ	Α	Σ
Η	Ρ	Ε	Έ	Δ	Σ	Σ	Ν	Ι	Γ	Η	Ρ	Ί	Α	Ν	Ξ

ΑΛΒΑΝΊΑ
ΔΑΝΊΑ
ΓΑΛΛΊΑ
ΕΛΛΆΔΑ
ΑΪΤΉ
ΙΝΔΟΝΗΣΊΑ
ΙΡΛΑΝΔΊΑ
ΤΖΑΜΆΙΚΑ
ΙΑΠΩΝΊΑ
ΛΆΟΣ
ΛΊΒΑΝΟΣ
ΜΕΞΙΚΌ
ΝΕΠΆΛ
ΝΙΓΗΡΊΑ
ΠΑΚΙΣΤΆΝ
ΡΩΣΊΑ
ΣΥΡΊΑ
ΣΟΜΑΛΊΑ
ΟΥΚΡΑΝΊΑ
ΟΥΓΚΆΝΤΑ

20 - Números

Δ	Ε	Έ	Ί	Α	Ρ	Ε	Σ	Σ	Έ	Τ	Α	Κ	Ε	Δ	Δ
Χ	Ε	Α	Ρ	Ψ	Π	Ν	Έ	Δ	Η	Μ	Π	Ω	Γ	Έ	Ε
Λ	Τ	Κ	Έ	Ε	Ε	Ν	Έ	Γ	Δ	Ο	Δ	Σ	Ν	Ε	Κ
Ί	Δ	Ε	Α	Ι	Ξ	Έ	Α	Κ	Ε	Δ	Ε	Π	Τ	Ά	Α
Ρ	Η	Δ	Ω	Π	Έ	Α	Ν	Τ	Κ	Ψ	Ν	Τ	Ί	Β	Ο
Β	Δ	Ώ	Α	Η	Έ	Ν	Ρ	Τ	Α	Τ	Ω	Ι	Υ	Ξ	Κ
Έ	Ύ	Δ	Μ	Δ	Χ	Ν	Α	Ψ	Τ	Τ	Ξ	Ι	Λ	Γ	Τ
Τ	Ο	Ί	Ε	Ρ	Ι	Ω	Τ	Ο	Ρ	Έ	Ω	Σ	Γ	Ε	Ώ
Δ	Έ	Κ	Α	Κ	Ν	Ω	Ψ	Ε	Ί	Σ	Ψ	Ο	Κ	Τ	Ώ
Ν	Χ	Γ	Η	Ω	Α	Ν	Β	Π	Α	Σ	Ν	Κ	Υ	Ν	Τ
Έ	Ξ	Ι	Σ	Ί	Υ	Ε	Τ	Ψ	Η	Ε	Ι	Ί	Χ	Έ	Η
Λ	Ξ	Δ	Δ	Ε	Η	Α	Π	Ο	Α	Ρ	Ί	Ε	Ψ	Π	Δ
Δ	Ε	Κ	Α	Δ	Ι	Κ	Ό	Τ	Ε	Α	Ρ	Γ	Σ	Έ	Υ
Ί	Μ	Π	Γ	Ρ	Π	Ε	Ξ	Ο	Ά	Τ	Ν	Η	Η	Σ	Ι
Ε	Λ	Ε	Χ	Γ	Ί	Ί	Ι	Τ	Ρ	Ί	Α	Ω	Η	Ί	Ρ
Σ	Ο	Χ	Μ	Ρ	Ξ	Ν	Ο	Ι	Λ	Π	Έ	Ο	Ε	Ο	Ο

ΠΈΝΤΕ
ΔΕΚΑΔΙΚΌ
ΔΈΚΑ
ΔΕΚΑΈΞΙ
ΔΕΚΑΕΠΤΆ
ΔΕΚΑΟΚΤΏ
ΔΎΟ
ΔΏΔΕΚΑ
ΕΝΝΈΑ
ΟΚΤΏ

ΔΕΚΑΤΈΣΣΕΡΑ
ΤΈΣΣΕΡΑ
ΔΕΚΑΠΈΝΤΕ
ΈΞΙ
ΕΠΤΆ
ΔΕΚΑΤΡΊΑ
ΤΡΊΑ
ΈΝΑ
ΕΊΚΟΣΙ
ΜΗΔΈΝ

21 - Física

Ο	Δ	Δ	Σ	Έ	Υ	Α	Ί	Ι	Ί	Τ	Μ	Δ	Σ	Ω	Ά
Η	Σ	Ν	Υ	Χ	Ά	Τ	Ι	Π	Ε	Ύ	Σ	Ά	Σ	Η	Τ
Ν	Ν	Ι	Ψ	Π	Ε	Π	Έ	Α	Ο	Π	Ξ	Δ	Ζ	Ο	Ο
Ρ	Ξ	Χ	Λ	Υ	Ν	Τ	Π	Χ	Η	Ο	Ι	Ρ	Έ	Α	Μ
Α	Α	Γ	Ά	Σ	Γ	Σ	Ι	Χ	Δ	Σ	Η	Ο	Μ	Ψ	Ο
Ή	Κ	Ι	Λ	Ο	Θ	Α	Κ	Κ	Ω	Μ	Η	Χ	Α	Ν	Ή
Κ	Β	Σ	Τ	Ι	Σ	Ι	Γ	Α	Ό	Χ	Η	Μ	Ι	Κ	Ή
Ι	Α	Υ	Α	Δ	Ο	Ι	Ν	Ό	Ρ	Τ	Κ	Ε	Λ	Η	Ν
Ν	Ρ	Χ	Χ	Ί	Ξ	Δ	Γ	Ψ	Λ	Ν	Η	Ξ	Υ	Ε	Χ
Α	Ύ	Ν	Ύ	Τ	Μ	Υ	Η	Ί	Β	Γ	Λ	Τ	Α	Ι	Ω
Χ	Τ	Ό	Τ	Α	Σ	Η	Τ	Ί	Υ	Λ	Ω	Β	Α	Ι	Ο
Η	Η	Τ	Η	Μ	Υ	Ν	Π	Υ	Κ	Ν	Ό	Τ	Η	Τ	Α
Μ	Τ	Η	Τ	Ω	Μ	Α	Γ	Ν	Η	Τ	Ι	Σ	Μ	Ό	Σ
Υ	Α	Τ	Α	Σ	Μ	Ε	Π	Τ	Μ	Ό	Ρ	Ι	Ο	Ε	Τ
Ί	Β	Α	Μ	Ω	Ε	Μ	Τ	Δ	Ξ	Ψ	Η	Α	Σ	Σ	Σ
Π	Υ	Ρ	Η	Ν	Ι	Κ	Ή	Ι	Χ	Έ	Υ	Ξ	Δ	Ν	Μ

ΕΠΙΤΆΧΥΝΣΗ
ΆΤΟΜΟ
ΧΆΟΣ
ΠΥΚΝΌΤΗΤΑ
ΗΛΕΚΤΡΌΝΙΟ
ΤΎΠΟΣ
ΣΥΧΝΌΤΗΤΑ
ΑΈΡΙΟ
ΒΑΡΎΤΗΤΑ
ΜΑΓΝΗΤΙΣΜΌΣ
ΜΆΖΑ
ΜΗΧΑΝΙΚΉ
ΜΌΡΙΟ
ΜΗΧΑΝΉ
ΠΥΡΗΝΙΚΉ
ΣΩΜΑΤΊΔΙΟ
ΧΗΜΙΚΉ
ΣΧΕΤΙΚΌΤΗΤΑ
ΚΑΘΟΛΙΚΉ
ΤΑΧΎΤΗΤΑ

22 - Especiarias

Β	Ξ	Ι	Τ	Ά	Λ	Α	Υ	Ί	Π	Ή	Α	Δ	Ο	Ι	Κ
Π	Α	Έ	Ν	Ζ	Γ	Λ	Υ	Κ	Ά	Ν	Ι	Σ	Ο	Λ	Ά
Ι	Λ	Ν	Σ	Ο	Ί	Έ	Ω	Ρ	Τ	Ι	Ρ	Ο	Ν	Γ	Ρ
Κ	Ε	Χ	Ί	Ε	Ί	Ν	Ψ	Ι	Δ	Ξ	Έ	Γ	Ι	Ε	Υ
Ρ	Υ	Ο	Ψ	Λ	Ο	Α	Τ	Τ	Λ	Η	Π	Λ	Μ	Ύ	Ε
Ή	Χ	Ξ	Ω	Ρ	Ι	Κ	Μ	Ζ	Ο	Μ	Ι	Υ	Ύ	Σ	Ο
Υ	Β	Λ	Έ	Π	Ν	Α	Ο	Γ	Ε	Χ	Π	Κ	Κ	Η	Ω
Σ	Κ	Ό	Ρ	Δ	Ο	Γ	Σ	Α	Ο	Ρ	Μ	Ό	Α	Λ	Ν
Ο	Λ	Τ	Δ	Ν	Μ	Ι	Χ	Ρ	Ν	Έ	Ί	Ρ	Χ	Κ	Ε
Κ	Χ	Π	Ε	Μ	Ί	Δ	Ο	Ύ	Δ	Ο	Ι	Ι	Λ	Ρ	Λ
Ο	Ω	Έ	Ξ	Ά	Λ	Ο	Κ	Φ	Γ	Σ	Ο	Ζ	Ι	Ε	Δ
Ρ	Λ	Υ	Π	Ρ	Α	Ψ	Ά	Α	Ί	Λ	Ξ	Α	Χ	Μ	Η
Κ	Ρ	Τ	Ξ	Α	Έ	Τ	Ρ	Λ	Ι	Ψ	Υ	Δ	Σ	Μ	Η
Ν	Ο	Ί	Έ	Θ	Ω	Ε	Υ	Λ	Ξ	Π	Α	Κ	Ε	Ύ	Ψ
Σ	Έ	Β	Ί	Ο	Υ	Ψ	Δ	Ο	Ι	Η	Ψ	Δ	Ό	Δ	Ρ
Κ	Ά	Ρ	Δ	Α	Μ	Ο	Ο	Μ	Π	Η	Χ	Ω	Α	Ι	Ο

ΚΡΟΚΟΣ
ΓΛΥΚΌΡΙΖΑ
ΣΚΌΡΔΟ
ΠΙΚΡΉ
ΓΛΥΚΆΝΙΣΟ
ΞΙΝΉ
ΒΑΝΊΛΙΑ
ΚΑΝΈΛΑ
ΚΆΡΔΑΜΟ
ΚΆΡΥ
ΚΡΕΜΜΎΔΙ
ΚΎΜΙΝΟ
ΓΑΡΎΦΑΛΛΟ
ΓΛΥΚΌ
ΜΆΡΑΘΟ
ΤΖΊΝΤΖΕΡ
ΜΟΣΧΟΚΆΡΥΔΟ
ΠΙΠΈΡΙ
ΓΕΎΣΗ
ΑΛΆΤΙ

23 - Países #1

Τ	Ν	Έ	Δ	Γ	Η	Ν	Ν	Ν	Ρ	Ι	Τ	Μ	Φ	Γ	Μ
Τ	Ι	Β	Ρ	Α	Ζ	Ι	Λ	Ί	Α	Ν	Ψ	Ω	Ι	Γ	Α
Λ	Κ	Β	Ό	Ί	Τ	Λ	Σ	Δ	Έ	Δ	Μ	Ί	Ν	Ν	Η
Ι	Α	Ε	Δ	Ν	Ό	Η	Ω	Σ	Ι	Ί	Έ	Γ	Λ	Ο	Ε
Ν	Ρ	Ν	Α	Α	Π	Λ	Ξ	Ε	Δ	Α	Μ	Υ	Α	Ρ	Π
Χ	Ά	Ε	Υ	Μ	Μ	Ά	Μ	Α	Ν	Α	Π	Ν	Ν	Β	Ξ
Ο	Γ	Ζ	Ο	Ρ	Α	Γ	Γ	Ξ	Π	Γ	Α	Λ	Δ	Η	Ι
Κ	Ο	Ο	Κ	Ε	Κ	Ε	Υ	Μ	Ξ	Ί	Τ	Ι	Ί	Γ	Τ
Α	Υ	Υ	Ε	Γ	Π	Ν	Γ	Ι	Η	Α	Ν	Ι	Α	Ί	Α
Ν	Α	Έ	Ψ	Μ	Έ	Ε	Π	Ο	Λ	Ω	Ν	Ί	Α	Α	Λ
Α	Ι	Λ	Ξ	Ξ	Ι	Σ	Ρ	Α	Ή	Λ	Μ	Ά	Λ	Ι	Ί
Δ	Ρ	Α	Ι	Η	Ω	Σ	Α	Ί	Γ	Υ	Π	Τ	Ο	Σ	Α
Ά	Ά	Ι	Σ	Π	Α	Ν	Ί	Α	Μ	Ε	Η	Ί	Ρ	Τ	Λ
Ο	Κ	Ό	Ρ	Α	Μ	Ψ	Έ	Έ	Λ	Η	Γ	Ε	Β	Έ	Τ
Χ	Σ	Ε	Δ	Ε	Η	Τ	Σ	Σ	Η	Ο	Ω	Γ	Σ	Λ	Ξ
Χ	Δ	Π	Ν	Γ	Τ	Σ	Ο	Ε	Ν	Ι	Β	Ρ	Η	Έ	Ι

ΓΕΡΜΑΝΊΑ
ΒΡΑΖΙΛΊΑ
ΚΑΜΠΌΤΖΗ
ΚΑΝΑΔΆ
ΑΊΓΥΠΤΟΣ
ΕΚΟΥΑΔΌΡ
ΙΣΠΑΝΊΑ
ΦΙΝΛΑΝΔΊΑ
ΙΡΆΚ
ΙΣΡΑΉΛ
ΙΤΑΛΊΑ
ΙΝΔΊΑ
ΜΆΛΙ
ΜΑΡΌΚΟ
ΝΙΚΑΡΆΓΟΥΑ
ΝΟΡΒΗΓΊΑ
ΠΑΝΑΜΆ
ΠΟΛΩΝΊΑ
ΣΕΝΕΓΆΛΗ
ΒΕΝΕΖΟΥΈΛΑ

24 - Casa

Τ	Π	Σ	Ψ	Ι	Ξ	Ξ	Π	Η	Ξ	Υ	Λ	Λ	Ι	Ρ	Φ
Τ	Ν	Ν	Μ	Ω	Ο	Α	Γ	Π	Α	Π	Ύ	Ο	Κ	Σ	Ρ
Ρ	Λ	Μ	Η	Β	Π	Ν	Δ	Έ	Έ	Ν	Σ	Ρ	Ρ	Σ	Α
Σ	Ω	Β	Σ	Γ	Ξ	Ί	Β	Β	Σ	Ο	Χ	Ί	Ο	Τ	Κ
Κ	Α	Θ	Ρ	Ε	Φ	Τ	Η	Σ	Υ	Δ	Ψ	Χ	Α	Δ	Τ
Έ	Β	Ξ	Π	Σ	Μ	Ρ	Σ	Ο	Ο	Ω	Χ	Ι	Α	Ί	Η
Δ	Π	Ι	Χ	Υ	Μ	Υ	Ύ	Π	Τ	Μ	Ι	Ν	Ρ	Λ	Σ
Π	Β	Ι	Β	Π	Ν	Ο	Ρ	Ή	Ν	Ά	Ρ	Ί	Υ	Τ	Ί
Λ	Δ	Γ	Π	Λ	Έ	Κ	Β	Κ	Σ	Τ	Ε	Ί	Λ	Υ	Μ
Τ	Ψ	Μ	Ι	Λ	Ι	Σ	Τ	Χ	Ά	Ι	Δ	Ι	Ε	Λ	Κ
Α	Σ	Ε	Γ	Ρ	Α	Ο	Π	Μ	Έ	Ο	Χ	Σ	Α	Α	Μ
Β	Σ	Ο	Φ	Ί	Τ	Α	Θ	Κ	Ο	Υ	Ζ	Ί	Ν	Α	Σ
Ά	Σ	Χ	Π	Τ	Ί	Γ	Σ	Ή	Λ	Υ	Σ	Τ	Ι	Υ	Ω
Ν	Τ	Ζ	Ά	Κ	Ι	Ω	Ε	Α	Κ	Π	Ό	Ρ	Τ	Α	Ψ
Ι	Π	Α	Ρ	Ά	Θ	Υ	Ρ	Ο	Τ	Η	Π	Ψ	Η	Β	Η
Ψ	Έ	Β	Σ	Υ	Ί	Ρ	Ν	Π	Ί	Γ	Κ	Α	Ρ	Ά	Ζ

ΒΙΒΛΙΟΘΉΚΗ
ΦΡΑΚΤΗΣ
ΚΛΕΙΔΙΆ
ΝΤΟΥΣ
ΚΟΥΡΤΊΝΑ
ΚΟΥΖΊΝΑ
ΚΑΘΡΕΦΤΗΣ
ΓΚΑΡΆΖ
ΠΑΡΆΘΥΡΟ
ΚΉΠΟΣ
ΤΖΆΚΙ
ΈΠΙΠΛΑ
ΤΟΊΧΟΣ
ΠΌΡΤΑ
ΥΠΝΟΔΩΜΆΤΙΟ
ΣΟΦΊΤΑ
ΧΑΛΊ
ΤΑΒΆΝΙ
ΒΡΎΣΗ
ΣΚΟΎΠΑ

25 - Vegetais

Έ	Ρ	Μ	Π	Ο	Ψ	Ι	Ι	Ω	Υ	Μ	Ρ	Μ	Β	Ρ	Π
Μ	Π	Ι	Ζ	Έ	Λ	Ι	Κ	Ά	Ν	Α	Π	Σ	Δ	Υ	Σ
Π	Α	Α	Ο	Δ	Ρ	Ό	Κ	Σ	Τ	Ν	Τ	Μ	Ρ	Α	Α
Μ	Α	Ν	Ι	Τ	Ά	Ρ	Ι	Κ	Ά	Ν	Α	Π	Α	Ρ	Λ
Ε	Τ	Ά	Ρ	Μ	Ό	Ν	Τ	Ο	Μ	Ά	Τ	Α	Γ	Ά	Ά
Υ	Ά	Ζ	Ύ	Ί	Ο	Ρ	Ε	Ζ	Τ	Ν	Ί	Ζ	Τ	Ν	Τ
Γ	Τ	Τ	Ο	Ν	Γ	Δ	Α	Μ	Σ	Δ	Ψ	Μ	Ξ	Ι	Α
Ε	Α	Ι	Γ	Ο	Τ	Χ	Θ	Κ	Π	Υ	Λ	Ι	Ρ	Κ	Υ
Γ	Π	Λ	Γ	Δ	Δ	Ι	Ύ	Τ	Π	Ρ	Π	Λ	Ω	Γ	Ι
Α	Π	Ε	Α	Υ	Γ	Ι	Κ	Τ	Λ	Χ	Ό	Λ	Β	Α	Ξ
Μ	Ι	Μ	Γ	Ν	Β	Ο	Ο	Τ	Ε	Ε	Τ	Κ	Τ	Ι	Χ
Μ	Ί	Β	Σ	Η	Ρ	Ι	Λ	Ύ	Γ	Γ	Ο	Γ	Ο	Ο	Η
Ρ	Γ	Τ	Β	Ί	Α	Ξ	Ο	Ν	Ι	Λ	Έ	Σ	Γ	Λ	Ξ
Ι	Δ	Ύ	Μ	Μ	Ε	Ρ	Κ	Η	Π	Γ	Λ	Α	Ί	Β	Ο
Έ	Μ	Α	Ϊ	Ν	Τ	Α	Ν	Ό	Σ	Ο	Υ	Τ	Μ	Ν	Α
Ε	Σ	Κ	Α	Λ	Ω	Ν	Ί	Δ	Α	Λ	Ρ	Σ	Α	Β	Ο

ΚΟΛΟΚΎΘΑ
ΣΈΛΙΝΟ
ΑΓΚΙΝΆΡΑ
ΣΚΌΡΔΟ
ΠΑΤΆΤΑ
ΜΕΛΙΤΖΆΝΑ
ΜΠΡΌΚΟΛΟ
ΚΡΕΜΜΎΔΙ
ΚΑΡΌΤΟ
ΕΣΚΑΛΩΝΊΔΑ
ΜΑΝΙΤΆΡΙ
ΜΠΙΖΈΛΙ
ΣΠΑΝΆΚΙ
ΤΖΊΝΤΖΕΡ
ΓΟΓΓΎΛΙ
ΑΓΓΟΎΡΙ
ΡΑΠΑΝΆΚΙ
ΣΑΛΆΤΑ
ΜΑΪΝΤΑΝΌΣ
ΝΤΟΜΆΤΑ

26 - Balé

Μ	Χ	Ε	Ά	Ν	Μ	Ο	Η	Ο	Γ	Ψ	Ψ	Τ	Ο	Χ	Τ
Ο	Ο	Ή	Σ	Π	Ψ	Π	Σ	Ο	Ω	Π	Β	Ε	Ρ	Ο	Υ
Υ	Ρ	Ί	Κ	Μ	Μ	Ω	Α	Β	Ό	Ρ	Π	Χ	Χ	Ρ	Η
Σ	Ε	Τ	Η	Ι	Ρ	Ε	Τ	Λ	Ρ	Ε	Β	Ν	Ή	Ο	Η
Ι	Υ	Ί	Σ	Ο	Ν	Δ	Ν	Α	Α	Ε	Ε	Ι	Σ	Γ	Ί
Κ	Τ	Ξ	Η	Ι	Ψ	Χ	Έ	Τ	Χ	Ρ	Ξ	Κ	Τ	Ρ	Α
Ή	Ε	Χ	Υ	Ρ	Γ	Ν	Ε	Η	Σ	Ρ	Ί	Ή	Ρ	Α	Ί
Σ	Σ	Η	Σ	Ή	Ο	Π	Μ	Τ	Σ	Ψ	Ν	Ν	Α	Φ	Μ
Η	Μ	Τ	Ρ	Τ	Ν	Λ	Ψ	Ό	Ι	Γ	Λ	Β	Α	Ί	Ο
Ρ	Ξ	Έ	Γ	Α	Υ	Δ	Σ	Ι	Λ	Λ	Τ	Ξ	Δ	Α	Ν
Ρ	Υ	Θ	Μ	Ο	Ύ	Λ	Ο	Ξ	Ξ	Λ	Λ	Σ	Ό	Λ	Ο
Ρ	Β	Ν	Έ	Ρ	Ε	Ρ	Σ	Ε	Λ	Λ	Χ	Α	Σ	Π	Ρ
Ε	Ι	Υ	Υ	Κ	Σ	Γ	Η	Δ	Δ	Ω	Σ	Δ	Κ	Α	Ι
Ί	Β	Σ	Ξ	Α	Σ	Ή	Κ	Ι	Τ	Σ	Α	Ρ	Φ	Κ	Ε
Λ	Ι	Ν	Ν	Ι	Β	Υ	Β	Π	Τ	Ψ	Τ	Ξ	Έ	Ο	Χ
Ο	Ω	Λ	Λ	Β	Ω	Ί	Π	Ε	Ί	Ψ	Ί	Ω	Ο	Υ	Έ

ΚΑΛΛΙΤΕΧΝΙΚΉ
ΜΠΑΛΑΡΊΝΑ
ΣΥΝΘΈΤΗ
ΧΟΡΟΓΡΑΦΊΑ
ΧΟΡΕΥΤΕΣ
ΠΡΌΒΑ
ΣΤΥΛ
ΕΚΦΡΑΣΤΙΚΉ
ΧΕΙΡΟΝΟΜΊΑ
ΕΠΙΔΕΞΙΌΤΗΤΑ
ΈΝΤΑΣΗ
ΜΟΥΣΙΚΉ
ΟΡΧΉΣΤΡΑ
ΆΣΚΗΣΗ
ΑΚΡΟΑΤΉΡΙΟ
ΡΥΘΜΟΎ
ΣΌΛΟ
ΤΕΧΝΙΚΉ

27 - Adjetivos #1

Ε	Φ	Μ	Δ	Έ	Η	Ι	Ψ	Υ	Τ	Σ	Μ	Π	Χ	Υ	Τ
Σ	Ξ	Ι	Γ	Ε	Ν	Ν	Α	Ι	Ό	Δ	Ω	Ρ	Η	Η	Έ
Ε	Β	Ω	Λ	Τ	Ε	Ρ	Ά	Σ	Τ	Ι	Ο	Ω	Λ	Ο	Λ
Ί	Μ	Ψ	Τ	Ό	Ν	Ι	Γ	Ο	Ε	Τ	Η	Έ	Ε	Ν	Ε
Χ	Ψ	Π	Α	Ι	Δ	Ί	Τ	Λ	Α	Υ	Δ	Ψ	Π	Ρ	Ι
Δ	Ξ	Ψ	Β	Ά	Κ	Ο	Χ	Β	Ω	Δ	Ε	Λ	Τ	Έ	Ο
Π	Ε	Γ	Ο	Ι	Ε	Ό	Ξ	Ω	Ω	Ο	Ξ	Ί	Ή	Τ	Π
Σ	Ο	Β	Α	Ρ	Ή	Λ	Χ	Ο	Φ	Ω	Τ	Ε	Ι	Ν	Ό
Ψ	Β	Β	Π	Α	Ε	Ο	Κ	Δ	Σ	Κ	Ο	Ύ	Ρ	Ο	Ν
Λ	Δ	Ν	Ε	Β	Υ	Ξ	Υ	Υ	Β	Τ	Ψ	Ψ	Γ	Μ	Β
Σ	Η	Μ	Α	Ν	Τ	Ι	Κ	Ό	Σ	Ω	Ι	Έ	Ι	Σ	Α
Α	Ρ	Ω	Μ	Α	Τ	Ι	Κ	Ό	Η	Τ	Υ	Λ	Ό	Π	Α
Π	Η	Η	Τ	Ρ	Α	Ρ	Γ	Ή	Ο	Α	Ι	Η	Π	Τ	Σ
Κ	Α	Λ	Λ	Ι	Τ	Ε	Χ	Ν	Ι	Κ	Ή	Κ	Σ	Ω	Ω
Μ	Υ	Σ	Τ	Η	Ρ	Ι	Ώ	Δ	Η	Σ	Β	Ο	Ό	Έ	Ω
Π	Ο	Λ	Ύ	Τ	Ι	Μ	Α	Δ	Ί	Ί	Τ	Π	Ν	Σ	Ω

ΑΠΌΛΥΤΗ
ΦΙΛΌΔΟΞΟ
ΑΡΩΜΑΤΙΚΌ
ΚΑΛΛΙΤΕΧΝΙΚΉ
ΕΛΚΥΣΤΙΚΌ
ΦΩΤΕΙΝΌ
ΤΕΡΆΣΤΙΟ
ΣΚΟΎΡΟ
ΕΞΩΤΙΚΌ
ΛΕΠΤΉ
ΓΕΝΝΑΙΌΔΩΡΗ
ΊΔΙΑ
ΣΗΜΑΝΤΙΚΌ
ΑΡΓΉ
ΜΥΣΤΗΡΙΏΔΗΣ
ΜΟΝΤΈΡΝΟ
ΤΈΛΕΙΟ
ΒΑΡΙΆ
ΣΟΒΑΡΉ
ΠΟΛΎΤΙΜΑ

28 - Paisagens

Χ	Π	Ν	Ρ	Ω	Δ	Χ	Χ	Θ	Γ	Χ	Λ	Ρ	Ο	Λ	Κ
Ε	Ω	Η	Υ	Χ	Λ	Α	Ξ	Τ	Ά	Δ	Τ	Λ	Γ	Σ	Α
Ρ	Η	Φ	Α	Ί	Σ	Τ	Ε	Ι	Ο	Λ	Ό	Α	Σ	Η	Τ
Σ	Μ	Μ	Π	Έ	Γ	Ε	Ψ	Ο	Ο	Ί	Α	Σ	Μ	Α	Α
Ό	Γ	Μ	Σ	Α	Ν	Ώ	Τ	Ε	Γ	Α	Π	Σ	Χ	Ί	Ρ
Ν	Τ	Ψ	Ο	Π	Ρ	Τ	Ο	Ύ	Ν	Δ	Ρ	Α	Σ	Γ	Ρ
Η	Ψ	Ψ	Έ	Ω	Έ	Α	Η	Δ	Π	Π	Η	Τ	Γ	Α	Ά
Σ	Ο	Λ	Έ	Ι	Ι	Ο	Λ	Σ	Π	Ι	Ω	Η	Η	Ρ	Κ
Ο	Ν	Γ	Ί	Σ	Η	Ν	Ε	Ί	Ν	Π	Ψ	Ι	Ε	Υ	Τ
Γ	Υ	Υ	Ο	Μ	Ή	Ρ	Ε	Η	Α	Ο	Φ	Ό	Λ	Α	Η
Ί	Ο	Ο	Σ	Ό	Ν	Α	Ε	Κ	Ω	Τ	Ο	Ν	Δ	Γ	Ί
Ε	Β	Ο	Ο	Τ	Ι	Η	Ξ	Α	Ο	Α	Ο	Υ	Δ	Μ	Ρ
Δ	Ό	Π	Τ	Μ	Ν	Τ	Γ	Χ	Π	Μ	Ν	Ο	Π	Γ	Ψ
Λ	Γ	Ο	Λ	Ψ	Ω	Π	Σ	Ί	Ί	Ό	Ο	Β	Ί	Χ	Υ
Π	Α	Δ	Ά	Λ	Ι	Ο	Κ	Δ	Ξ	Σ	Ο	Π	Λ	Ό	Κ
Σ	Π	Μ	Β	Σ	Π	Ή	Λ	Α	Ι	Ο	Ξ	Έ	Ψ	Ξ	Γ

ΚΑΤΑΡΡΆΚΤΗ
ΣΠΉΛΑΙΟ
ΛΌΦΟ
ΕΡΉΜΟΥ
ΠΑΓΕΤΏΝΑΣ
ΚΌΛΠΟΣ
ΠΑΓΌΒΟΥΝΟ
ΝΗΣΊ
ΛΊΜΝΗ
ΘΆΛΑΣΣΑ
ΒΟΥΝΌ
ΌΑΣΗ
ΩΚΕΑΝΌΣ
ΒΆΛΤΟΣ
ΧΕΡΣΌΝΗΣΟ
ΠΑΡΑΛΊΑ
ΠΟΤΑΜΌΣ
ΤΟΎΝΔΡΑ
ΚΟΙΛΆΔΑ
ΗΦΑΊΣΤΕΙΟ

29 - Dança

Σ	Ψ	Σ	Ή	Ω	Χ	Γ	Α	Τ	Έ	Χ	Ρ	Ψ	Π	Π	Κ
Γ	Τ	Ο	Κ	Τ	Ά	Χ	Α	Ν	Έ	Ε	Σ	Ν	Ο	Α	Λ
Γ	Σ	Ά	Ι	Ε	Ρ	Σ	Ω	Έ	Γ	Χ	Χ	Υ	Λ	Ρ	Α
Ε	Ω	Υ	Σ	Γ	Η	Ε	Λ	Ο	Ξ	Τ	Ν	Μ	Ι	Α	Σ
Ω	Ω	Τ	Υ	Η	Ο	Ε	Έ	Ρ	Ν	Τ	Ξ	Η	Τ	Δ	Ι
Χ	Α	Ρ	Ο	Ύ	Μ	Ε	Ν	Ο	Γ	Ξ	Ί	Σ	Ι	Ο	Κ
Γ	Ύ	Η	Μ	Τ	Ί	Β	Σ	Σ	Ω	Ν	Δ	Σ	Σ	Σ	Ή
Α	Ο	Π	Ρ	Ό	Β	Α	Ξ	Ω	Κ	Α	Μ	Ρ	Τ	Ι	Ο
Σ	Μ	Π	Α	Ρ	Τ	Ε	Ν	Έ	Ρ	Ί	Η	Σ	Ι	Α	Π
Σ	Θ	Γ	Ι	Β	Δ	Μ	Ξ	Ν	Ι	Ψ	Ν	Ι	Κ	Κ	Τ
Σ	Υ	Γ	Κ	Ί	Ν	Η	Σ	Η	Β	Η	Ο	Η	Ή	Ή	Ι
Δ	Ρ	Η	Ε	Κ	Φ	Ρ	Α	Σ	Τ	Ι	Κ	Ή	Σ	Χ	Κ
Ξ	Μ	Δ	Σ	Δ	Α	Ί	Μ	Η	Δ	Α	Κ	Α	Ε	Η	Ή
Σ	Γ	Π	Λ	Ρ	Ι	Έ	Ώ	Έ	Ι	Ί	Ε	Δ	Ω	Ξ	Χ
Χ	Η	Τ	Ψ	Σ	Ό	Μ	Σ	Ι	Τ	Ι	Λ	Ο	Π	Χ	Ί
Χ	Ο	Ρ	Ο	Γ	Ρ	Α	Φ	Ί	Α	Ί	Β	Έ	Ι	Ω	Έ

ΑΚΑΔΗΜΊΑ
ΧΑΡΟΎΜΕΝΟ
ΤΈΧΝΗ
ΚΛΑΣΙΚΉ
ΧΟΡΟΓΡΑΦΊΑ
ΣΏΜΑ
ΠΟΛΙΤΙΣΜΌΣ
ΠΟΛΙΤΙΣΤΙΚΉ
ΣΥΓΚΊΝΗΣΗ
ΠΡΌΒΑ
ΕΚΦΡΑΣΤΙΚΉ
ΧΆΡΗ
ΚΊΝΗΣΗ
ΜΟΥΣΙΚΉ
ΠΑΡΤΕΝΈΡ
ΣΤΆΣΗ
ΡΥΘΜΟΎ
ΠΑΡΑΔΟΣΙΑΚΉ
ΟΠΤΙΚΉ

30 - Nutrição

Ε	Σ	Σ	Λ	Η	Θ	Λ	Ί	Χ	Υ	Δ	Ο	Ί	Μ	Ή	Γ
Δ	Ω	Έ	Ε	Γ	Ρ	Ε	Χ	Β	Π	Ρ	Ή	Υ	Ω	Φ	Ω
Σ	Ε	Ί	Ί	Ψ	Γ	Ν	Ρ	Ψ	Ε	Ρ	Κ	Α	Γ	Ο	Ξ
Ω	Π	Έ	Ψ	Η	Τ	Υ	Ξ	Μ	Α	Μ	Ι	Σ	Ώ	Ρ	Β
Ζ	Ύ	Μ	Ω	Σ	Η	Γ	Α	Ν	Ι	Μ	Τ	Τ	Ό	Τ	Ά
Ί	Ε	Ν	Υ	Σ	Ν	Ε	Ξ	Ψ	Ω	Δ	Π	Λ	Ρ	Α	Ι
Γ	Γ	Ε	Ύ	Σ	Η	Ί	Π	Α	Χ	Η	Ε	Ά	Ε	Ι	Α
Υ	Ξ	Β	Υ	Ε	Ν	Α	Α	Ι	Ξ	Η	Ρ	Σ	Ξ	Δ	Ί
Ζ	Τ	Ι	Ω	Ν	Ί	Α	Η	Σ	Κ	Η	Θ	Β	Η	Ω	Ω
Δ	Χ	Τ	Ο	Ϊ	Ξ	Μ	Χ	Μ	Ρ	Ρ	Ξ	Η	Υ	Β	Τ
Ψ	Ί	Α	Π	Ε	Ο	Χ	Υ	Τ	Χ	Β	Ή	Ι	Γ	Υ	Η
Έ	Ι	Μ	Χ	Τ	Τ	Ν	Τ	Π	Ο	Ι	Ό	Τ	Η	Τ	Α
Μ	Ν	Ί	Σ	Ω	Σ	Υ	Σ	Τ	Α	Τ	Ι	Κ	Ά	Χ	Ξ
Έ	Ω	Ν	Υ	Ρ	Ω	Χ	Γ	Ι	Ο	Υ	Λ	Έ	Έ	Α	Χ
Γ	Γ	Η	Ι	Π	Ί	Ο	Μ	Ρ	Λ	Π	Ί	Τ	Π	Ξ	Ξ
Ι	Σ	Ο	Ρ	Ρ	Ο	Π	Η	Μ	Έ	Ν	Η	Ν	Ω	Χ	Ψ

ΠΙΚΡΉ
ΌΡΕΞΗ
ΘΕΡΜΙΔΕΣ
ΒΡΏΣΙΜΑ
ΔΙΑΤΡΟΦΉ
ΠΈΨΗ
ΙΣΟΡΡΟΠΗΜΈΝΗ
ΖΎΜΩΣΗ
ΣΥΣΤΑΤΙΚΆ
ΥΓΡΆ
ΣΆΛΤΣΑ
ΘΡΕΠΤΙΚΉ
ΖΥΓΊΖΩ
ΠΡΩΤΕΪΝΕΣ
ΠΟΙΌΤΗΤΑ
ΓΕΎΣΗ
ΥΓΙΉ
ΥΓΕΊΑ
ΤΟΞΊΝΗ
ΒΙΤΑΜΊΝΗ

31 - Energia

Υ	Δ	Ρ	Ο	Γ	Ό	Ν	Ο	Ί	Ψ	Χ	Ι	Μ	Ν	Ν	Α
Β	Ο	Σ	Β	Ε	Ν	Ζ	Ί	Ν	Η	Υ	Η	Π	Τ	Λ	Ν
Ί	Ξ	Σ	Τ	Ρ	Ο	Β	Ί	Λ	Ω	Ν	Ε	Α	Ί	Η	Α
Σ	Μ	Ε	Σ	Ε	Ν	Τ	Ρ	Ο	Π	Ί	Α	Τ	Ζ	Ε	Ν
Ί	Δ	Β	Ι	Ο	Μ	Η	Χ	Α	Ν	Ί	Α	Α	Ε	Π	Ε
Η	Τ	Υ	Ξ	Μ	Ι	Η	Β	Ρ	Ψ	Σ	Χ	Ρ	Λ	Ι	Ώ
Ο	Γ	Γ	Ο	Ρ	Λ	Λ	Ρ	Ε	Ρ	Α	Μ	Ί	Σ	Ν	Σ
Μ	Η	Χ	Α	Ν	Ή	Ε	Ή	Ί	Υ	Κ	Χ	Α	Ο	Ο	Ι
Ι	Σ	Ξ	Ξ	Ν	Ρ	Κ	Ή	Α	Ω	Α	Δ	Υ	Μ	Λ	Μ
Σ	Ν	Έ	Α	Σ	Μ	Τ	Ή	Κ	Ι	Ρ	Τ	Κ	Ε	Λ	Η
Ύ	Α	Γ	Γ	Γ	Ε	Ρ	Η	Ρ	Ι	Θ	Α	Δ	Ν	Ά	Β
Α	Π	Ο	Τ	Ν	Λ	Ό	Τ	Η	Η	Ν	Δ	Ν	Ά	Β	Μ
Κ	Ύ	Ι	Β	Ο	Ι	Ν	Λ	Γ	Η	Ά	Η	Ν	Ρ	Ι	Ί
Λ	Ρ	Γ	Π	Μ	Η	Ι	Β	Π	Β	Δ	Έ	Ρ	Ι	Ρ	Ο
Ψ	Α	Ι	Ί	Ω	Τ	Ο	Ι	Ν	Ό	Τ	Ω	Φ	Υ	Ε	Λ
Ψ	Υ	Υ	Θ	Ε	Ρ	Μ	Ό	Τ	Η	Τ	Α	Π	Υ	Π	Λ

ΠΕΡΙΒΆΛΛΟΝ
ΜΠΑΤΑΡΊΑ
ΘΕΡΜΌΤΗΤΑ
ΆΝΘΡΑΚΑΣ
ΚΑΎΣΙΜΟ
ΝΤΊΖΕΛ
ΗΛΕΚΤΡΙΚΉ
ΗΛΕΚΤΡΌΝΙΟ
ΕΝΤΡΟΠΊΑ
ΦΩΤΌΝΙΟ
ΒΕΝΖΊΝΗ
ΥΔΡΟΓΌΝΟ
ΒΙΟΜΗΧΑΝΊΑ
ΜΗΧΑΝΉ
ΠΥΡΗΝΙΚΉ
ΡΎΠΑΝΣΗ
ΑΝΑΝΕΏΣΙΜΗ
ΉΛΙΟΣ
ΣΤΡΟΒΊΛΩΝ
ΆΝΕΜΟΣ

32 - Disciplinas Científicas

Β	Ι	Δ	Β	Ξ	Ξ	Ο	Μ	Ί	Η	Γ	Λ	Τ	Μ	Α	Η
Μ	Υ	Β	Ο	Υ	Χ	Ρ	Ι	Γ	Λ	Ξ	Λ	Τ	Λ	Ν	Η
Έ	Β	Ν	Τ	Υ	Ρ	Ψ	Ε	Κ	Λ	Ε	Τ	Χ	Π	Α	Γ
Ω	Χ	Λ	Α	Ε	Γ	Α	Ί	Γ	Ο	Λ	Ω	Ε	Γ	Τ	Ξ
Α	Η	Π	Ν	Τ	Ρ	Ν	Ε	Ω	Ε	Λ	Ο	Χ	Π	Ο	Υ
Δ	Χ	Ε	Ι	Α	Υ	Ί	Υ	Ν	Υ	Μ	Ο	Υ	Ο	Μ	Φ
Ξ	Π	Τ	Κ	Ζ	Ω	Ο	Λ	Ο	Γ	Ί	Α	Γ	Α	Ί	Υ
Α	Έ	Δ	Ή	Β	Ι	Ο	Χ	Η	Μ	Ε	Ί	Α	Ί	Α	Σ
Ο	Ρ	Υ	Κ	Τ	Ο	Λ	Ο	Γ	Ί	Α	Π	Ί	Γ	Α	Ι
Ψ	Υ	Χ	Ο	Λ	Ο	Γ	Ί	Α	Ν	Ι	Υ	Γ	Ο	Χ	Ο
Α	Ρ	Χ	Α	Ι	Ο	Λ	Ο	Γ	Ί	Α	Ω	Ο	Λ	Η	Λ
Κ	Ι	Ν	Η	Σ	Ι	Ο	Λ	Ο	Γ	Ί	Α	Λ	Ο	Μ	Ο
Α	Ν	Ο	Σ	Ο	Λ	Ο	Γ	Ί	Α	Γ	Π	Ο	Ρ	Ε	Γ
Γ	Λ	Ω	Σ	Σ	Ο	Λ	Ο	Γ	Ί	Α	Π	Ι	Υ	Ί	Ί
Α	Σ	Τ	Ρ	Ο	Ν	Ο	Μ	Ί	Α	Μ	Ε	Β	Ε	Α	Α
Θ	Ε	Ρ	Μ	Ο	Δ	Υ	Ν	Α	Μ	Ι	Κ	Ή	Ν	Ψ	Ω

ΑΝΑΤΟΜΊΑ
ΑΡΧΑΙΟΛΟΓΊΑ
ΑΣΤΡΟΝΟΜΊΑ
ΒΙΟΛΟΓΊΑ
ΒΙΟΧΗΜΕΊΑ
ΒΟΤΑΝΙΚΉ
ΚΙΝΗΣΙΟΛΟΓΊΑ
ΟΙΚΟΛΟΓΊΑ
ΦΥΣΙΟΛΟΓΊΑ
ΓΕΩΛΟΓΊΑ
ΑΝΟΣΟΛΟΓΊΑ
ΓΛΩΣΣΟΛΟΓΊΑ
ΟΡΥΚΤΟΛΟΓΊΑ
ΝΕΥΡΟΛΟΓΊΑ
ΨΥΧΟΛΟΓΊΑ
ΧΗΜΕΊΑ
ΘΕΡΜΟΔΥΝΑΜΙΚΉ
ΖΩΟΛΟΓΊΑ

33 - Meditação

Ο	Ψ	Ο	Μ	Τ	Ι	Ξ	Ξ	Ρ	Ε	Π	Π	Σ	Ψ	Σ	Έ
Σ	Κ	Έ	Ψ	Η	Έ	Έ	Ύ	Ν	Υ	Α	Ρ	Ι	Υ	Υ	Δ
Λ	Μ	Α	Ν	Σ	Α	Ε	Π	Ι	Γ	Ρ	Ο	Ω	Χ	Ν	Γ
Έ	Ν	Η	Μ	Ύ	Β	Ε	Ν	Ξ	Ν	Α	Σ	Π	Ι	Α	Π
Ρ	Ρ	Β	Ρ	Φ	Χ	Ψ	Η	Ξ	Ω	Τ	Ο	Ή	Κ	Ι	Ψ
Η	Ρ	Ε	Μ	Ί	Α	Π	Σ	Ν	Μ	Ή	Χ	Μ	Ή	Σ	Β
Μ	Υ	Α	Λ	Ό	Λ	Ε	Ε	Π	Ο	Ρ	Ή	Ο	Ω	Θ	Ο
Κ	Α	Λ	Ο	Σ	Ύ	Ν	Η	Ρ	Σ	Η	Δ	Ω	Έ	Ή	Ο
Ο	Ε	Η	Γ	Έ	Ψ	Α	Μ	Ο	Ύ	Σ	Π	Ω	Χ	Μ	Ψ
Σ	Υ	Μ	Π	Ό	Ν	Ι	Α	Ο	Ν	Η	Δ	Χ	Ψ	Α	Ψ
Κ	Η	Π	Μ	Σ	Π	Ε	Π	Π	Η	Ρ	Σ	Χ	Σ	Τ	Ί
Β	Ί	Ι	Έ	Ι	Ψ	Ν	Ε	Τ	Β	Ρ	Ψ	Τ	Γ	Α	Β
Μ	Ο	Ν	Υ	Η	Ν	Ή	Ρ	Ι	Ε	Ω	Ο	Μ	Ά	Ν	Υ
Ο	Β	Η	Η	Ψ	Έ	Φ	Ί	Κ	Η	Χ	Υ	Ν	Η	Σ	Β
Λ	Α	Ψ	Η	Σ	Γ	Α	Ε	Ή	Κ	Ι	Σ	Υ	Ο	Μ	Η
Α	Η	Α	Τ	Ξ	Η	Σ	Α	Π	Ο	Δ	Ο	Χ	Ή	Λ	Ι

ΑΠΟΔΟΧΉ
ΞΎΠΝΗΣΕ
ΠΡΟΣΟΧΉ
ΚΑΛΟΣΎΝΗ
ΗΡΕΜΊΑ
ΣΑΦΉΝΕΙΑ
ΣΥΜΠΌΝΙΑ
ΣΥΝΑΙΣΘΉΜΑΤΑ
ΕΥΓΝΩΜΟΣΎΝΗ
ΨΥΧΙΚΉ
ΜΥΑΛΌ
ΚΊΝΗΣΗ
ΜΟΥΣΙΚΉ
ΦΎΣΗ
ΠΑΡΑΤΉΡΗΣΗ
ΕΙΡΉΝΗ
ΣΚΈΨΗ
ΠΡΟΟΠΤΙΚΉ
ΣΤΆΣΗ
ΣΙΩΠΉ

34 - Artes Visuais

Δ	Σ	Ε	Ή	Κ	Ι	Τ	Π	Υ	Λ	Γ	Φ	Κ	Β	Γ	Υ
Σ	Μ	Ί	Έ	Ά	Α	Ί	Δ	Μ	Ω	Μ	Ω	Ν	Ε	Η	Ι
Χ	Ψ	Ξ	Δ	Ρ	Υ	Α	Ν	Υ	Η	Ο	Τ	Π	Γ	Ρ	Κ
Γ	Λ	Α	Λ	Β	Ρ	Ή	Κ	Ι	Τ	Π	Ο	Ο	Ρ	Π	Ί
Μ	Π	Α	Δ	Ο	Υ	Υ	Υ	Τ	Β	Δ	Γ	Ο	Γ	Α	Ν
Κ	Ο	Β	Ί	Υ	Ο	Γ	Ξ	Ι	Γ	Ω	Ρ	Ω	Π	Π	Ρ
Α	Λ	Α	Ί	Ν	Ι	Α	Τ	Σ	Χ	Ε	Α	Ε	Ξ	Η	Ε
Λ	Υ	Ί	Μ	Ο	Μ	Ο	Λ	Ύ	Β	Ι	Φ	Η	Β	Α	Β
Λ	Γ	Λ	Ι	Τ	Χ	Τ	Ν	Ν	Έ	Ξ	Ί	Ψ	Ν	Ψ	Ε
Ι	Ρ	Ω	Ω	Έ	Ί	Ί	Ξ	Υ	Ω	Β	Α	Ο	Χ	Ξ	Ρ
Τ	Ά	Μ	Ό	Λ	Υ	Τ	Σ	Π	Ο	Ρ	Τ	Ρ	Έ	Τ	Ο
Έ	Φ	Ι	Ξ	Α	Μ	Η	Γ	Ρ	Ύ	Ο	Τ	Σ	Ι	Ρ	Α
Χ	Ο	Κ	Ί	Β	Σ	Ύ	Ν	Θ	Ε	Σ	Η	Λ	Σ	Ι	Ι
Ν	Η	Μ	Ί	Α	Κ	Ε	Ρ	Α	Μ	Ι	Κ	Ή	Μ	Λ	Δ
Η	Ι	Ρ	Ή	Κ	Ι	Φ	Α	Ρ	Γ	Ω	Ζ	Π	Ρ	Γ	Ν
Σ	Α	Ρ	Χ	Ι	Τ	Ε	Κ	Τ	Ο	Ν	Ι	Κ	Ή	Ε	Η

ΑΡΧΙΤΕΚΤΟΝΙΚΉ
ΚΑΛΛΙΤΈΧΝΗΣ
ΣΤΥΛΌ
ΚΆΡΒΟΥΝΟ
ΚΑΒΑΛΈΤΟ
ΚΕΡΊ
ΚΕΡΑΜΙΚΉ
ΣΎΝΘΕΣΗ
ΓΛΥΠΤΙΚΉ
ΠΟΛΥΓΡΆΦΟ
ΤΑΙΝΊΑ
ΦΩΤΟΓΡΑΦΊΑ
ΚΙΜΩΛΊΑ
ΜΟΛΎΒΙ
ΑΡΙΣΤΟΎΡΓΗΜΑ
ΠΡΟΟΠΤΙΚΉ
ΖΩΓΡΑΦΙΚΉ
ΠΟΡΤΡΈΤΟ
ΒΕΡΝΊΚΙ

35 - Moda

Π	Σ	Β	Δ	Χ	Υ	Τ	Α	Ο	Ω	Δ	Ω	Ω	Ύ	Έ	Π
Π	Ρ	Ο	Ν	Λ	Δ	Η	Λ	Λ	Ξ	Η	Α	Ή	Φ	Υ	Ω
Ρ	Μ	Ο	Η	Ά	Μ	Ν	Έ	Α	Ω	Β	Μ	Έ	Α	Ω	Μ
Α	Ι	Ι	Σ	Β	Λ	Ο	Τ	Ε	Ν	Ά	Ψ	Π	Σ	Ν	Ί
Κ	Ν	Ρ	Ά	Ι	Υ	Χ	Ν	Γ	Ο	Ρ	Ό	Ψ	Μ	Ο	Κ
Τ	Ι	Τ	Τ	Ρ	Τ	Μ	Α	Τ	Δ	Γ	Ι	Π	Α	Ο	Ί
Ι	Μ	Έ	Α	Κ	Σ	Ή	Δ	Μ	Έ	Β	Ρ	Ρ	Σ	Ρ	Τ
Κ	Α	Μ	Ι	Α	Α	Π	Λ	Ό	Σ	Ρ	Λ	Π	Δ	Β	Υ
Ή	Λ	Β	Β	Έ	Ο	Η	Α	Δ	Ο	Η	Ν	Γ	Ω	Λ	Ο
Κ	Ι	Ψ	Π	Π	Σ	Ε	Ά	Ι	Π	Μ	Υ	Ο	Κ	Λ	Π
Ι	Σ	Υ	Υ	Ο	Έ	Ω	Χ	Κ	Έ	Ν	Τ	Η	Μ	Α	Μ
Χ	Τ	Δ	Ι	Υ	Έ	Ι	Ν	Ε	Δ	Χ	Ρ	Ξ	Ρ	Η	Ί
Ρ	Ι	Υ	Μ	Ι	Ψ	Μ	Χ	Μ	Χ	Ι	Χ	Ψ	Λ	Υ	Δ
Α	Κ	Ο	Τ	Ω	Ψ	Β	Σ	Ο	Ω	Μ	Τ	Μ	Έ	Ω	Ξ
Η	Ό	Ί	Γ	Ι	Ξ	Έ	Ρ	Ν	Ε	Λ	Γ	Μ	Ι	Μ	Ω
Α	Α	Π	Χ	Ε	Ν	Ν	Α	Σ	Ε	Ρ	Ρ	Υ	Δ	Α	Π

ΠΡΟΣΙΤΉ
ΚΈΝΤΗΜΑ
ΚΟΥΜΠΙΆ
ΜΠΟΥΤΊΚ
ΑΚΡΙΒΆ
ΆΝΕΤΟ
ΚΟΜΨΌ
ΣΤΥΛ
ΜΙΝΙΜΑΛΙΣΤΙΚΌ
ΜΟΝΤΈΡΝΟ
ΜΈΤΡΙΟ
ΑΡΧΙΚΉ
ΠΡΑΚΤΙΚΉ
ΔΑΝΤΈΛΑ
ΑΠΛΌΣ
ΎΦΑΣΜΑ
ΤΆΣΗ
ΥΦΉ

36 - Instrumentos Musicais

Σ	Φ	Χ	Ί	Δ	Ξ	Χ	Φ	Τ	Ρ	Γ	Ν	Τ	Έ	Φ	Ι
Α	Α	Λ	Ν	Α	Σ	Έ	Λ	Π	Λ	Κ	Ι	Χ	Έ	Ν	Ν
Ξ	Γ	Έ	Α	Ξ	Δ	Π	Ά	Ψ	Ο	Ο	Ν	Ά	Ι	Π	Κ
Ό	Κ	Τ	Κ	Η	Σ	Ύ	Ο	Ρ	Κ	Ν	Ά	Β	Ί	Β	Λ
Φ	Ό	Π	Ι	Ε	Χ	Ο	Υ	Σ	Γ	Γ	Α	Ρ	Β	Τ	Α
Ω	Τ	Χ	Ν	Δ	Μ	Π	Τ	Υ	Δ	Κ	Ξ	Ρ	Π	Ψ	Ρ
Ν	Ο	Α	Ό	Ί	Χ	Ε	Ο	Π	Μ	Ό	Ι	Ι	Β	Α	Ι
Ο	Τ	Τ	Μ	Α	Ν	Τ	Ο	Λ	Ί	Ν	Ο	Α	Υ	Ρ	Ν
Δ	Ύ	Έ	Ρ	Ο	Ι	Ι	Μ	Γ	Μ	Ο	Π	Ι	Ρ	Ά	Έ
Β	Μ	Π	Α	Ο	Γ	Η	Τ	Π	Σ	Α	Α	Ο	Ψ	Θ	Τ
Π	Π	Μ	Σ	Ζ	Μ	Γ	Ε	Τ	Π	Β	Ρ	Υ	Ε	Ι	Ο
Ν	Α	Ο	Υ	Τ	Λ	Π	Δ	Ι	Ρ	Ι	Ξ	Ί	Β	Κ	Έ
Σ	Ν	Ρ	Φ	Ν	Έ	Υ	Ό	Ι	Λ	Ο	Σ	Π	Μ	Ω	Α
Ί	Ο	Τ	Ν	Ά	Ν	Έ	Β	Ν	Ι	Λ	Ε	Τ	Ί	Π	Υ
Ψ	Ι	Γ	Ν	Π	Ξ	Γ	Υ	Ρ	Ι	Ί	Ί	Π	Δ	Δ	Α
Χ	Ξ	Ν	Δ	Μ	Β	Ι	Ο	Λ	Ο	Ν	Τ	Σ	Έ	Λ	Ο

ΜΑΝΤΟΛΊΝΟ
ΜΠΆΝΤΖΟ
ΚΛΑΡΙΝΈΤΟ
ΦΑΓΚΌΤΟ
ΦΛΆΟΥΤΟ
ΦΥΣΑΡΜΌΝΙΚΑ
ΓΚΟΝΓΚ
ΆΡΠΑ
ΜΑΡΊΜΠΑ
ΌΜΠΟΕ
ΝΤΈΦΙ
ΚΡΟΎΣΗ
ΠΙΆΝΟ
ΣΑΞΌΦΩΝΟ
ΤΎΜΠΑΝΟ
ΤΡΟΜΠΌΝΙ
ΤΡΟΜΠΈΤΑ
ΚΙΘΆΡΑ
ΒΙΟΛΊ
ΒΙΟΛΟΝΤΣΈΛΟ

37 - Adjetivos #2

Ζ	Ε	Σ	Τ	Ό	Ί	Β	Έ	Υ	Ν	Ν	Α	Γ	Χ	Ξ	Ω
Π	Α	Ρ	Α	Γ	Ω	Γ	Ι	Κ	Ή	Η	Γ	Ί	Ί	Σ	Τ
Ι	Σ	Χ	Υ	Ρ	Ή	Ί	Υ	Γ	Γ	Χ	Ν	Α	Α	Ν	Ό
Σ	Ψ	Η	Π	Ψ	Η	Β	Υ	Φ	Δ	Μ	Ό	Ψ	Μ	Ο	Κ
Ξ	Ξ	Μ	Ο	Σ	Α	Ί	Π	Υ	Ν	Σ	Γ	Π	Ο	Ρ	Ι
Ν	Ο	Γ	Ι	Ι	Δ	Ψ	Ε	Σ	Τ	Ο	Τ	Μ	Ε	Έ	Φ
Π	Δ	Σ	Ο	Ν	Ρ	Ε	Ύ	Ι	Δ	Ν	Ί	Η	Ρ	Φ	Α
Ξ	Χ	Ι	Ι	Ψ	Μ	Β	Θ	Κ	Δ	Έ	Β	Ξ	Ρ	Α	Ρ
Δ	Ω	Ν	Ά	Η	Γ	Χ	Υ	Ή	Ε	Μ	Η	Η	Ω	Ι	Γ
Α	Ψ	Έ	Ε	Σ	Π	Έ	Ν	Ω	Κ	Σ	Π	Ρ	Β	Δ	Ι
Τ	Ω	Α	Ψ	Δ	Η	Σ	Ο	Ν	Υ	Ι	Σ	Ό	Β	Ν	Ρ
Ε	Ω	Τ	Ε	Ξ	Ν	Μ	Σ	Ί	Ο	Κ	Ν	Α	Μ	Ε	Ε
Α	Λ	Μ	Υ	Ρ	Ή	Υ	Η	Ε	Α	Ι	Χ	Ο	Ξ	Λ	Π
Έ	Ά	Γ	Ρ	Ι	Ο	Β	Γ	Λ	Ξ	Ο	Ψ	Ί	Ν	Ρ	Χ
Υ	Π	Ε	Ρ	Ο	Χ	Η	Ξ	Ι	Τ	Ρ	Σ	Β	Η	Α	Ε
Α	Υ	Θ	Ε	Ν	Τ	Ι	Κ	Ό	Ή	Π	Ξ	Ο	Τ	Α	Κ

ΑΥΘΕΝΤΙΚΌ
ΠΕΡΙΓΡΑΦΙΚΌ
ΠΡΟΙΚΙΣΜΈΝΟΣ
ΚΟΜΨΌ
ΔΙΆΣΗΜΗ
ΙΣΧΥΡΉ
ΕΝΔΙΑΦΈΡΟΝ
ΦΥΣΙΚΉ
ΚΑΝΟΝΙΚΉ
ΝΈΑ
ΥΠΕΡΟΧΗ
ΠΑΡΑΓΩΓΙΚΉ
ΑΓΝΌ
ΖΕΣΤΌ
ΥΠΕΎΘΥΝΟΣ
ΑΛΜΥΡΉ
ΥΓΙΉ
ΞΗΡΌ
ΆΓΡΙΟ

38 - Roupas

Μ	Τ	Ί	Ω	Β	Η	Ζ	Ψ	Π	Έ	Ψ	Τ	Ι	Ε	Α	Ψ
Α	Η	Ί	Β	Ί	Μ	Ώ	Ε	Ι	Α	Μ	Ά	Ζ	Τ	Ι	Π
Δ	Ρ	Ε	Έ	Ρ	Σ	Ν	Σ	Ρ	Υ	Π	Π	Α	Λ	Τ	Ό
Η	Τ	Υ	Κ	Β	Ω	Η	Β	Η	Κ	Υ	Ο	Γ	Δ	Ν	Χ
Α	Α	Ε	Ο	Χ	Τ	Ε	Έ	Ι	Δ	Α	Ρ	Ύ	Β	Ά	Π
Μ	Ο	Μ	Λ	Σ	Σ	Σ	Γ	Α	Ι	Ο	Π	Υ	Τ	Γ	Ω
Ξ	Α	Ί	Ι	Σ	Α	Ί	Γ	Ψ	Κ	Τ	Ν	Έ	Ι	Σ	Λ
Τ	Λ	Ε	Έ	Φ	Σ	Α	Ν	Δ	Ά	Λ	Ι	Α	Λ	Λ	Ι
Χ	Β	Ι	Έ	Δ	Ο	Ζ	Ί	Ί	Κ	Υ	Ζ	Ρ	Γ	Ο	Λ
Ω	Ο	Ν	Ρ	Χ	Δ	Ύ	Ξ	Δ	Α	Ι	Τ	Ε	Α	Ο	Ό
Ε	Γ	Μ	Ί	Ο	Β	Ο	Σ	Μ	Σ	Μ	Ρ	Β	Ν	Π	Ι
Γ	Ο	Ι	Ι	Ν	Ό	Λ	Ε	Τ	Ν	Α	Π	Ό	Γ	Λ	Χ
Υ	Υ	Υ	Η	Τ	Ι	Π	Η	Τ	Α	Σ	Τ	Λ	Ά	Κ	Α
Ε	Ι	Π	Α	Τ	Μ	Μ	Έ	Λ	Δ	Ψ	Ξ	Υ	Μ	Σ	Ρ
Π	Ο	Δ	Ι	Ά	Α	Μ	Ε	Ρ	Ό	Φ	Η	Ο	Ο	Τ	Β
Π	Ο	Υ	Κ	Ά	Μ	Ι	Σ	Ο	Μ	Ν	Π	Π	Μ	Ί	Δ

ΠΟΔΙΆ
ΜΠΛΟΎΖΑ
ΠΑΝΤΕΛΌΝΙ
ΠΟΥΚΆΜΙΣΟ
ΠΑΛΤΌ
ΚΑΠΈΛΟ
ΖΏΝΗ
ΚΟΛΙΈ
ΣΑΚΆΚΙ
ΤΖΙΝ
ΓΆΝΤΙΑ
ΚΆΛΤΣΑ
ΜΌΔΑ
ΠΙΤΖΆΜΑ
ΒΡΑΧΙΌΛΙ
ΦΟΎΣΤΑ
ΣΑΝΔΆΛΙΑ
ΠΑΠΟΎΤΣΙ
ΠΟΥΛΌΒΕΡ
ΦΌΡΕΜΑ

39 - Herbalismo

Ο	Λ	Έ	Μ	Ί	Β	Ε	Ξ	Ν	Μ	Μ	Ο	Ί	Γ	Λ	Ρ
Έ	Ε	Η	Β	Α	Ο	Ν	Ε	Ο	Π	Υ	Β	Μ	Ρ	Ο	Σ
Λ	Β	Η	Η	Η	Ν	Α	Γ	Ί	Ρ	Η	Ω	Έ	Ί	Υ	Α
Λ	Ά	Σ	Ό	Ν	Α	Τ	Ν	Ϊ	Α	Μ	Β	Ψ	Σ	Λ	Σ
Υ	Ν	Ύ	Κ	Σ	Β	Δ	Ζ	Σ	Ο	Κ	Ο	Ρ	Κ	Ο	Α
Ε	Τ	Ε	Ι	Ε	Ί	Ψ	Δ	Ο	Θ	Α	Ρ	Ά	Μ	Ύ	Α
Ε	Α	Γ	Τ	Σ	Λ	Ι	Ί	Π	Υ	Έ	Λ	Λ	Λ	Δ	Φ
Υ	Σ	Ό	Α	Τ	Ο	Τ	Ο	Ή	Ρ	Ρ	Ο	Ρ	Γ	Ι	Υ
Ε	Κ	Κ	Τ	Ρ	Ρ	Χ	Ν	Κ	Χ	Ί	Ά	Σ	Μ	Ε	Τ
Ρ	Ό	Ι	Σ	Α	Δ	Θ	Υ	Μ	Ά	Ρ	Ι	Ν	Ξ	Ο	Ό
Γ	Ρ	Τ	Υ	Γ	Ν	Π	Ρ	Ά	Σ	Ι	Ν	Ο	Α	Ο	Γ
Ε	Δ	Α	Σ	Κ	Ε	Ρ	Ρ	Π	Ο	Π	Β	Ι	Ι	Υ	Ι
Τ	Ο	Μ	Ξ	Ό	Δ	Έ	Σ	Ν	Π	Ρ	Ξ	Γ	Γ	Έ	Ξ
Ι	Χ	Ω	Χ	Ν	Ε	Π	Π	Ο	Ι	Ό	Τ	Η	Τ	Α	Γ
Κ	Μ	Ρ	Ω	Σ	Τ	Α	Ε	Ί	Τ	Ψ	Υ	Ε	Η	Υ	Δ
Ή	Β	Α	Σ	Ι	Λ	Ι	Κ	Ο	Ύ	Υ	Μ	Η	Τ	Ί	Β

ΚΡΟΚΟΣ
ΔΕΝΔΡΟΛΊΒΑΝΟ
ΣΚΌΡΔΟ
ΑΡΩΜΑΤΙΚΌ
ΕΥΕΡΓΕΤΙΚΉ
ΕΣΤΡΑΓΚΌΝ
ΛΟΥΛΟΎΔΙ
ΜΆΡΑΘΟ
ΣΥΣΤΑΤΙΚΌ
ΚΉΠΟΣ
ΛΕΒΆΝΤΑ
ΒΑΣΙΛΙΚΟΎ
ΜΑΝΤΖΟΥΡΆΝΑ
ΡΊΓΑΝΗ
ΦΥΤΌ
ΠΟΙΌΤΗΤΑ
ΓΕΎΣΗ
ΜΑΪΝΤΑΝΌΣ
ΘΥΜΆΡΙ
ΠΡΆΣΙΝΟ

40 - Arqueologia

Ί	Π	Τ	Ε	Α	Τ	Η	Τ	Ό	Ι	Α	Χ	Ρ	Α	Λ	Δ
Σ	Β	Ε	Π	Δ	Ξ	Ά	Ξ	Ε	Χ	Α	Σ	Μ	Έ	Ν	Ο
Σ	Σ	Ψ	Ο	Ά	Π	Ι	Γ	Ί	Υ	Π	Λ	Λ	Δ	Ω	Έ
Ε	Ψ	Υ	Χ	Μ	Ε	Ψ	Ο	Ν	Α	Ψ	Ί	Ε	Λ	Έ	Μ
Ρ	Τ	Π	Ή	Ο	Δ	Ψ	Υ	Λ	Ω	Έ	Χ	Χ	Ω	Α	Π
Α	Π	Ο	Λ	Ί	Θ	Ω	Μ	Α	Ό	Σ	Δ	Ο	Χ	Π	Α
Ε	Ρ	Ε	Υ	Ν	Η	Τ	Ή	Σ	Π	Γ	Τ	Β	Σ	Ό	Ν
Ο	Ι	Ρ	Ή	Τ	Σ	Υ	Μ	Μ	Ο	Λ	Η	Ο	Α	Γ	Ε
Ο	Ε	Α	Γ	Ί	Υ	Ξ	Δ	Ν	Λ	Μ	Β	Σ	Σ	Ο	Μ
Υ	Ω	Β	Χ	Σ	Λ	Σ	Έ	Ή	Ι	Ε	Ι	Υ	Η	Ν	Ί
Σ	Δ	Β	Λ	Α	Ά	Ί	Λ	Μ	Τ	Χ	Γ	Δ	Π	Ο	Ε
Ν	Α	Ό	Τ	Ξ	Ν	Β	Ξ	Α	Ι	Ν	Ρ	Α	Ι	Σ	Κ
Τ	Ο	Β	Γ	Γ	Α	Ω	Π	Τ	Σ	Δ	Ί	Ό	Α	Μ	Ι
Η	Σ	Έ	Υ	Α	Η	Π	Ί	Α	Μ	Ρ	Χ	Δ	Ν	Υ	Τ
Α	Τ	Α	Μ	Σ	Ύ	Α	Ρ	Θ	Ό	Υ	Ν	Δ	Ω	Ι	Ν
Π	Ά	Λ	Π	Χ	Η	Δ	Λ	Ο	Σ	Ξ	Έ	Μ	Τ	Ο	Α

ΑΝΆΛΥΣΗ
ΧΡΌΝΙΑ
ΑΡΧΑΙΌΤΗΤΑ
ΑΞΙΟΛΌΓΗΣΗ
ΠΟΛΙΤΙΣΜΌΣ
ΑΠΌΓΟΝΟΣ
ΆΓΝΩΣΤΟΣ
ΟΜΆΔΑ
ΕΠΟΧΉ
ΞΕΧΑΣΜΈΝΟ
ΑΠΟΛΊΘΩΜΑ
ΘΡΑΎΣΜΑΤΑ
ΕΡΕΥΝΗΤΉΣ
ΜΥΣΤΉΡΙΟ
ΑΝΤΙΚΕΊΜΕΝΑ
ΟΣΤΆ
ΛΕΊΨΑΝΟ
ΝΑΌ
ΜΝΉΜΑ

41 - Esporte

Π	Β	Ε	Μ	Λ	Ο	Ν	Β	Ρ	Δ	Υ	Ψ	Π	Ω	Ι	Δ
Η	Ρ	Α	Θ	Λ	Η	Τ	Ι	Κ	Ή	Γ	Μ	Ο	Τ	Κ	Ύ
Σ	Ι	Ό	Σ	Ή	Τ	Η	Λ	Θ	Α	Ε	Γ	Δ	Ε	Α	Ν
Π	Χ	Β	Γ	Ώ	Β	Σ	Ο	Ι	Π	Ί	Η	Η	Δ	Ν	Α
Υ	Ξ	Τ	Κ	Ρ	Μ	Σ	Ω	Ω	Λ	Α	Δ	Λ	Β	Ό	Μ
Ί	Δ	Γ	Γ	Ν	Α	Α	Ο	Ρ	Ω	Ψ	Ι	Α	Υ	Τ	Η
Π	Χ	Ξ	Ν	Υ	Ο	Μ	Ε	Ψ	Υ	Λ	Δ	Σ	Π	Η	Ί
Β	Ο	Η	Ι	Σ	Ε	Ι	Μ	Ρ	Β	Έ	Η	Ί	Π	Τ	Ι
Α	Ρ	Ή	Κ	Ι	Λ	Ο	Β	Α	Τ	Ε	Μ	Α	Ί	Α	Ψ
Γ	Ό	Ξ	Ό	Σ	Ή	Τ	Η	Ν	Ο	Π	Ο	Ρ	Π	Η	Ω
Γ	Σ	Έ	Ζ	Δ	Χ	Β	Λ	Α	Δ	Μ	Ί	Π	Σ	Α	Λ
Δ	Ι	Α	Τ	Ρ	Ο	Φ	Ή	Τ	Έ	Ν	Τ	Ω	Μ	Α	Χ
Μ	Ε	Γ	Ι	Σ	Τ	Ο	Π	Ο	Ι	Ώ	Ο	Έ	Α	Υ	Μ
Λ	Ι	Ω	Ν	Ξ	Ν	Δ	Ν	Α	Υ	Ρ	Λ	Σ	Δ	Έ	Β
Λ	Ε	Η	Έ	Β	Α	Χ	Ι	Ν	Η	Ψ	Λ	Ν	Τ	Α	Η
Κ	Α	Ρ	Δ	Ι	Α	Γ	Γ	Ε	Ι	Α	Κ	Ή	Ν	Ά	Γ

ΤΈΝΤΩΜΑ
ΑΘΛΗΤΉΣ
ΙΚΑΝΌΤΗΤΑ
ΚΑΡΔΙΑΓΓΕΙΑΚΉ
ΠΟΔΗΛΑΣΊΑ
ΣΏΜΑ
ΧΟΡΌ
ΔΙΑΤΡΟΦΉ
ΑΘΛΗΤΙΚΉ
ΔΎΝΑΜΗ
ΤΖΌΚΙΝΓΚ
ΜΕΓΙΣΤΟΠΟΙΏ
ΜΕΤΑΒΟΛΙΚΉ
ΟΣΤΆ
ΠΡΌΓΡΑΜΜΑ
ΑΝΤΟΧΉ
ΥΓΕΊΑ
ΠΡΟΠΟΝΗΤΉΣ

42 - Agronomia

Σ	Π	Ό	Ρ	Ο	Ι	Έ	Ο	Α	Έ	Β	Έ	Δ	Ν	Ε	Τ
Μ	Ω	Δ	Ρ	Ι	Ν	Δ	Α	Ι	Ε	Γ	Ρ	Έ	Ν	Ε	Ψ
Α	Ί	Γ	Ρ	Ω	Ε	Γ	Λ	Ή	Κ	Ι	Τ	Ο	Ρ	Γ	Α
Ν	Δ	Ε	Β	Ι	Ώ	Σ	Ι	Μ	Η	Ο	Δ	Ν	Ν	Υ	Ι
Α	Ι	Π	Α	Σ	Θ	Έ	Ν	Ε	Ι	Α	Λ	Ρ	Ε	Β	Ο
Γ	Ά	Ι	Μ	Ψ	Β	Ξ	Ω	Δ	Β	Ι	Ψ	Ο	Ή	Ρ	Λ
Ν	Β	Σ	Η	Μ	Ε	Τ	Ν	Χ	Ν	Π	Ρ	Α	Γ	Ο	Ό
Ώ	Ρ	Τ	Τ	Ρ	Β	Δ	Υ	Ο	Υ	Ρ	Λ	Ψ	Ω	Ί	Λ
Ρ	Ω	Ή	Σ	Ά	Κ	Ι	Ν	Α	Χ	Α	Λ	Υ	Γ	Ο	Α
Ι	Σ	Μ	Ύ	Ε	Ρ	Η	Ο	Ξ	Α	Ν	Ε	Ε	Α	Σ	Υ
Σ	Η	Η	Σ	Χ	Ι	Ν	Ο	Λ	Λ	Ά	Β	Ι	Ρ	Ε	Π
Η	Ξ	Υ	Τ	Π	Ά	Ν	Α	Σ	Ο	Ξ	Ξ	Υ	Α	Μ	Η
Β	Δ	Ρ	Ύ	Π	Α	Ν	Σ	Η	Ψ	Γ	Τ	Γ	Π	Γ	Ο
Λ	Ί	Π	Α	Σ	Μ	Α	Ξ	Ω	Α	Ξ	Ι	Σ	Υ	Ν	Ξ
Ι	Έ	Ν	Ξ	Γ	Β	Δ	Λ	Ε	Ξ	Υ	Ν	Κ	Ψ	Χ	Ί
Φ	Υ	Τ	Ά	Έ	Η	Β	Ε	Ι	Ψ	Έ	Ι	Ο	Ή	Υ	Μ

ΓΕΩΡΓΊΑ
ΠΕΡΙΒΆΛΛΟΝ
ΝΕΡΌ
ΕΠΙΣΤΉΜΗ
ΑΝΆΠΤΥΞΗ
ΑΣΘΈΝΕΙΑ
ΟΙΚΟΛΟΓΊΑ
ΕΝΈΡΓΕΙΑ
ΔΙΆΒΡΩΣΗ
ΛΊΠΑΣΜΑ
ΑΝΑΓΝΏΡΙΣΗ
ΛΑΧΑΝΙΚΆ
ΒΙΟΛΟΓΙΚΉ
ΦΥΤΆ
ΡΎΠΑΝΣΗ
ΠΑΡΑΓΩΓΉ
ΑΓΡΟΤΙΚΉ
ΣΠΌΡΟΙ
ΣΎΣΤΗΜΑ
ΒΙΏΣΙΜΗ

43 - Frutas

Β	Υ	Χ	Τ	Σ	Χ	Ο	Τ	Ν	Ά	Κ	Ο	Β	Α	Ο	Β
Σ	Α	Ι	Γ	Ά	Π	Α	Π	Ω	Δ	Μ	Χ	Ψ	Κ	Β	Ε
Ο	Δ	Τ	Ο	Ν	Έ	Υ	Η	Ι	Λ	Ύ	Φ	Α	Τ	Σ	Ρ
Γ	Ύ	Η	Ό	Μ	Ά	Ν	Γ	Κ	Ο	Κ	Ύ	Σ	Ι	Β	Ί
Α	Ρ	Μ	Ξ	Μ	Μ	Δ	Ι	Μ	Ή	Λ	Ο	Υ	Ν	Η	Κ
Ο	Α	Λ	Ο	Β	Ο	Ι	Ν	Ό	Μ	Ε	Λ	Δ	Ί	Η	Ο
Π	Κ	Π	Ο	Ύ	Έ	Υ	Ί	Σ	Τ	Α	Ι	Λ	Δ	Κ	Κ
Ι	Ο	Α	Ω	Ν	Ρ	Ψ	Ρ	Ω	Ρ	Γ	Ψ	Ρ	Ι	Ε	Ο
Ο	Ω	Ρ	Ι	Λ	Δ	Ο	Α	Ο	Ο	Η	Β	Ι	Ο	Ρ	Μ
Υ	Χ	Υ	Τ	Ξ	Π	Σ	Τ	Υ	Δ	Ο	Γ	Τ	Δ	Ά	Π
Ψ	Η	Χ	Χ	Ο	Ω	Β	Κ	Ξ	Ά	Ν	Α	Ν	Α	Σ	Α
Ν	Σ	Ε	Ο	Δ	Κ	Μ	Ε	Γ	Κ	Β	Η	Β	Ψ	Ι	Ν
Μ	Μ	Μ	Ι	Λ	Π	Ά	Ν	Γ	Ι	Δ	Ά	Λ	Χ	Α	Ά
Γ	Κ	Ο	Υ	Ά	Β	Α	Λ	Γ	Ν	Ω	Ξ	Ω	Τ	Υ	Ν
Η	Ψ	Ν	Ω	Υ	Ξ	Ι	Ι	Ι	Ο	Μ	Α	Υ	Π	Ψ	Α
Τ	Ο	Γ	Γ	Υ	Λ	Τ	Έ	Σ	Έ	Χ	Γ	Π	Η	Τ	Γ

ΑΒΟΚΆΝΤΟ
ΑΝΑΝΆ
ΜΟΎΡΟ
ΜΠΑΝΆΝΑ
ΚΕΡΆΣΙ
ΚΑΡΎΔΑ
ΒΕΡΊΚΟΚΟ
ΣΎΚΟ
ΒΑΤΌΜΟΥΡΟ
ΓΚΟΥΆΒΑ
ΑΚΤΙΝΊΔΙΟ
ΠΟΡΤΟΚΆΛΙ
ΛΕΜΌΝΙ
ΜΉΛΟ
ΠΑΠΆΓΙΑ
ΜΆΝΓΚΟ
ΝΕΚΤΑΡΊΝΙ
ΑΧΛΆΔΙ
ΡΟΔΆΚΙΝΟ
ΣΤΑΦΎΛΙ

44 - Corpo Humano

Λ	Υ	Σ	Η	Ι	Σ	Ο	Λ	Α	Γ	Ά	Ρ	Τ	Σ	Α	Κ
Δ	Ά	Χ	Τ	Υ	Λ	Ο	Η	Μ	Γ	Ψ	Λ	Ω	Ο	Λ	Ε
Ο	Ι	Ν	Ύ	Ρ	Ν	Π	Χ	Ί	Λ	Κ	Τ	Σ	Χ	Ί	Φ
Τ	Δ	Τ	Μ	Χ	Υ	Ω	Υ	Α	Ι	Ο	Ώ	Α	Μ	Η	Ά
Ψ	Ρ	Γ	Λ	Ί	Ί	Τ	Ί	Ρ	Μ	Α	Β	Ν	Ρ	Β	Λ
Γ	Α	Ο	Β	Μ	Γ	Έ	Π	Έ	Χ	Π	Τ	Ο	Α	Ρ	Ι
Δ	Κ	Χ	Α	Μ	Σ	Μ	Π	Η	Γ	Ο	Ύ	Ν	Ι	Ε	Δ
Ξ	Α	Ψ	Ο	Μ	Τ	Σ	Σ	Β	Μ	Τ	Ψ	Ω	Ν	Έ	Ό
Έ	Δ	Ρ	Ο	Χ	Ό	Λ	Α	Υ	Μ	Α	Ί	Ρ	Ό	Η	Π
Σ	Γ	Έ	Τ	Δ	Μ	Η	Ί	Λ	Ε	Ν	Έ	Έ	Γ	Χ	Δ
Ο	Ό	Ώ	Ί	Έ	Α	Έ	Τ	Ν	Ι	Ό	Ξ	Α	Α	Ν	Ν
Υ	Α	Μ	Ο	Ρ	Λ	Υ	Ε	Σ	Ε	Γ	Γ	Π	Σ	Ξ	Δ
Α	Ρ	Ο	Ι	Μ	Α	Α	Ξ	Ε	Λ	Γ	Ο	Ι	Ί	Ί	Ψ
Π	Α	Σ	Τ	Α	Ω	Υ	Έ	Χ	Ι	Ί	Β	Ο	Υ	Χ	Ί
Ο	Π	Ξ	Ά	Μ	Λ	Π	Τ	Χ	Έ	Ρ	Ι	Ι	Μ	Ι	Ρ
Β	Ο	Υ	Μ	Ρ	Ε	Υ	Δ	Ί	Χ	Έ	Α	Ρ	Ν	Έ	Ε

ΣΤΌΜΑ
ΚΕΦΆΛΙ
ΜΥΑΛΌ
ΚΑΡΔΙΆ
ΑΓΚΏΝΑ
ΔΆΧΤΥΛΟ
ΓΌΝΑΤΟ
ΣΑΓΌΝΙ
ΧΈΡΙ
ΜΎΤΗ
ΜΆΤΙ
ΏΜΟΣ
ΑΥΤΊ
ΔΈΡΜΑ
ΠΌΔΙ
ΛΑΙΜΌΣ
ΠΗΓΟΎΝΙ
ΑΊΜΑ
ΜΈΤΩΠΟ
ΑΣΤΡΆΓΑΛΟΣ

45 - Caminhada

Γ	Ψ	Ά	Ι	Ρ	Α	Β	Π	Ν	Σ	Γ	Λ	Η	Υ	Έ	Ο
Ψ	Χ	Τ	Γ	Ν	Ε	Ρ	Ό	Έ	Χ	Γ	Λ	Τ	Ν	Ε	Ξ
Ψ	Ή	Φ	Υ	Ρ	Ο	Κ	Π	Έ	Τ	Π	Ά	Ρ	Κ	Α	Λ
Β	Χ	Α	Ψ	Ξ	Ι	Ο	Λ	Η	Α	Ρ	Η	Β	Γ	Μ	Κ
Ί	Π	Ξ	Υ	Χ	Ί	Ο	Γ	Η	Δ	Ο	Α	Ο	Ν	Ί	Ο
Κ	Ο	Υ	Ρ	Α	Σ	Μ	Έ	Ν	Ο	Σ	Ώ	Υ	Ι	Λ	Υ
Φ	Ύ	Σ	Η	Λ	Ν	Ε	Μ	Χ	Γ	Ο	Ζ	Ν	Π	Κ	Ν
Π	Α	Ρ	Α	Σ	Κ	Ε	Υ	Ή	Ά	Ο	Ο	Ό	Μ	Β	Ο
Μ	Μ	Ι	Δ	Ο	Ω	Α	Ε	Ρ	Ξ	Ρ	Ε	Ο	Ά	Υ	Ύ
Ψ	Ε	Λ	Τ	Ι	Β	Ρ	Ά	Χ	Ο	Ψ	Τ	Γ	Κ	Ε	Π
Ω	Ξ	Ρ	Ω	Λ	Ν	Ψ	Ο	Γ	Τ	Ρ	Π	Η	Ι	Ω	Ι
Δ	Β	Π	Β	Ή	Ι	Έ	Ι	Δ	Ί	Χ	Γ	Π	Σ	Έ	Α
Α	Ξ	Χ	Σ	Ί	Σ	Ρ	Ο	Ο	Η	Π	Λ	Η	Μ	Ο	Μ
Ω	Β	Η	Χ	Υ	Τ	Α	Ι	Λ	Λ	Σ	Ε	Ι	Η	Ο	Β
Η	Ξ	Ε	Β	Ε	Ξ	Χ	Α	Λ	Ν	Ω	Σ	Τ	Ν	Ο	Ω
Μ	Π	Ό	Τ	Ε	Σ	Ό	Ρ	Ι	Α	Κ	Π	Μ	Χ	Λ	Α

ΚΆΜΠΙΝΓΚ
ΖΏΑ
ΝΕΡΌ
ΜΠΌΤΕΣ
ΚΟΥΡΑΣΜΈΝΟΣ
ΚΛΊΜΑ
ΚΟΡΥΦΉ
ΟΔΗΓΟΊ
ΧΆΡΤΗ
ΒΟΥΝΌ
ΚΟΥΝΟΎΠΙΑ
ΦΎΣΗ
ΠΆΡΚΑ
ΠΈΤΡΑ
ΒΡΆΧΟ
ΒΑΡΙΆ
ΠΑΡΑΣΚΕΥΉ
ΆΓΡΙΟ
ΉΛΙΟΣ
ΚΑΙΡΌΣ

46 - Biologia

Λ	Ξ	Δ	Ω	Λ	Έ	Ν	Γ	Α	Υ	Θ	Π	Ο	Έ	Σ	Σ
Χ	Ν	Ν	Τ	Π	Ω	Έ	Γ	Π	Υ	Η	Ρ	Ρ	Ν	Ο	Η
Τ	Γ	Γ	Ο	Σ	Σ	Τ	Δ	Ι	Έ	Λ	Ω	Μ	Ζ	Υ	Ί
Ί	Χ	Μ	Σ	Τ	Α	Υ	Π	Λ	Ψ	Α	Τ	Ό	Υ	Ν	Ξ
Ε	Ξ	Έ	Λ	Ι	Ξ	Η	Ρ	Π	Υ	Σ	Ε	Ν	Μ	Ω	Υ
Τ	Η	Η	Σ	Ω	Ί	Β	Μ	Υ	Σ	Τ	Ι	Η	Ο	Μ	Ρ
Κ	Σ	Ξ	Μ	Α	Ψ	Υ	Π	Μ	Υ	Ι	¨	Σ	Ι	Ξ	Ο
Σ	Ε	Α	Ί	Μ	Ο	Τ	Α	Ν	Α	Κ	´	Ω	Λ	Υ	Ο
Ψ	Θ	Λ	Γ	Ω	Ρ	Ί	Ν	Ι	Έ	Ό	Ν	Μ	Ο	Χ	Ι
Ι	Ν	Λ	Ί	Σ	Ύ	Δ	Ώ	Τ	Ρ	Μ	Η	Σ	Π	Ν	Ε
Σ	Ύ	Ά	Δ	Ό	Ε	Β	Ρ	Β	Ψ	Ή	Β	Ό	Μ	Τ	Ρ
Ύ	Σ	Τ	Τ	Μ	Ν	Ρ	Υ	Ε	Ψ	Μ	Τ	Ρ	Ω	Λ	Π
Ν	Ο	Ε	Ξ	Ω	Έ	Π	Ε	Υ	Έ	Υ	Ψ	Κ	Υ	Λ	Ε
Α	Τ	Μ	Ο	Ρ	Ι	Ι	Ν	Λ	Α	Μ	Α	Ξ	Α	Ο	Τ
Ψ	Ω	Ρ	Δ	Χ	Κ	Ο	Λ	Λ	Α	Γ	Ό	Ν	Ο	Β	Ό
Η	Φ	Φ	Υ	Σ	Ι	Κ	Ή	Α	Π	Μ	Π	Υ	Η	Β	Β

ΑΝΑΤΟΜΊΑ
ΒΑΚΤΉΡΙΑ
ΚΕΛΊ
ΚΟΛΛΑΓΌΝΟ
ΧΡΩΜΌΣΩΜΑ
ΈΜΒΡΥΟ
ΈΝΖΥΜΟ
ΕΞΈΛΙΞΗ
ΦΩΤΟΣΎΝΘΕΣΗ
ΟΡΜΌΝΗ
ΘΗΛΑΣΤΙΚΌ
ΜΕΤΆΛΛΑΞΗ
ΦΥΣΙΚΉ
ΝΕΎΡΟ
ΝΕΥΡΏΝΑ
ΌΣΜΩΣΗ
ΠΡΩΤΕΪΝΗ
ΕΡΠΕΤΌ
ΣΥΜΒΊΩΣΗ
ΣΎΝΑΨΗ

47 - Beleza

Υ	Σ	Ν	Ω	Μ	Ι	Λ	Χ	Ε	Β	Δ	Ε	Δ	Ξ	Ι	Γ
Π	Π	Μ	Δ	Ο	Α	Μ	Ώ	Ρ	Χ	Ρ	Η	Η	Ο	Κ	Ψ
Χ	Δ	Η	Ν	Ψ	Ί	Κ	Ι	Δ	Ε	Ι	Ν	Β	Έ	Ο	Γ
Γ	Π	Χ	Ρ	Ξ	Δ	Υ	Ι	Δ	Ί	Λ	Α	Ψ	Λ	Μ	Η
Κ	Π	Α	Ί	Ε	Τ	Η	Ο	Γ	Χ	Ά	Ρ	Η	Α	Ψ	Μ
Α	Σ	Β	Ξ	Γ	Σ	Χ	Ε	Ψ	Ι	Σ	Μ	Έ	Ι	Ό	Π
Θ	Α	Ξ	Ρ	Υ	Ε	Ί	Ί	Ι	Η	Ά	Ν	Λ	Α	Τ	Ο
Ρ	Μ	Μ	Ν	Ό	Ι	Γ	Α	Ρ	Κ	Έ	Ζ	Η	Δ	Η	Ύ
Ε	Π	Ά	Ω	Σ	Τ	Υ	Λ	Ί	Σ	Τ	Α	Σ	Ψ	Τ	Κ
Φ	Ο	Σ	Γ	Ψ	Ω	Κ	Ξ	Ξ	Μ	Ί	Μ	Μ	Δ	Α	Λ
Τ	Υ	Κ	Ν	Ω	Τ	Ο	Τ	Ί	Ε	Υ	Ω	Τ	Ρ	Ξ	Ε
Η	Ά	Α	Σ	Χ	Ί	Μ	Π	Μ	Υ	Ω	Ρ	Ψ	Ρ	Έ	Σ
Σ	Ν	Ρ	Ν	Γ	Α	Ψ	Ω	Δ	Π	Β	Ά	Τ	Ω	Ξ	Δ
Β	Έ	Α	Τ	Δ	Α	Ό	Π	Ρ	Ο	Ϊ	Ό	Ν	Λ	Χ	Υ
Ι	Γ	Ο	Ψ	Χ	Κ	Α	Λ	Λ	Υ	Ν	Τ	Ι	Κ	Ά	Ί
Λ	Ρ	Μ	Η	Π	Σ	Ξ	Φ	Ω	Τ	Ο	Γ	Ε	Ν	Η	Σ

ΚΡΑΓΙΌΝ
ΜΠΟΎΚΛΕΣ
ΓΟΗΤΕΊΑ
ΧΡΏΜΑ
ΚΑΛΛΥΝΤΙΚΆ
ΚΟΜΨΌ
ΚΟΜΨΌΤΗΤΑ
ΚΑΘΡΕΦΤΗΣ
ΣΤΥΛΊΣΤΑΣ
ΦΩΤΟΓΕΝΗΣ
ΆΡΩΜΑ
ΧΆΡΗ
ΜΑΚΙΓΙΆΖ
ΈΛΑΙΑ
ΔΈΡΜΑ
ΠΡΟΪΌΝ
ΜΆΣΚΑΡΑ
ΥΠΗΡΕΣΊΑ
ΨΑΛΊΔΙ
ΣΑΜΠΟΥΆΝ

48 - Filantropia

Ν	Α	Ή	Φ	Α	Π	Ε	Ψ	Π	Μ	Η	Μ	Ί	Δ	Ί	Φ
Υ	Ν	Δ	Ε	Β	Ρ	Α	Ψ	Μ	Β	Π	Ί	Σ	Β	Α	Ι
Ξ	Θ	Ψ	Β	Ι	Ο	Π	Ω	Ρ	Θ	Ν	Ά	Ψ	Ω	Ι	Λ
Ψ	Ρ	Χ	Ν	Ω	Γ	Δ	Π	Έ	Ε	Ε	Ω	Ι	Δ	Ε	Α
Έ	Ω	Ρ	Π	Ε	Ρ	Δ	Ί	Α	Ί	Α	Λ	Ο	Ε	Ν	Ν
Χ	Π	Η	Ω	Ν	Ά	Ψ	Έ	Π	Γ	Ν	Ν	Χ	Π	Ί	Θ
Α	Ό	Μ	Τ	Χ	Μ	Ι	Ω	Δ	Ω	Κ	Γ	Ό	Δ	Ρ	Ρ
Π	Τ	Α	Υ	Β	Μ	Ι	Ο	Η	Ρ	Ί	Ό	Τ	Ω	Κ	Ω
Ο	Η	Τ	Γ	Ω	Α	Τ	Α	Μ	Ή	Ρ	Χ	Σ	Ο	Ι	Π
Σ	Τ	Ο	Ο	Ρ	Τ	Ξ	Ξ	Ρ	Μ	Ω	Ε	Β	Μ	Λ	Ί
Τ	Α	Δ	Ε	Μ	Α	Τ	Η	Τ	Ό	Ν	Ι	Ο	Κ	Ι	Α
Ο	Π	Ο	Ω	Ψ	Α	Ί	Ρ	Ο	Τ	Σ	Ι	Μ	Ε	Ε	Α
Λ	Α	Τ	Μ	Ρ	Ψ	Δ	Δ	Η	Μ	Ό	Σ	Ι	Ο	Σ	Μ
Ή	Ι	Ώ	Β	Ε	Γ	Δ	Ε	Β	Έ	Ο	Ξ	Ψ	Α	Π	Ξ
Ψ	Δ	Υ	Μ	Ν	Υ	Π	Γ	Σ	Ι	Ο	Ξ	Ω	Ε	Π	Ω
Δ	Ί	Γ	Ε	Ν	Ν	Α	Ι	Ο	Δ	Ω	Ρ	Ί	Α	Ρ	Η

ΦΙΛΑΝΘΡΩΠΊΑ
ΚΟΙΝΌΤΗΤΑ
ΕΠΑΦΉ
ΠΑΙΔΊ
ΧΡΗΜΑΤΟΔΟΤΏ
ΧΡΉΜΑΤΑ
ΓΕΝΝΑΙΟΔΩΡΊΑ
ΠΑΓΚΌΣΜΙΑ
ΟΜΑΔΕΣ
ΙΣΤΟΡΊΑ
ΕΙΛΙΚΡΊΝΕΙΑ
ΑΝΘΡΩΠΌΤΗΤΑ
ΝΕΟΛΑΊΑ
ΑΠΟΣΤΟΛΉ
ΣΤΌΧΟΙ
ΆΝΘΡΩΠΟΙ
ΠΡΟΓΡΆΜΜΑΤΑ
ΔΗΜΌΣΙΟΣ

49 - Ecologia

Ί	Ρ	Τ	Γ	Ξ	Χ	Ε	Χ	Π	Λ	Μ	Η	Δ	Τ	Χ	Ω
Ι	Η	Σ	Ύ	Φ	Σ	Λ	Ί	Ξ	Β	Ω	Ο	Π	Υ	Ε	Μ
Χ	Σ	Δ	Δ	Τ	Δ	Α	Ω	Δ	Μ	Σ	Ω	Ό	Π	Π	Β
Ι	Η	Ψ	Ί	Ο	Ν	Έ	Φ	Ρ	Ο	Ο	Ο	Ρ	Έ	Ι	Ι
Β	Τ	Ι	Ο	Π	Ω	Γ	Υ	Υ	Ί	Σ	Δ	Ω	Π	Β	Ώ
Π	Σ	Ξ	Τ	Λ	Η	Λ	Τ	Μ	Π	Δ	Τ	Ν	Α	Ί	Σ
Ή	Ά	Ν	Υ	Ο	Β	Ν	Ά	Ψ	Ο	Η	Α	Ε	Ν	Ω	Ι
Κ	Λ	Ί	Μ	Α	Τ	Η	Τ	Ό	Ν	Ι	Ο	Κ	Ί	Σ	Μ
Ι	Β	Σ	Ι	Ί	Χ	Ξ	Λ	Η	Χ	Ψ	Α	Ξ	Δ	Η	Η
Σ	Μ	Υ	Τ	Λ	Ρ	Δ	Χ	Ρ	Ί	Η	Α	Ω	Α	Η	Ψ
Υ	Ε	Δ	Λ	Ι	Π	Τ	Τ	Π	Λ	Δ	Β	Δ	Ί	Α	Μ
Φ	Ί	Δ	Β	Κ	Β	Μ	Χ	Έ	Ι	Ε	Γ	Χ	Σ	Η	Μ
Ε	Μ	Δ	Μ	Ι	Π	Α	Γ	Κ	Ό	Σ	Μ	Ι	Α	Σ	Β
Ξ	Ε	Σ	Ξ	Ο	Ι	Σ	Σ	Ά	Λ	Α	Θ	Δ	Ρ	Έ	Ν
Ε	Ί	Ρ	Μ	Π	Τ	Τ	Ξ	Ί	Ξ	Ρ	Σ	Ί	Η	Υ	Ι
Ε	Θ	Ε	Λ	Ο	Ν	Τ	Έ	Σ	Π	Γ	Ω	Ε	Ξ	Τ	Α

ΚΛΊΜΑ
ΚΟΙΝΌΤΗΤΑ
ΠΟΙΚΙΛΊΑ
ΕΊΔΟΣ
ΠΑΝΊΔΑ
ΧΛΩΡΊΔΑ
ΠΑΓΚΌΣΜΙΑ
ΘΑΛΆΣΣΙΟ
ΒΟΥΝΆ
ΦΥΣΙΚΉ
ΦΎΣΗ
ΦΥΤΆ
ΠΌΡΩΝ
ΞΗΡΑΣΊΑ
ΕΠΙΒΊΩΣΗ
ΒΙΏΣΙΜΗ
ΒΛΆΣΤΗΣΗ
ΕΘΕΛΟΝΤΈΣ

50 - Família

Ξ	Σ	Π	Σ	Δ	Α	Η	Ν	Τ	Ρ	Η	Η	Ο	Σ	Μ	Γ
Δ	Η	Ρ	Ό	Κ	Ι	Π	Π	Π	Σ	Ν	Ν	Α	Μ	Η	Ρ
Ή	Έ	Ό	Ο	Χ	Ρ	Α	Ρ	Π	Τ	Ω	Χ	Ν	Λ	Τ	Β
Κ	Ψ	Γ	Ν	Α	Β	Έ	Δ	Ψ	Ο	Ψ	Ε	Ι	Τ	Έ	Τ
Ι	Ή	Ο	Ι	Ρ	Γ	Σ	Ε	Δ	Υ	Θ	Ξ	Ι	Ο	Ρ	Υ
Ρ	Φ	Ν	Α	Ξ	Σ	Τ	Γ	Λ	Ν	Ε	Τ	Έ	Β	Α	Ν
Τ	Λ	Ο	Υ	Ο	Ό	Ω	Δ	Ι	Λ	Ί	Δ	Ι	Α	Π	Β
Α	Ε	Σ	Α	Ά	Ι	Ψ	Ι	Ν	Α	Α	Ή	Ο	Γ	Ρ	Α
Π	Δ	Μ	Λ	Λ	Ψ	Υ	Μ	Ό	Ί	Γ	Κ	Έ	Α	Π	Ρ
Χ	Α	Ε	Γ	Υ	Ι	Μ	Ν	Γ	Λ	Υ	Ι	Έ	Η	Σ	Β
Ί	Ί	Π	Λ	Ψ	Ν	Π	Χ	Γ	Ρ	Γ	Ρ	Ά	Φ	Ι	Ξ
Ξ	Τ	Γ	Π	Φ	Α	Τ	Ε	Ε	Π	Α	Τ	Έ	Ρ	Α	Σ
Ν	Τ	Ρ	Ν	Ο	Ο	Θ	Ε	Ί	Ο	Σ	Η	Β	Έ	Ί	Π
Σ	Ο	Γ	Υ	Ζ	Ύ	Σ	Ί	Σ	Π	Α	Μ	Υ	Δ	Ί	Δ
Σ	Α	Σ	Ί	Ν	Ί	Σ	Ι	Ψ	Ι	Γ	Ν	Ο	Α	Σ	Γ
Α	Η	Η	Ε	Γ	Υ	Ν	Α	Ί	Κ	Α	Τ	Γ	Ξ	Λ	Τ

ΠΡΌΓΟΝΟΣ
ΓΙΑΓΙΆ
ΠΑΠΠΟΎΣ
ΠΑΙΔΊ
ΓΥΝΑΊΚΑ
ΚΌΡΗ
ΔΊΔΥΜΑ
ΑΔΕΛΦΉ
ΑΔΕΛΦΟΣ
ΣΎΖΥΓΟΣ
ΜΗΤΡΙΚΉ
ΜΗΤΈΡΑ
ΕΓΓΌΝΙ
ΠΑΤΈΡΑΣ
ΠΑΤΡΙΚΉ
ΞΑΔΈΡΦΗ
ΑΝΙΨΙΆ
ΑΝΙΨΙΌΣ
ΘΕΊΑ
ΘΕΊΟΣ

51 - Edifícios

Γ	Π	Ύ	Ρ	Γ	Ο	Σ	Ο	Σ	Σ	Δ	Ρ	Ρ	Π	Έ	Σ
Α	Κ	Ψ	Λ	Υ	Ν	Π	Τ	Ν	Α	Ν	Ί	Π	Μ	Α	Κ
Ι	Ο	Α	Μ	Η	Τ	Κ	Ό	Ρ	Γ	Α	Ν	Ξ	Ο	Έ	Χ
Τ	Ε	Κ	Ρ	Ά	Μ	Σ	Ρ	Μ	Α	Ν	Ώ	Ρ	Υ	Χ	Α
Δ	Υ	Κ	Δ	Ά	Σ	Τ	Ά	Δ	Ι	Ο	Β	Ω	Σ	Μ	Μ
Ω	Γ	Ά	Ρ	Ξ	Ζ	Σ	Χ	Ι	Π	Ί	Ί	Λ	Ε	Τ	Ν
Α	Μ	Σ	Ι	Ρ	Έ	Μ	Α	Ι	Δ	Ε	Μ	Γ	Ί	Ο	Γ
Ρ	Ξ	Τ	Ι	Ι	Ξ	Ρ	Ρ	Ψ	Ε	Μ	Ω	Ξ	Ο	Ί	Ψ
Δ	Ο	Ρ	Υ	Β	Σ	Ο	Ί	Ε	Χ	Ο	Δ	Ο	Ν	Ε	Ξ
Π	Ε	Ο	Έ	Ω	Ι	Ι	Ή	Ν	Η	Κ	Σ	Ρ	Η	Λ	Χ
Μ	Ρ	Π	Ρ	Ε	Σ	Β	Ε	Ί	Α	Ο	Τ	Τ	Ω	Ο	Ν
Ε	Ρ	Γ	Ο	Σ	Τ	Ά	Σ	Ι	Ο	Σ	Ψ	Α	Ί	Χ	Έ
Β	Ί	Α	Ι	Χ	Ν	Η	Λ	Ψ	Β	Ο	Ξ	Έ	Τ	Σ	Ξ
Ε	Ρ	Γ	Α	Σ	Τ	Ή	Ρ	Ι	Ο	Ν	Η	Θ	Ψ	Ξ	Ι
Π	Α	Ρ	Α	Τ	Η	Ρ	Η	Τ	Ή	Ρ	Ι	Ο	Δ	Ρ	Έ
Π	Α	Ν	Ε	Π	Ι	Σ	Τ	Ή	Μ	Ι	Ο	Χ	Γ	Ψ	Χ

ΔΙΑΜΈΡΙΣΜΑ
ΚΑΜΠΊΝΑ
ΚΆΣΤΡΟ
ΑΧΥΡΏΝΑ
ΠΡΕΣΒΕΊΑ
ΣΧΟΛΕΊΟ
ΣΤΆΔΙΟ
ΑΓΡΌΚΤΗΜΑ
ΕΡΓΟΣΤΆΣΙΟ
ΓΚΑΡΆΖ
ΝΟΣΟΚΟΜΕΊΟ
ΞΕΝΟΔΟΧΕΊΟ
ΕΡΓΑΣΤΉΡΙΟ
ΜΟΥΣΕΊΟ
ΠΑΡΑΤΗΡΗΤΉΡΙΟ
ΜΆΡΚΕΤ
ΘΈΑΤΡΟ
ΣΚΗΝΉ
ΠΎΡΓΟΣ
ΠΑΝΕΠΙΣΤΉΜΙΟ

52 - Aventura

Λ	Υ	Α	Ί	Ε	Ε	Γ	Π	Δ	Έ	Ο	Χ	Σ	Έ	Υ	Δ
Α	Ι	Ε	Λ	Ά	Φ	Σ	Α	Ρ	Ά	Χ	Μ	Ι	Έ	Δ	Β
Π	Π	Ί	Γ	Τ	Δ	Ε	Ρ	Α	Ί	Ρ	Ι	Α	Κ	Υ	Ε
Ο	Η	Ρ	Π	Α	Έ	Κ	Α	Σ	Ν	Ω	Α	Ρ	Ί	Α	Ν
Ι	Π	Δ	Π	Ξ	Ν	Δ	Σ	Τ	Τ	Έ	Π	Χ	Ρ	Ί	Μ
Γ	Ο	Β	Ψ	Ί	Έ	Ρ	Κ	Η	Σ	Η	Γ	Ή	Ο	Λ	Π
Ό	Ι	Λ	Έ	Δ	Α	Ο	Ε	Ρ	Ί	Ω	Β	Ε	Τ	Ο	Ω
Λ	Γ	Έ	Ί	Ι	Ε	Μ	Υ	Ι	Β	Ε	Ρ	Ο	Σ	Κ	Ί
Ο	Η	Γ	Α	Φ	Ω	Ή	Ή	Ό	Σ	Ί	Ρ	Σ	Ι	Σ	Π
Μ	Χ	Ο	Ξ	Ρ	Ω	Χ	Γ	Τ	Φ	Δ	Έ	Ξ	Θ	Υ	Τ
Ο	Μ	Ο	Ρ	Φ	Ι	Ά	Σ	Η	Β	Ύ	Α	Υ	Ή	Δ	Μ
Ρ	Ν	Ε	Τ	Σ	Έ	Έ	Ξ	Τ	Ψ	Ε	Σ	Ο	Ν	Λ	Ω
Δ	Μ	Π	Ρ	Τ	Ί	Ι	Ι	Α	Ξ	Β	Λ	Η	Υ	Γ	Τ
Π	Ρ	Ο	Ο	Ρ	Ι	Σ	Μ	Ό	Σ	Ρ	Ε	Χ	Σ	Σ	Ν
Γ	Ε	Ν	Ν	Α	Ι	Ό	Τ	Η	Τ	Α	Ε	Ί	Α	Μ	Ι
Ε	Π	Ι	Κ	Ί	Ν	Δ	Υ	Ν	Ο	Χ	Ψ	Τ	Έ	Ω	Ε

ΧΑΡΆ
ΦΊΛΟΙ
ΔΡΑΣΤΗΡΙΌΤΗΤΑ
ΟΜΟΡΦΙΆ
ΓΕΝΝΑΙΌΤΗΤΑ
ΕΥΚΑΙΡΊΑ
ΠΡΟΟΡΙΣΜΌΣ
ΔΥΣΚΟΛΊΑ
ΕΚΔΡΟΜΉ
ΑΣΥΝΉΘΙΣΤΟ
ΔΡΟΜΟΛΌΓΙΟ
ΦΎΣΗ
ΠΛΟΉΓΗΣΗ
ΝΈΑ
ΕΠΙΚΊΝΔΥΝΟ
ΠΑΡΑΣΚΕΥΉ
ΑΣΦΆΛΕΙΑ
ΤΑΞΊΔΙ

53 - Floresta Tropical

Ι	Α	Χ	Ι	Τ	Ί	Π	Υ	Ο	Ψ	Ψ	Π	Ο	Ε	Ε	Θ
Ν	Χ	Ρ	Σ	Σ	Β	Ε	Ν	Γ	Ι	Υ	Έ	Ί	Ω	Π	Η
Ξ	Μ	Τ	Χ	Π	Ρ	Σ	Λ	Η	Σ	Τ	Ε	Ν	Ι	Υ	Λ
Α	Π	Ο	Κ	Α	Τ	Ά	Σ	Τ	Α	Σ	Η	Σ	Ύ	Φ	Α
Φ	Δ	Ι	Έ	Ξ	Π	Ε	Έ	Μ	Ε	Ω	Ί	Ι	Ω	Ψ	Σ
Ε	Ι	Γ	Σ	Έ	Β	Ο	Μ	Α	Ι	Ί	Β	Χ	Τ	Δ	Τ
Ν	Α	Ύ	Π	Έ	Χ	Έ	Τ	Υ	Ά	Ν	Δ	Ρ	Τ	Ω	Ι
Ν	Τ	Φ	Α	Τ	Η	Τ	Ό	Ν	Ι	Ο	Κ	Ο	Ύ	Σ	Κ
Ύ	Ή	Α	Ι	Β	Ί	Φ	Μ	Α	Λ	Γ	Ι	Υ	Σ	Α	Ά
Σ	Ρ	Τ	Έ	Ω	Ξ	Δ	Ρ	Ζ	Υ	Σ	Χ	Ν	Λ	Έ	Γ
Τ	Η	Α	Μ	Ί	Λ	Κ	Α	Ρ	Ο	Ω	Χ	Λ	Χ	Ν	Ο
Π	Σ	Κ	Ξ	Έ	Έ	Μ	Β	Χ	Π	Ύ	Η	Γ	Π	Τ	Ο
Ξ	Η	Σ	Ω	Ί	Β	Ι	Π	Ε	Τ	Ρ	Γ	Β	Β	Ο	Α
Π	Ο	Ι	Κ	Ι	Λ	Ί	Α	Ί	Π	Ξ	Χ	Κ	Γ	Μ	Β
Β	Ο	Τ	Α	Ν	Ι	Κ	Ή	Β	Ε	Μ	Γ	Ψ	Λ	Α	Α
Π	Ο	Λ	Ύ	Τ	Ι	Μ	Α	Υ	Ψ	Ι	Μ	Ε	Ρ	Α	Π

ΑΜΦΊΒΙΑ
ΒΟΤΑΝΙΚΉ
ΚΛΊΜΑ
ΚΟΙΝΌΤΗΤΑ
ΠΟΙΚΙΛΊΑ
ΕΊΔΟΣ
ΈΝΤΟΜΑ
ΘΗΛΑΣΤΙΚΆ
ΒΡΎΑ
ΦΎΣΗ
ΣΎΝΝΕΦΑ
ΠΟΥΛΙΆ
ΔΙΑΤΉΡΗΣΗ
ΚΑΤΑΦΎΓΙΟ
ΣΈΒΟΜΑΙ
ΑΠΟΚΑΤΆΣΤΑΣΗ
ΖΟΎΓΚΛΑ
ΕΠΙΒΊΩΣΗ
ΠΟΛΎΤΙΜΑ

54 - Cidade

Ζ	Ω	Ο	Λ	Ο	Γ	Ι	Κ	Ό	Π	Φ	Α	Υ	Δ	Η	Ε
Ί	Χ	Π	Η	Α	Π	Δ	Β	Ί	Η	Α	Β	Γ	Ω	Ξ	Μ
Ο	Ε	Ψ	Κ	Ε	Ρ	Λ	Ν	Υ	Ψ	Ρ	Ι	Έ	Ο	Γ	Β
Β	Η	Έ	Ή	Γ	Χ	Ω	Γ	Ξ	Α	Μ	Β	Β	Σ	Ρ	Ι
Σ	Τ	Ι	Θ	Η	Τ	Τ	Α	Ί	Ε	Α	Λ	Κ	Τ	Β	Ά
Ξ	Ε	Ν	Ο	Δ	Ο	Χ	Ε	Ί	Ο	Κ	Ι	Λ	Ά	Τ	Σ
Ι	Κ	Ό	Ι	Ί	Ί	Β	Ν	Π	Ι	Ε	Ο	Ι	Δ	Ρ	Χ
Ί	Ρ	Λ	Λ	Π	Ε	Ο	Μ	Λ	Μ	Ί	Π	Ν	Ι	Ά	Ο
Β	Ά	Α	Β	Σ	Ι	Λ	Ν	Υ	Ό	Ο	Ω	Ι	Ο	Π	Λ
Έ	Μ	Σ	Ι	Υ	Ο	Τ	Ω	Έ	Ρ	Β	Λ	Κ	Α	Ε	Ε
Σ	Ο	Ρ	Β	Λ	Π	Δ	Ι	Π	Δ	Ε	Ε	Ή	Θ	Ζ	Ί
Ω	Υ	Τ	Δ	Λ	Ο	Η	Ο	Ι	Ο	Λ	Ί	Ί	Έ	Α	Ο
Ι	Σ	Α	Τ	Ο	Τ	Ι	Σ	Δ	Ρ	Θ	Ο	Σ	Α	Λ	Α
Ρ	Ε	Δ	Ο	Γ	Ρ	Β	Π	Ί	Ε	Ψ	Ν	Γ	Τ	Ω	Ν
Χ	Ί	Ρ	Ω	Ή	Α	Χ	Γ	Η	Α	Υ	Β	Α	Ρ	Η	Μ
Ν	Ο	Ε	Σ	Τ	Ι	Α	Τ	Ό	Ρ	Ι	Ο	Υ	Ο	Μ	Γ

ΑΕΡΟΔΡΌΜΙΟ
ΤΡΆΠΕΖΑ
ΒΙΒΛΙΟΘΉΚΗ
ΚΛΙΝΙΚΉ
ΣΧΟΛΕΊΟ
ΣΤΆΔΙΟ
ΦΑΡΜΑΚΕΊΟ
ΑΝΘΟΠΩΛΕΊΟ
ΣΥΛΛΟΓΉ
ΞΕΝΟΔΟΧΕΊΟ
ΖΩΟΛΟΓΙΚΌ
ΒΙΒΛΙΟΠΩΛΕΊΟ
ΑΓΟΡΆ
ΜΟΥΣΕΊΟ
ΑΡΤΟΠΟΙΕΊΟ
ΕΣΤΙΑΤΌΡΙΟ
ΣΑΛΌΝΙ
ΜΆΡΚΕΤ
ΘΈΑΤΡΟ

55 - Música

Ε	Γ	Ο	Ψ	Β	Β	Γ	Ω	Τ	Ξ	Ο	Λ	Λ	Ψ	Χ	Α
Π	Ο	Ι	Η	Τ	Ι	Κ	Ή	Π	Ώ	Μ	Δ	Β	Ρ	Υ	Υ
Μ	Λ	Β	Π	Σ	Ή	Τ	Σ	Ι	Δ	Υ	Ο	Γ	Α	Ρ	Τ
Δ	Ο	Λ	Υ	Ρ	Ι	Κ	Ή	Σ	Υ	Ο	Π	Χ	Ρ	Χ	Ο
Ψ	Ν	Υ	Λ	Μ	Ε	Ξ	Χ	Λ	Ο	Π	Μ	Ο	Ε	Ω	Σ
Ο	Ω	Ρ	Σ	Ε	Π	Χ	Ε	Ό	Γ	Μ	Έ	Σ	Π	Μ	Χ
Μ	Φ	Ψ	Υ	Ι	Η	Υ	Υ	Ρ	Α	Λ	Τ	Ο	Ό	Λ	Ε
Π	Ό	Σ	Ι	Θ	Κ	Δ	Ρ	Γ	Ρ	Ά	Σ	Ί	Ω	Α	Δ
Α	Ρ	Β	Β	Λ	Μ	Ή	Λ	Α	Τ	Ψ	Α	Έ	Π	Χ	Ι
Λ	Κ	Ε	Τ	Ω	Σ	Ο	Χ	Ν	Υ	Γ	Σ	Π	Ι	Ί	Ά
Ά	Ι	Τ	Γ	Ο	Υ	Μ	Ύ	Ο	Έ	Ρ	Έ	Ί	Ρ	Ε	Σ
Ν	Μ	Έ	Γ	Γ	Μ	Ο	Υ	Σ	Ι	Κ	Ό	Σ	Τ	Χ	Ε
Τ	Λ	Ρ	Ξ	Ε	Ρ	Α	Ρ	Μ	Ο	Ν	Ί	Α	Υ	Υ	Ι
Α	Ρ	Γ	Π	Β	Β	Α	Κ	Λ	Α	Σ	Ι	Κ	Ή	Έ	Ν
Μ	Ε	Λ	Ω	Δ	Ί	Α	Φ	Χ	Ο	Ρ	Ω	Δ	Ί	Α	Τ
Φ	Ω	Ν	Η	Τ	Ι	Κ	Ό	Ή	Π	Υ	Λ	Ί	Λ	Δ	Ψ

ΆΛΜΠΟΥΜ
ΜΠΑΛΆΝΤΑ
ΤΡΑΓΟΥΔΏ
ΤΡΑΓΟΥΔΙΣΤΉΣ
ΚΛΑΣΙΚΉ
ΧΟΡΩΔΊΑ
ΕΓΓΡΑΦΉ
ΑΡΜΟΝΊΑ
ΑΥΤΟΣΧΕΔΙΆΣΕΙ
ΌΡΓΑΝΟ
ΛΥΡΙΚΉ
ΜΕΛΩΔΊΑ
ΜΙΚΡΌΦΩΝΟ
ΜΟΥΣΙΚΉ
ΜΟΥΣΙΚΌΣ
ΌΠΕΡΑ
ΠΟΙΗΤΙΚΉ
ΡΥΘΜΟΎ
ΤΈΜΠΟ
ΦΩΝΗΤΙΚΌ

56 - Matemática

Π	Ί	Ί	Ε	Γ	Ω	Ν	Ί	Α	Ν	Ί	Τ	Κ	Α	Ξ	Ε
Η	Ε	Δ	Ι	Ά	Μ	Ε	Τ	Ρ	Ο	Σ	Β	Γ	Ί	Ί	Ξ
Β	Α	Ρ	Ψ	Δ	Ρ	Τ	Ε	Η	Γ	Χ	Τ	Ι	Α	Ψ	Ί
Η	Έ	Ξ	Ι	Π	Α	Ρ	Ά	Λ	Λ	Η	Λ	Η	Τ	Χ	Σ
Β	Ν	Ι	Π	Φ	Σ	Α	Ο	Ν	Ω	Γ	Ύ	Λ	Ο	Π	Ω
Ν	Τ	Ι	Ο	Η	Έ	Τ	Ρ	Ω	Α	Ί	Δ	Ο	Α	Τ	Σ
Ξ	Α	Ι	Η	Ν	Ψ	Ρ	Τ	Έ	Γ	Ξ	Μ	Δ	Δ	Ο	Η
Α	Σ	Ξ	Η	Δ	Σ	Ρ	Ε	Τ	Ρ	Ι	Γ	Ώ	Ν	Ο	Υ
Μ	Η	Ξ	Λ	Ν	Ο	Μ	Μ	Ι	Π	Ω	Ι	Ί	Γ	Ω	Ι
Σ	Υ	Μ	Μ	Ε	Τ	Ρ	Ί	Α	Α	Ί	Ε	Τ	Α	Λ	Π
Ά	Ι	Μ	Ξ	Τ	Ε	Χ	Ρ	Δ	Ε	Κ	Α	Δ	Ι	Κ	Ό
Λ	Ω	Η	Τ	Έ	Θ	Κ	Ε	Ε	Μ	Ο	Ω	Τ	Έ	Ν	Ξ
Κ	Η	Υ	Ν	Ι	Ά	Ω	Π	Ι	Ξ	Ξ	Ρ	Υ	Α	Τ	Υ
Υ	Ξ	Ω	Ε	Ή	Κ	Ι	Τ	Η	Μ	Θ	Ι	Ρ	Α	Ω	Υ
Γ	Ε	Ω	Μ	Ε	Τ	Ρ	Ί	Α	Μ	Σ	Ι	Ο	Ρ	Θ	Ά
Ε	Ο	Ρ	Θ	Ο	Γ	Ώ	Ν	Ι	Ο	Σ	Β	Π	Υ	Μ	Χ

ΑΡΙΘΜΗΤΙΚΉ
ΓΩΝΊΑ
ΠΕΡΙΦΈΡΕΙΑ
ΔΕΚΑΔΙΚΌ
ΔΙΆΜΕΤΡΟΣ
ΕΞΊΣΩΣΗ
ΕΚΘΈΤΗ
ΚΛΆΣΜΑ
ΓΕΩΜΕΤΡΊΑ
ΠΑΡΆΛΛΗΛΗ
ΠΕΡΊΜΕΤΡΟ
ΚΆΘΕΤΟΣ
ΠΟΛΎΓΩΝΟ
ΠΛΑΤΕΊΑ
ΑΚΤΊΝΑ
ΟΡΘΟΓΏΝΙΟ
ΣΥΜΜΕΤΡΊΑ
ΆΘΡΟΙΣΜΑ
ΤΡΙΓΏΝΟΥ
ΈΝΤΑΣΗ

57 - Saúde e Bem Estar #1

Ε	Τ	Μ	Γ	Ι	Γ	Ρ	Σ	Έ	Ξ	Έ	Δ	Δ	Β	Ω	Σ
Π	Ω	Ψ	Έ	Ό	Ρ	Τ	Ω	Η	Π	Ι	Η	Έ	Ε	Δ	Υ
Υ	Ρ	Χ	Β	Σ	Ή	Υ	Η	Λ	Υ	Μ	Α	Ρ	Ύ	Ε	Ν
Μ	Ψ	Ν	Β	Α	Κ	Τ	Ή	Ρ	Ι	Α	Μ	Μ	Ο	Ε	Ή
Α	Ω	Ο	Π	Ε	Ι	Ω	Τ	Σ	Ξ	Μ	Ω	Α	Ρ	Τ	Θ
Ψ	Α	Η	Σ	Έ	Ν	Δ	Λ	Β	Ρ	Γ	Τ	Ξ	Μ	Ξ	Ε
Σ	Ξ	Ρ	Ρ	Ω	Ι	Ε	Γ	Ω	Γ	Α	Ν	Η	Ό	Σ	Ι
Ο	Σ	Ψ	Ω	Χ	Λ	Ρ	Ρ	Β	Η	Τ	Έ	Ί	Ν	Ρ	Α
Υ	Ω	Δ	Τ	Τ	Κ	Μ	Ρ	Γ	Ψ	Ά	Τ	Λ	Η	Υ	Έ
Φ	Α	Ρ	Μ	Α	Κ	Ε	Ί	Ο	Ή	Κ	Ι	Ρ	Τ	Α	Ι
Ε	Λ	Χ	Υ	Η	Σ	Ά	Τ	Σ	Έ	Π	Τ	Γ	Ν	Ν	Α
Ε	Π	Ε	Ξ	Δ	Ι	Τ	Δ	Θ	Ε	Ρ	Α	Π	Ε	Ί	Α
Χ	Α	Λ	Ά	Ρ	Ω	Σ	Η	Ι	Ρ	Ω	Γ	Τ	Ι	Ε	Υ
Τ	Γ	Η	Ω	Λ	Ξ	Ο	Β	Δ	Δ	Η	Β	Σ	Χ	Π	Ψ
Ι	Ξ	Μ	Ξ	Η	Έ	Ρ	Υ	Ο	Β	Ν	Γ	Ρ	Τ	Δ	Δ
Σ	Υ	Μ	Π	Λ	Η	Ρ	Ώ	Μ	Α	Τ	Α	Ψ	Π	Ο	Β

ΤΈΝΤΩΜΑ
ΥΨΟΣ
ΕΝΕΡΓΉ
ΒΑΚΤΉΡΙΑ
ΚΛΙΝΙΚΉ
ΔΙΔΆΚΤΩΡ
ΦΑΡΜΑΚΕΊΟ
ΠΕΊΝΑ
ΚΆΤΑΓΜΑ
ΣΥΝΉΘΕΙΑ
ΟΡΜΌΝΗ
ΙΑΤΡΙΚΉ
ΝΕΎΡΑ
ΟΣΤΆ
ΔΈΡΜΑ
ΣΤΆΣΗ
ΧΑΛΆΡΩΣΗ
ΣΥΜΠΛΗΡΏΜΑΤΑ
ΘΕΡΑΠΕΊΑ
ΊΟΣ

58 - Imigração

Χ	Δ	Ρ	Α	Σ	Η	Ω	Α	Ί	Σ	Α	Γ	Ρ	Ε	Ι	Δ
Μ	Χ	Α	Ξ	Τ	Έ	Ί	Ο	Γ	Β	Ί	Ψ	Ν	Λ	Τ	Ι
Ψ	Ί	Ψ	Ι	Έ	Ρ	Δ	Μ	Β	Ί	Ξ	Ν	Ω	Ν	Π	Ο
Β	Λ	Κ	Ω	Γ	Δ	Έ	Ψ	Έ	Δ	Τ	Ω	Α	Ρ	Υ	Ί
Δ	Ξ	Α	Μ	Α	Ί	Ν	Ω	Ν	Ι	Ο	Κ	Ι	Π	Ε	Κ
Ί	Ν	Τ	Α	Σ	Φ	Η	Ξ	Α	Α	Α	Ί	Ε	Ξ	Ξ	Η
Λ	Δ	Ά	Τ	Η	Έ	Α	Α	Π	Π	Ε	Λ	Θ	Ί	Ψ	Σ
Ο	Δ	Σ	Ι	Ί	Ί	Γ	Ρ	Ρ	Π	Τ	Η	Ή	Ί	Η	Η
Υ	Β	Τ	Κ	Ο	Έ	Λ	Κ	Γ	Β	Μ	Ν	Ο	Ρ	Π	Σ
Υ	Ω	Α	Ό	Λ	Ύ	Σ	Η	Ρ	Γ	Γ	Ε	Β	Μ	Ί	Υ
Ρ	Η	Σ	Σ	Ν	Ω	Ρ	Ε	Π	Ι	Έ	Λ	Ν	Ε	Ε	Γ
Α	Δ	Η	Δ	Ί	Κ	Α	Ι	Ο	Τ	Σ	Σ	Ώ	Π	Σ	Ρ
Π	Ρ	Ο	Θ	Ε	Σ	Μ	Ί	Α	Ω	Β	Η	Γ	Σ	Η	Ί
Π	Ρ	Ο	Σ	Τ	Α	Σ	Ί	Α	Ρ	Ο	Ν	Ύ	Σ	Σ	Ω
Σ	Ε	Γ	Ρ	Δ	Μ	Ί	Δ	Τ	Ψ	Ί	Ν	Υ	Ξ	Γ	Α
Ι	Ρ	Ι	Χ	Μ	Υ	Η	Α	Γ	Έ	Χ	Π	Ω	Δ	Τ	Τ

ΔΙΟΊΚΗΣΗ
ΕΝΗΛΊΚΩΝ
ΒΟΉΘΕΙΑ
ΈΓΚΡΙΣΗ
ΕΠΙΚΟΙΝΩΝΊΑ
ΠΑΙΔΊ
ΈΓΓΡΑΦΑ
ΠΊΕΣΗ
ΣΎΝΟΡΑ
ΣΤΈΓΑΣΗ
ΔΊΚΑΙΟ
ΓΛΏΣΣΑ
ΑΞΙΩΜΑΤΙΚΌΣ
ΠΡΟΘΕΣΜΊΑ
ΔΙΕΡΓΑΣΊΑ
ΠΡΟΣΤΑΣΊΑ
ΚΑΤΆΣΤΑΣΗ
ΛΎΣΗ

59 - Natureza

Α	Β	Μ	Ν	Ί	Σ	Γ	Δ	Λ	Μ	Α	Έ	Γ	Γ	Ξ	Η
Λ	Λ	Ο	Δ	Β	Ι	Ε	Ί	Ν	Ί	Ι	Γ	Μ	Ρ	Ξ	Ρ
Κ	Α	Τ	Α	Φ	Ύ	Γ	Ι	Ο	Ι	Ρ	Γ	Ά	Η	Ε	Δ
Τ	Ώ	Ω	Φ	Α	Ρ	Κ	Τ	Ι	Κ	Ή	Π	Ί	Ρ	Τ	Ζ
Χ	Ζ	Σ	Ε	Σ	Σ	Ι	Λ	Έ	Μ	Ι	Β	Ρ	Λ	Ρ	Ω
Ί	Ο	Μ	Ν	Υ	Σ	Α	Ν	Ώ	Τ	Ε	Γ	Α	Π	Ο	Τ
Α	Ψ	Ρ	Ν	Ο	Μ	Ί	Χ	Λ	Η	Ρ	Μ	Ι	Μ	Π	Ι
Σ	Α	Σ	Ύ	Μ	Έ	Δ	Ο	Ω	Ω	Ό	Έ	Δ	Ί	Ι	Κ
Έ	Η	Ο	Σ	Ή	Ε	Ι	Ρ	Η	Ν	Ι	Κ	Ή	Ν	Κ	Ή
Ρ	Ο	Σ	Ξ	Ρ	Γ	Α	Λ	Ή	Ν	Ι	Ο	Κ	Ν	Ή	Ί
Η	Ε	Α	Ω	Ε	Π	Ο	Τ	Α	Μ	Ό	Σ	Ι	Σ	Β	Π
Δ	Τ	Δ	Ο	Ρ	Δ	Έ	Π	Σ	Ί	Ι	Ί	Μ	Ο	Ί	Ρ
Π	Τ	Σ	Μ	Π	Β	Ψ	Τ	Χ	Λ	Η	Γ	Α	Ο	Δ	Π
Ο	Μ	Ο	Ρ	Φ	Ι	Ά	Ί	Ρ	Υ	Υ	Σ	Ν	Υ	Υ	Α
Φ	Ύ	Λ	Λ	Ω	Μ	Α	Ι	Ο	Ν	Ο	Α	Υ	Ο	Ί	Ι
Π	Α	Υ	Μ	Ε	Ε	Η	Ε	Δ	Λ	Α	Ν	Δ	Π	Ψ	Σ

ΜΈΛΙΣΣΕΣ
ΚΑΤΑΦΎΓΙΟ
ΖΏΑ
ΑΡΚΤΙΚΉ
ΟΜΟΡΦΙΆ
ΕΡΉΜΟΥ
ΔΥΝΑΜΙΚΉ
ΔΙΆΒΡΩΣΗ
ΔΑΣΟΣ
ΦΎΛΛΩΜΑ
ΠΑΓΕΤΏΝΑΣ
ΟΜΊΧΛΗ
ΣΎΝΝΕΦΑ
ΕΙΡΗΝΙΚΉ
ΠΟΤΑΜΌΣ
ΙΕΡΌ
ΆΓΡΙΟ
ΓΑΛΉΝΙΟ
ΤΡΟΠΙΚΉ
ΖΩΤΙΚΉ

60 - A Empresa

Η	Σ	Η	Ρ	Ί	Ε	Χ	Ι	Π	Ε	Έ	Π	Ε	Γ	Η	Α
Υ	Ξ	Ι	Ε	Μ	Ψ	Η	Ε	Α	Ν	Ι	Σ	Ι	Δ	Β	Π
Π	Σ	Ν	Ν	Χ	Τ	Ρ	Ε	Γ	Ξ	Γ	Ε	Ο	Ω	Η	Α
Σ	Ο	Δ	Ο	Ό	Ρ	Π	Ω	Κ	Χ	Ξ	Ξ	Ε	Δ	Σ	Σ
Δ	Μ	Ι	Π	Α	Τ	Η	Τ	Ό	Τ	Α	Ν	Υ	Δ	Α	Χ
Η	Ό	Ί	Ό	Η	Ω	Μ	Ο	Σ	Χ	Χ	Ω	Σ	Μ	Ί	Ό
Μ	Τ	Δ	Ι	Τ	Δ	Ή	Δ	Μ	Α	Π	Ρ	Χ	Ο	Σ	Λ
Ι	Ο	Ο	Υ	Λ	Η	Φ	Η	Ι	Γ	Ξ	Ό	Η	Ν	Υ	Η
Ο	Ν	Χ	Τ	Ν	Ω	Τ	Σ	Α	Ο	Ι	Π	Η	Ά	Ο	Σ
Υ	Ι	Ι	Π	Μ	Ε	Χ	Α	Έ	Ι	Ν	Ω	Σ	Δ	Ρ	Η
Ρ	Α	Ρ	Β	Ρ	Δ	Ξ	Φ	Ε	Υ	Η	Υ	Υ	Ε	Α	Χ
Γ	Κ	Ξ	Π	Ρ	Ο	Ϊ	Ό	Ν	Ρ	Γ	Υ	Δ	Σ	Π	Α
Ι	Έ	Π	Τ	Υ	Ν	Δ	Π	Η	Ψ	Ε	Υ	Ν	Ν	Ω	Ι
Κ	Μ	Ι	Έ	Γ	Ο	Σ	Α	Ψ	Α	Ι	Ρ	Έ	Β	Ί	Ψ
Ή	Β	Ι	Ο	Μ	Η	Χ	Α	Ν	Ί	Α	Ω	Π	Ω	Σ	Κ
Ω	Ω	Η	Π	Ε	Γ	Τ	Ε	Ξ	Μ	Σ	Ι	Ε	Σ	Ά	Τ

ΠΑΡΟΥΣΊΑΣΗ
ΔΗΜΙΟΥΡΓΙΚΉ
ΑΠΌΦΑΣΗ
ΑΠΑΣΧΌΛΗΣΗ
ΠΑΓΚΌΣΜΙΑ
ΒΙΟΜΗΧΑΝΊΑ
ΚΑΙΝΟΤΌΜΟ
ΕΠΈΝΔΥΣΗ
ΕΠΙΧΕΊΡΗΣΗ
ΔΥΝΑΤΌΤΗΤΑ
ΠΡΟΪΌΝ
ΠΡΌΟΔΟΣ
ΠΟΙΌΤΗΤΑ
ΈΣΟΔΑ
ΠΌΡΩΝ
ΦΉΜΗ
ΚΊΝΔΥΝΟΙ
ΤΆΣΕΙΣ
ΜΟΝΆΔΕΣ

61 - Doença

Ν	Π	Α	Ί	Ε	Γ	Υ	Π	Ο	Τ	Μ	Ή	Ή	Μ	Π	Σ
Λ	Ε	Ν	Ν	Δ	Σ	Σ	Δ	Υ	Δ	Ι	Κ	Κ	Ε	Α	Ύ
Ο	Ψ	Υ	Ε	Α	Ί	Γ	Ρ	Ε	Λ	Λ	Α	Ι	Τ	Θ	Ν
Σ	Δ	Η	Ρ	Υ	Π	Υ	Δ	Μ	Ω	Ρ	Ι	Μ	Α	Ο	Δ
Φ	Δ	Τ	Α	Ο	Μ	Ν	Χ	Α	Η	Ι	Λ	Ο	Δ	Γ	Ρ
Υ	Σ	Ι	Ρ	Έ	Π	Ο	Ε	Π	Ν	Ω	Ι	Ν	Ο	Ό	Ο
Ϊ	Σ	Α	Η	Π	Β	Ά	Ν	Υ	Ξ	Ρ	Ο	Ο	Τ	Ν	Μ
Κ	Α	Σ	Υ	Λ	Ί	Α	Θ	Ι	Σ	Ι	Κ	Ρ	Ι	Α	Ο
Ή	Ο	Ο	Χ	Β	Ι	Ω	Ν	Ε	Κ	Τ	Η	Η	Κ	Μ	Φ
Υ	Ά	Ι	Δ	Ρ	Α	Κ	Μ	Σ	Ι	Ή	Ι	Λ	Ό	Ώ	Λ
Σ	Τ	Ν	Λ	Σ	Τ	Γ	Ε	Η	Ο	Α	Ί	Κ	Ω	Σ	Ε
Έ	Σ	Ό	Ω	Ω	Χ	Έ	Υ	Έ	Α	Ε	Χ	Υ	Ή	Ρ	Γ
Ω	Ο	Ρ	Ί	Γ	Ε	Ν	Ε	Τ	Ι	Κ	Ή	Β	Ν	Ρ	Μ
Υ	Η	Χ	Λ	Λ	Ε	Ί	Χ	Τ	Ε	Υ	Ω	Ο	Ί	Σ	Ο
Ξ	Τ	Α	Ν	Χ	Ί	Ξ	Ν	Τ	Β	Α	Η	Ί	Π	Α	Ν
Ξ	Ν	Θ	Ε	Ρ	Α	Π	Ε	Ί	Α	Ο	Δ	Ν	Ν	Π	Ή

ΚΟΙΛΙΑΚΉ
ΑΛΛΕΡΓΊΑ
ΜΕΤΑΔΟΤΙΚΌ
ΚΑΡΔΙΆ
ΣΏΜΑ
ΧΡΌΝΙΟΣ
ΓΕΝΕΤΙΚΉ
ΚΛΗΡΟΝΟΜΙΚΉ
ΑΣΥΛΊΑ
ΦΛΕΓΜΟΝΉ
ΟΣΦΥΪΚΉ
ΝΕΥΡΟΠΆΘΕΙΑ
ΟΣΤΆ
ΠΑΘΟΓΌΝΑ
ΠΝΕΥΜΟΝΙΚΉ
ΑΝΑΠΝΕΥΣΤΙΚΉ
ΥΓΕΊΑ
ΣΎΝΔΡΟΜΟ
ΘΕΡΑΠΕΊΑ

62 - Aquecimento Global

Α	Ι	Ε	Γ	Ρ	Έ	Ν	Ε	Υ	Ρ	Η	Υ	Έ	Μ	Π	Δ
Κ	Ν	Β	Ι	Ο	Μ	Η	Χ	Α	Ν	Ί	Α	Τ	Β	Ρ	Ρ
Δ	Ρ	Ά	Ι	Ν	Ε	Γ	Δ	Ε	Δ	Ο	Μ	Έ	Ν	Α	Σ
Τ	Ι	Ί	Π	Η	Ω	Ρ	Ε	Ω	Ν	Ι	Υ	Η	Ο	Ο	Π
Ι	Λ	Ε	Σ	Τ	Χ	Ο	Π	Ρ	Υ	Ρ	Σ	Χ	Σ	Ρ	Έ
Β	Ξ	Ξ	Θ	Η	Υ	Ν	Ο	Λ	Λ	Έ	Μ	Λ	Υ	Ρ	Ρ
Ε	Ω	Ί	Ε	Ν	Ψ	Ξ	Γ	Α	Σ	Α	Τ	Ώ	Ρ	Α	Ν
Ω	Ι	Ι	Β	Γ	Ε	Χ	Η	Π	Ε	Γ	Ί	Ν	Ή	Υ	Ο
Ε	Η	Ξ	Γ	Δ	Η	Σ	Η	Ν	Ρ	Έ	Β	Υ	Κ	Σ	Μ
Α	Ε	Β	Ρ	Β	Ω	Τ	Ε	Ρ	Π	Β	Π	Λ	Ι	Σ	Ο
Ι	Ξ	Έ	Έ	Μ	Ο	Β	Σ	Σ	Π	Ν	Κ	Σ	Τ	Π	Θ
Ε	Π	Ι	Σ	Τ	Ή	Μ	Ο	Ν	Α	Σ	Λ	Η	Κ	Β	Ε
Σ	Υ	Ν	Έ	Π	Ε	Ι	Ε	Σ	Ι	Ρ	Ί	Τ	Ρ	Γ	Σ
Θ	Ε	Ρ	Μ	Ο	Κ	Ρ	Α	Σ	Ί	Α	Μ	Β	Α	Μ	Ί
Β	Β	Ξ	Ψ	Μ	Π	Ω	Ο	Δ	Ω	Α	Α	Έ	Ι	Ε	Α
Β	Ν	Ρ	Σ	Ν	Ο	Π	Ρ	Ο	Σ	Ο	Χ	Ή	Ξ	Π	Σ

ΤΏΡΑ
ΠΡΟΣΟΧΉ
ΑΡΚΤΙΚΉ
ΕΠΙΣΤΉΜΟΝΑΣ
ΚΛΊΜΑ
ΣΥΝΈΠΕΙΕΣ
ΚΡΊΣΗ
ΔΕΔΟΜΈΝΑ
ΑΝΆΠΤΥΞΗ
ΕΝΈΡΓΕΙΑ
ΜΈΛΛΟΝ
ΑΈΡΙΟ
ΓΕΝΙΆ
ΚΥΒΈΡΝΗΣΗ
ΒΙΟΜΗΧΑΝΊΑ
ΔΙΕΘΝΕΣ
ΝΟΜΟΘΕΣΊΑ
ΘΕΡΜΟΚΡΑΣΊΑ

63 - Aviões

Σ	Ψ	Υ	Ψ	Ι	Ο	Μ	Ι	Σ	Ύ	Α	Κ	Ν	Σ	Υ	Μ
Τ	Τ	Ρ	Μ	Ρ	Έ	Π	Υ	Δ	Ρ	Ο	Γ	Ό	Ν	Ο	Η
Τ	Η	Ή	Γ	Ω	Γ	Α	Τ	Α	Κ	Ν	Ε	Η	Α	Σ	Χ
Τ	Τ	Π	Ν	Ξ	Η	Λ	Υ	Ψ	Ό	Μ	Ε	Τ	Ρ	Ο	Α
Γ	Χ	Ν	Ί	Ι	Ο	Ό	Τ	Δ	Ξ	Κ	Η	Ά	Ι	Ψ	Ν
Ν	Ψ	Ρ	Π	Ί	Ε	Ν	Ί	Γ	Η	Α	Λ	Β	Α	Υ	Ή
Έ	Ι	Τ	Λ	Η	Ξ	Ι	Ν	Σ	Γ	Τ	Ε	Ι	Φ	Κ	Π
Π	Ε	Ρ	Ι	Π	Έ	Τ	Ε	Ι	Α	Α	Ψ	Π	Σ	Α	Ρ
Π	Λ	Ή	Ρ	Ω	Μ	Α	Ψ	Υ	Ί	Σ	Ο	Ε	Ό	Τ	Ο
Α	Π	Ι	Λ	Ο	Τ	Ι	Κ	Ή	Ρ	Κ	Υ	Ε	Μ	Ε	Σ
Η	Έ	Ο	Δ	Ν	Γ	Ο	Ω	Ρ	Ο	Ε	Ρ	Ν	Τ	Ύ	Γ
Υ	Π	Ρ	Γ	Τ	Ρ	Έ	Χ	Γ	Τ	Υ	Α	Ξ	Α	Θ	Ε
Τ	Ρ	Ν	Α	Σ	Γ	Ε	Γ	Π	Σ	Ή	Ν	Σ	Δ	Υ	Ί
Β	Π	Γ	Ί	Σ	Ω	Β	Α	Ρ	Ι	Ε	Ό	Η	Ω	Ν	Ω
Φ	Ο	Υ	Σ	Κ	Ώ	Ν	Ο	Υ	Ν	Ο	Σ	Λ	Υ	Σ	Σ
Α	Ν	Α	Τ	Α	Ρ	Α	Χ	Ή	Λ	Π	Γ	Υ	Ψ	Η	Η

ΥΨΌΜΕΤΡΟ
ΥΨΟΣ
ΆΈΡΑΣ
ΠΡΟΣΓΕΊΩΣΗ
ΑΤΜΌΣΦΑΙΡΑ
ΠΕΡΙΠΈΤΕΙΑ
ΜΠΑΛΌΝΙ
ΟΥΡΑΝΌΣ
ΚΑΎΣΙΜΟ
ΚΑΤΑΣΚΕΥΉ
ΚΑΤΑΓΩΓΉ
ΚΑΤΕΎΘΥΝΣΗ
ΥΔΡΟΓΌΝΟ
ΙΣΤΟΡΊΑ
ΦΟΥΣΚΏΝΟΥΝ
ΜΗΧΑΝΉ
ΕΠΙΒΆΤΗ
ΠΙΛΟΤΙΚΉ
ΠΛΉΡΩΜΑ
ΑΝΑΤΑΡΑΧΉ

64 - Tipos de Cabelo

Π	Α	Χ	Ύ	Λ	Η	Υ	Υ	Ν	Ω	Δ	Ή	Ι	Γ	Υ	Μ
Έ	Υ	Ω	Ι	Έ	Ο	Μ	Υ	Ί	Ε	Γ	Τ	Λ	Κ	Ω	Π
Φ	Σ	Ε	Ρ	Α	Ρ	Ε	Λ	Π	Ξ	Η	Π	Υ	Ρ	Α	Ο
Α	Α	Ο	Μ	Ξ	Λ	Π	Ε	Ο	Ν	Ο	Ε	Κ	Ι	Υ	Ύ
Κ	Ξ	Λ	Ί	Α	Ω	Τ	Τ	Χ	Υ	Ω	Λ	Ο	Π	Ξ	Κ
Λ	Ν	Ε	Α	Ί	Λ	Γ	Έ	Ο	Υ	Σ	Ί	Ν	Η	Α	Λ
Ε	Ε	Β	Α	Κ	Ύ	Α	Ε	Σ	Ο	Τ	Τ	Τ	Ο	Ν	Ε
Υ	Ί	Ν	Π	Τ	Ρ	Λ	Κ	Ξ	Η	Ρ	Ό	Ό	Ι	Θ	Σ
Κ	Δ	Η	Τ	Τ	Κ	Ό	Έ	Ό	Α	Λ	Ύ	Λ	Ν	Ά	Ε
Ό	Λ	Έ	Ρ	Ν	Α	Ε	Σ	Έ	Η	Π	Α	Α	Έ	Ρ	Δ
Η	Α	Ο	Π	Λ	Μ	Σ	Α	Τ	Έ	Σ	Υ	Δ	Μ	Ω	Ύ
Ω	Μ	Π	Λ	Ε	Γ	Μ	Έ	Ν	Ο	Μ	Β	Τ	Η	Ε	Ο
Γ	Π	Γ	Ι	Χ	Υ	Ί	Η	Έ	Ν	Ν	Α	Β	Σ	Ί	Ξ
Λ	Ε	Υ	Α	Ο	Τ	Υ	Έ	Δ	Λ	Α	Ω	Π	Α	Χ	Ε
Ι	Ρ	Έ	Λ	Λ	Ψ	Έ	Μ	Ι	Υ	Ξ	Έ	Ν	Γ	Λ	Λ
Α	Ά	Ρ	Υ	Ο	Γ	Σ	Ρ	Ψ	Ί	Ρ	Η	Γ	Λ	Η	Π

ΛΕΥΚΌ
ΛΑΜΠΕΡΆ
ΜΠΟΎΚΛΕΣ
ΦΑΛΑΚΡΌΣ
ΓΚΡΙ
ΚΟΝΤΌ
ΣΓΟΥΡΆ
ΛΕΠΤΉ
ΠΑΧΎ
ΞΑΝΘΆ
ΜΑΚΡΎ
ΚΑΦΈ
ΑΣΗΜΈΝΙΟ
ΜΑΎΡΟ
ΥΓΙΉ
ΞΗΡΌ
ΜΑΛΑΚΌ
ΠΛΕΓΜΈΝΟ
ΠΛΕΞΟΎΔΕΣ

65 - Formas

Λ	Χ	Η	Ρ	Χ	Ε	Γ	Γ	Η	Π	Ν	Λ	Χ	Ί	Ρ	Ο
Χ	Ί	Ο	Ψ	Έ	Β	Τ	Ν	Τ	Σ	Δ	Ρ	Η	Ψ	Ξ	Ρ
Π	Ά	Τ	Ρ	Τ	Π	Λ	Σ	Φ	Α	Ί	Ρ	Α	Χ	Π	Θ
Υ	Ρ	Ξ	Ρ	Ό	Ψ	Έ	Ο	Ο	Δ	Μ	Ν	Ί	Β	Σ	Ο
Π	Υ	Ί	Α	Ξ	Ψ	Χ	Β	Υ	Ρ	Σ	Ο	Ν	Ώ	Κ	Γ
Ε	Ε	Ψ	Σ	Ο	Λ	Κ	Ύ	Κ	Σ	Δ	Ψ	Ω	Π	Δ	Ώ
Ρ	Λ	Δ	Ί	Μ	Τ	Δ	Κ	Ξ	Ο	Γ	Ν	Γ	Τ	Ψ	Ν
Β	Π	Μ	Τ	Μ	Α	Γ	Υ	Ο	Ν	Ώ	Γ	Ι	Ρ	Τ	Ι
Ο	Ψ	Α	Δ	Ί	Μ	Α	Ρ	Υ	Π	Δ	Η	Ί	Λ	Ί	Ο
Λ	Ο	Ί	Π	Ο	Λ	Ύ	Γ	Ω	Ν	Ο	Ψ	Έ	Ά	Ύ	Λ
Ή	Υ	Ε	Τ	Ψ	Έ	Ρ	Δ	Ι	Ν	Ν	Ι	Ω	Β	Ψ	Κ
Γ	Χ	Τ	Π	Λ	Ξ	Σ	Ξ	Σ	Σ	Π	Ε	Υ	Ο	Ο	Α
Γ	Ρ	Α	Μ	Μ	Ή	Κ	Α	Μ	Π	Ύ	Λ	Η	Π	Υ	Ο
Δ	Ο	Λ	Α	Δ	Β	Λ	Ε	Η	Υ	Ω	Λ	Π	Ξ	Λ	Μ
Δ	Υ	Π	Ψ	Β	Ψ	Χ	Α	Λ	Α	Β	Έ	Υ	Γ	Ί	Γ
Ω	Ο	Ο	Ν	Ι	Π	Ι	Υ	Μ	Ω	Τ	Β	Σ	Σ	Α	Ω

ΤΌΞΟ
ΓΩΝΊΑ
ΚΎΛΙΝΔΡΟΣ
ΚΎΚΛΟΣ
ΚΏΝΟΣ
ΚΎΒΟΣ
ΚΑΜΠΎΛΗ
ΈΛΛΕΙΨΗ
ΣΦΑΊΡΑ
ΥΠΕΡΒΟΛΉ
ΠΛΕΥΡΆ
ΓΡΑΜΜΉ
ΟΒΆΛ
ΠΥΡΑΜΊΔΑ
ΠΟΛΎΓΩΝΟ
ΠΡΊΣΜΑ
ΠΛΑΤΕΊΑ
ΟΡΘΟΓΏΝΙΟ
ΤΡΙΓΏΝΟΥ

66 - Criatividade

Ψ	Ε	Ω	Ω	Σ	Η	Ε	Ι	Ι	Δ	Σ	Ψ	Δ	Δ	Έ	Ε
Α	Ι	Ο	Λ	Ί	Σ	Γ	Ρ	Α	Χ	Α	Σ	Ρ	Ι	Ν	Π
Ω	Κ	Ε	Φ	Ε	Υ	Ρ	Ε	Τ	Ι	Κ	Ή	Α	Α	Τ	Ι
Α	Ό	Ο	Σ	Π	Ε	Μ	Ί	Α	Ψ	Ί	Ρ	Μ	Ί	Α	Δ
Ι	Ν	Δ	Δ	Π	Ν	Ι	Σ	Μ	Ο	Ξ	Ε	Α	Σ	Σ	Ε
Ε	Α	Ε	Γ	Γ	Π	Ψ	Δ	Ή	Ί	Ω	Υ	Τ	Θ	Η	Ξ
Ν	Ε	Η	Τ	Η	Μ	Ρ	Ό	Θ	Υ	Α	Σ	Ι	Η	Δ	Ι
Ή	Γ	Σ	Δ	Α	Έ	Μ	Π	Σ	Ι	Λ	Τ	Κ	Σ	Ψ	Ό
Φ	Α	Ν	Τ	Α	Σ	Ί	Α	Ι	Π	Π	Ό	Ή	Η	Ν	Τ
Α	Ο	Ρ	Ά	Μ	Α	Τ	Α	Α	Β	Β	Τ	Χ	Ν	Υ	Η
Σ	Β	Ι	Ω	Υ	Ν	Ω	Ω	Ν	Ξ	Τ	Η	Δ	Ο	Ξ	Τ
Ε	Ν	Τ	Ύ	Π	Ω	Σ	Η	Υ	Α	Γ	Τ	Ω	Α	Α	Α
Α	Ί	Σ	Θ	Η	Σ	Η	Ξ	Σ	Η	Σ	Α	Ρ	Φ	Κ	Έ
Α	Υ	Θ	Ε	Ν	Τ	Ι	Κ	Ό	Τ	Η	Τ	Α	Τ	Ί	Ο
Ζ	Ω	Τ	Ι	Κ	Ό	Τ	Η	Τ	Α	Π	Ο	Ί	Ε	Β	Ψ
Η	Ε	Ω	Λ	Κ	Α	Λ	Λ	Ι	Τ	Ε	Χ	Ν	Ι	Κ	Ή

ΚΑΛΛΙΤΕΧΝΙΚΉ
ΑΥΘΕΝΤΙΚΌΤΗΤΑ
ΣΑΦΉΝΕΙΑ
ΔΡΑΜΑΤΙΚΉ
ΣΥΝΑΙΣΘΉΜΑΤΑ
ΑΥΘΌΡΜΗΤΗ
ΈΚΦΡΑΣΗ
ΡΕΥΣΤΌΤΗΤΑ
ΕΠΙΔΕΞΙΌΤΗΤΑ
ΕΙΚΌΝΑ
ΦΑΝΤΑΣΊΑ
ΕΝΤΎΠΩΣΗ
ΈΜΠΝΕΥΣΗ
ΈΝΤΑΣΗ
ΔΙΑΊΣΘΗΣΗ
ΕΦΕΥΡΕΤΙΚΉ
ΑΊΣΘΗΣΗ
ΟΡΆΜΑΤΑ
ΖΩΤΙΚΌΤΗΤΑ

67 - Dias e Meses

Ε	Η	Σ	Ν	Ε	Ί	Λ	Λ	Η	Ρ	Ρ	Λ	Β	Ξ	Ί	Ν
Δ	Τ	Ρ	Χ	Ο	Σ	Ε	Π	Τ	Ε	Μ	Β	Ρ	Ί	Ο	Υ
Ε	Π	Ο	Χ	Β	Ε	Λ	Γ	Ί	Ι	Ι	Έ	Υ	Τ	Γ	Ί
Υ	Μ	Χ	Σ	Χ	Σ	Μ	Ψ	Ρ	Ν	Ν	Τ	Ο	Ι	Δ	Τ
Τ	Έ	Ρ	Α	Κ	Ν	Σ	Β	Τ	Λ	Ί	Υ	Ο	Α	Π	Ο
Έ	Π	Σ	Ν	Σ	Υ	Ο	Ί	Ρ	Α	Υ	Ο	Ρ	Β	Ε	Φ
Ρ	Μ	Ω	Ή	Σ	Σ	Ρ	Μ	Π	Ί	Ρ	Ί	Ε	Π	Ι	Η
Α	Τ	Μ	Μ	Ι	Τ	Σ	Ι	Η	Ν	Ο	Ν	Β	Α	Α	Μ
Ι	Ο	Υ	Λ	Ί	Ο	Υ	Λ	Α	Σ	Α	Υ	Δ	Ρ	Ν	Ε
Ο	Κ	Τ	Ω	Β	Ρ	Ί	Ο	Υ	Κ	Ε	Ο	Ο	Α	Ο	Ρ
Ε	Έ	Υ	Χ	Ν	Ε	Ν	Μ	Ν	Ο	Ή	Ι	Μ	Σ	Υ	Ο
Τ	Ί	Υ	Α	Υ	Γ	Ο	Ύ	Σ	Τ	Ο	Υ	Ά	Κ	Α	Λ
Έ	Β	Γ	Υ	Ο	Ί	Ρ	Β	Μ	Ε	Κ	Ε	Δ	Ε	Ρ	Ό
Σ	Ά	Β	Β	Α	Τ	Ο	Ι	Σ	Β	Ι	Α	Α	Υ	Ί	Γ
Α	Π	Ρ	Ι	Λ	Ί	Ο	Υ	Έ	Β	Α	Χ	Ξ	Ή	Ο	Ι
Έ	Ι	Λ	Ν	Έ	Γ	Ω	Λ	Α	Ι	Π	Ί	Β	Ο	Υ	Ο

ΑΠΡΙΛΊΟΥ
ΑΥΓΟΎΣΤΟΥ
ΕΤΟΣ
ΗΜΕΡΟΛΌΓΙΟ
ΔΕΚΕΜΒΡΊΟΥ
ΚΥΡΙΑΚΉ
ΦΕΒΡΟΥΑΡΊΟΥ
ΙΑΝΟΥΑΡΊΟΥ
ΙΟΥΛΊΟΥ
ΙΟΥΝΊΟΥ
ΜΉΝΑΣ
ΝΟΕΜΒΡΊΟΥ
ΟΚΤΩΒΡΊΟΥ
ΠΈΜΠΤΗ
ΣΆΒΒΑΤΟ
ΔΕΥΤΈΡΑ
ΕΒΔΟΜΆΔΑ
ΣΕΠΤΕΜΒΡΊΟΥ
ΠΑΡΑΣΚΕΥΉ
ΤΡΊΤΗ

68 - Saúde e Bem Estar #2

Ε	Ν	Έ	Ρ	Γ	Ε	Ι	Α	Α	Ι	Τ	Σ	Ώ	Ρ	Ρ	Α
Α	Ι	Ξ	Ε	Σ	Ψ	Χ	Ί	Γ	Λ	Μ	Σ	Μ	Ω	Γ	Ε
Ν	Ν	Β	Δ	Χ	Ε	Μ	Μ	Τ	Ψ	Λ	Ε	Π	Χ	Η	Γ
Ο	Β	Ά	Ή	Ι	Γ	Υ	Ο	Έ	Ί	Λ	Ε	Σ	Ί	Ω	Υ
Σ	Ι	Υ	Κ	Η	Ξ	Ω	Τ	Ι	Ξ	Έ	Π	Ρ	Ώ	Έ	Χ
Ο	Τ	Ί	Ι	Τ	Β	Τ	Α	Ψ	Τ	Σ	Η	Π	Γ	Μ	Ν
Κ	Α	Α	Τ	Δ	Η	Σ	Ν	Υ	Λ	Ό	Μ	Τ	Μ	Ί	Α
Ο	Μ	Ι	Ε	Ι	Σ	Σ	Α	Ο	Λ	Α	Ι	Ι	Χ	Λ	Α
Μ	Ί	Ξ	Ν	Α	Ε	Ο	Η	Χ	Σ	Ί	Β	Σ	Τ	Ο	Ο
Ε	Ν	Ψ	Ε	Τ	Θ	Ψ	Ί	Ω	Π	Μ	Ρ	Π	Έ	Έ	Ν
Ί	Η	Γ	Γ	Ρ	Ά	Ι	Χ	Γ	Γ	Α	Ι	Έ	Λ	Β	Γ
Ο	Ξ	Ι	Ρ	Ο	Ι	Ζ	Υ	Γ	Ί	Ζ	Ω	Ψ	Ό	Δ	Ο
Σ	Γ	Λ	Ρ	Φ	Δ	Ρ	Π	Ο	Ο	Ω	Β	Η	Ρ	Χ	Ο
Χ	Ν	Η	Ω	Ή	Ν	Ι	Ε	Ι	Γ	Υ	Η	Υ	Ε	Ρ	Έ
Έ	Π	Η	Γ	Α	Π	Θ	Ε	Ρ	Μ	Ί	Δ	Α	Ξ	Ι	Δ
Ί	Μ	Α	Σ	Ά	Ζ	Η	Μ	Ε	Ψ	Σ	Β	Γ	Η	Γ	Δ

ΑΛΛΕΡΓΊΑ
ΑΝΑΤΟΜΊΑ
ΌΡΕΞΗ
ΘΕΡΜΊΔΑ
ΣΏΜΑ
ΔΙΑΤΡΟΦΉ
ΠΈΨΗ
ΑΡΡΏΣΤΙΑ
ΕΝΈΡΓΕΙΑ
ΓΕΝΕΤΙΚΉ
ΥΓΙΕΙΝΉ
ΝΟΣΟΚΟΜΕΊΟ
ΔΙΆΘΕΣΗ
ΜΌΛΥΝΣΗ
ΜΑΣΆΖ
ΖΥΓΊΖΩ
ΑΝΆΚΤΗΣΗ
ΑΊΜΑ
ΥΓΙΉ
ΒΙΤΑΜΊΝΗ

69 - Geografia

Ν	Δ	Δ	Χ	Η	Ω	Π	Ε	Ρ	Ι	Ο	Χ	Ή	Α	Ψ	Μ
Τ	Η	Ρ	Υ	Υ	Σ	Κ	Γ	Ε	Ψ	Έ	Ί	Χ	Ι	Ψ	Ε
Α	Ω	Σ	Η	Γ	Ι	Έ	Ε	Ψ	Ρ	Ξ	Ε	Ε	Ί	Ψ	Σ
Ω	Π	Ο	Ί	Γ	Ρ	Δ	Π	Α	Ρ	Ώ	Χ	Γ	Β	Δ	Η
Ν	Β	Φ	Ι	Έ	Α	Έ	Ό	Β	Ν	Έ	Π	Π	Υ	Ι	Μ
Ω	Μ	Α	Α	Β	Έ	Υ	Λ	Ο	Υ	Ό	Β	Μ	Ν	Μ	Β
Π	Ί	Δ	Η	Ο	Ε	Η	Η	Ρ	Ψ	Α	Σ	Ν	Ε	Α	Ρ
Η	Ο	Έ	Υ	Υ	Ί	Σ	Ψ	Ρ	Ό	Ή	Ί	Χ	Π	Ξ	Ι
Χ	Σ	Τ	Ω	Ν	Ξ	Χ	Χ	Ά	Μ	Π	Β	Ψ	Η	Ψ	Ν
Π	Λ	Ε	Α	Ό	Χ	Ε	Ά	Χ	Ε	Ε	Ρ	Τ	Μ	Τ	Ό
Δ	Δ	Ί	Ί	Μ	Μ	Ί	Ρ	Α	Τ	Ι	Β	Ρ	Α	Τ	Ο
Ν	Γ	Έ	Λ	Σ	Ό	Ν	Τ	Ν	Ρ	Ρ	Δ	Ί	Υ	Δ	Μ
Ν	Ό	Τ	Ι	Α	Δ	Σ	Η	Χ	Ο	Ο	Κ	Ό	Σ	Μ	Ο
Γ	Ε	Ω	Γ	Ρ	Α	Φ	Ι	Κ	Ό	Σ	Ο	Ο	Ι	Ρ	Α
Ε	Π	Θ	Ά	Λ	Α	Σ	Σ	Α	Τ	Ν	Α	Λ	Τ	Ά	Γ
Η	Μ	Ι	Σ	Φ	Α	Ί	Ρ	Ι	Ο	Μ	Δ	Ύ	Σ	Η	Ξ

ΥΨΌΜΕΤΡΟ
ΆΤΛΑΝΤΑ
ΠΌΛΗ
ΉΠΕΙΡΟΣ
ΗΜΙΣΦΑΊΡΙΟ
ΝΗΣΊ
ΓΕΩΓΡΑΦΙΚΌ
ΧΆΡΤΗ
ΘΆΛΑΣΣΑ
ΜΕΣΗΜΒΡΙΝΌ
ΒΟΥΝΌ
ΚΌΣΜΟ
ΒΟΡΡΆ
ΩΚΕΑΝΌΣ
ΔΎΣΗ
ΧΏΡΑ
ΠΕΡΙΟΧΉ
ΠΟΤΑΜΌΣ
ΝΌΤΙΑ
ΈΔΑΦΟΣ

70 - Antártica

Ι	Ρ	Μ	Ρ	Έ	Τ	Ω	Λ	Ε	Ό	Α	Λ	Υ	Ξ	Σ	Μ
Ο	Σ	Μ	Ε	Δ	Ι	Α	Τ	Ή	Ρ	Η	Σ	Η	Έ	Π	Ψ
Ν	Ν	Γ	Ή	Τ	Μ	Χ	Ψ	Η	Ε	Γ	Η	Α	Ε	Σ	Δ
Ί	Ο	Λ	Π	Ε	Α	Σ	Γ	Ξ	Ν	Κ	Ρ	Ρ	Έ	Ί	Λ
Υ	Σ	Α	Ε	Α	Γ	Ν	Ω	Α	Η	Μ	Δ	Ω	Ψ	Α	Ν
Ο	Η	Ν	Ι	Ί	Ε	Ο	Ά	Λ	Μ	Ξ	Υ	Ρ	Ο	Δ	Ω
Κ	Ν	Ι	Ρ	Φ	Ω	Λ	Β	Σ	Ά	Ν	Μ	Β	Ο	Ψ	Ί
Γ	Ό	Α	Ο	Α	Γ	Λ	Ρ	Ο	Τ	Υ	Ω	Ω	Μ	Μ	Σ
Ι	Σ	Λ	Σ	Ρ	Ρ	Ά	Α	Γ	Κ	Ε	Λ	Ξ	Ρ	Ν	Ή
Π	Ρ	Ά	Π	Γ	Α	Β	Χ	Ά	Υ	Π	Υ	Δ	Ό	Η	Τ
Λ	Ε	Φ	Τ	Ο	Φ	Ι	Ώ	Π	Ρ	Η	Υ	Σ	Β	Σ	Η
Δ	Χ	Β	Ε	Π	Ί	Ρ	Δ	Τ	Ο	Π	Π	Ι	Η	Ι	Ν
Ψ	Σ	Χ	Ο	Ο	Α	Ε	Η	Έ	Ρ	Ρ	Λ	Α	Γ	Ά	Υ
Γ	Ψ	Γ	Ρ	Τ	Ω	Π	Σ	Ρ	Ω	Σ	Μ	Ν	Β	Ψ	Ε
Ε	Π	Ι	Σ	Τ	Η	Μ	Ο	Ν	Ι	Κ	Ή	Η	Τ	Χ	Ρ
Β	Θ	Ε	Ρ	Μ	Ο	Κ	Ρ	Α	Σ	Ί	Α	Π	Υ	Ρ	Ε

ΠΕΡΙΒΆΛΛΟΝ
ΝΕΡΌ
ΚΌΛΠΟ
ΦΆΛΑΙΝΑ
ΕΠΙΣΤΗΜΟΝΙΚΉ
ΔΙΑΤΉΡΗΣΗ
ΉΠΕΙΡΟΣ
ΌΡΜΟ
ΕΚΔΡΟΜΉ
ΠΆΓΟΣ
ΓΕΩΓΡΑΦΊΑ
ΝΗΣΙΆ
ΕΡΕΥΝΗΤΉΣ
ΜΕΤΑΝΆΣΤΕΥΣΗ
ΟΡΥΚΤΆ
ΧΕΡΣΌΝΗΣΟ
ΠΙΓΚΟΥΊΝΟΙ
ΒΡΑΧΏΔΗΣ
ΘΕΡΜΟΚΡΑΣΊΑ
ΤΟΠΟΓΡΑΦΊΑ

71 - Flores

Σ	Ρ	Ι	Μ	Π	Ι	Κ	Ρ	Α	Λ	Ί	Δ	Α	Α	Ξ	Η
Η	Τ	Η	Α	Ψ	Έ	Υ	Ο	Ι	Λ	Υ	Η	Γ	Λ	Υ	Ο
Χ	Ί	Ν	Ρ	Β	Π	Γ	Γ	Δ	Μ	Ε	Ω	Ψ	Υ	Ρ	Ε
Η	Ρ	Σ	Γ	Α	Α	Σ	Μ	Π	Α	Χ	Β	Ε	Ο	Α	Ν
Ν	Ο	Υ	Α	Γ	Π	Ε	Β	Έ	Χ	Έ	Ξ	Ά	Τ	Χ	Ί
Α	Ο	Ο	Ρ	Έ	Α	Ί	Ν	Ω	Ι	Α	Π	Ξ	Ν	Ξ	Η
Π	Γ	Σ	Ί	Η	Ρ	Ο	Ψ	Γ	Τ	Ο	Ξ	Ρ	Έ	Τ	Χ
Ω	Α	Σ	Τ	Β	Ο	Ι	Π	Ό	Ρ	Τ	Ο	Ι	Λ	Η	Α
Ω	Έ	Σ	Α	Σ	Ύ	Λ	Έ	Ί	Β	Υ	Μ	Μ	Α	Τ	Ι
Π	Δ	Ο	Χ	Λ	Ν	Π	Α	Ί	Μ	Π	Π	Α	Κ	Ο	Ν
Ν	Ι	Κ	Ω	Α	Α	Β	Ί	Τ	Β	Τ	Ο	Ν	Ψ	Υ	Έ
Η	Χ	Σ	Ο	Η	Λ	Σ	Δ	Δ	Έ	Ω	Υ	Ό	Μ	Λ	Δ
Κ	Ρ	Ί	Ν	Ο	Σ	Ι	Ω	Λ	Β	Π	Κ	Λ	Σ	Ί	Ρ
Ξ	Ο	Β	Ε	Α	Σ	Ν	Ά	Ψ	Σ	Π	Έ	Ι	Α	Π	Α
Έ	Ο	Ι	Τ	Ρ	Ι	Φ	Ύ	Λ	Λ	Ι	Τ	Α	Ψ	Α	Γ
Ε	Η	Γ	Ι	Α	Σ	Ε	Μ	Ί	Π	Δ	Ο	Τ	Δ	Η	Ε

ΜΠΟΥΚΈΤΟ
ΚΑΛΈΝΤΟΥΛΑ
ΠΙΚΡΑΛΊΔΑ
ΓΑΡΔΈΝΙΑ
ΗΛΙΟΤΡΌΠΙΟ
ΙΒΊΣΚΟΣ
ΓΙΑΣΕΜΊ
ΛΕΒΆΝΤΑ
ΠΑΣΧΑΛΙΆ
ΚΡΊΝΟΣ
ΜΑΝΌΛΙΑ
ΜΑΡΓΑΡΊΤΑ
ΟΡΧΙΔΈΑ
ΠΑΠΑΡΟΎΝΑ
ΠΑΙΩΝΊΑ
ΠΈΤΑΛΟ
ΤΡΙΦΎΛΛΙ
ΤΟΥΛΊΠΑ

72 - Fazenda #1

Μ	Ψ	Β	Ά	Ν	Β	Ι	Ρ	Ψ	Ρ	Ύ	Ζ	Ι	Ί	Λ	Χ
Ο	Ψ	Ο	Λ	Ρ	Ν	Μ	Ο	Σ	Ο	Π	Υ	Ρ	Χ	Ψ	Σ
Σ	Λ	Κ	Ο	Ί	Δ	Ε	Π	Γ	Γ	Ί	Δ	Α	Ε	Β	Ί
Χ	Ί	Ο	Γ	Η	Ψ	Ψ	Λ	Τ	Δ	Λ	Γ	Η	Ο	Η	Ό
Ά	Π	Ρ	Ο	Λ	Υ	Ο	Π	Ό	Τ	Ο	Κ	Η	Δ	Η	Ν
Ρ	Α	Ά	Κ	Ο	Π	Ά	Δ	Ι	Μ	Έ	Λ	Ι	Σ	Σ	Α
Ι	Σ	Κ	Μ	Έ	Γ	Ε	Υ	Υ	Έ	Ι	Β	Ι	Η	Λ	Σ
Ρ	Μ	Ι	Έ	Λ	Χ	Α	Υ	Η	Σ	Γ	Ρ	Ψ	Γ	Δ	Ν
Ύ	Α	Α	Λ	Σ	Λ	Λ	Π	Δ	Β	Ο	Έ	Μ	Φ	Β	Π
Ο	Α	Γ	Ι	Υ	Έ	Έ	Ι	Χ	Ί	Υ	Λ	Ό	Ρ	Ε	Ν
Δ	Ί	Ε	Ί	Ν	Χ	Ν	Γ	Δ	Μ	Ρ	Π	Ύ	Α	Υ	Χ
Ϊ	Ω	Λ	Ε	Γ	Υ	Ω	Υ	Χ	Ο	Ο	Ο	Π	Κ	Ψ	Ι
Α	Ν	Ά	Γ	Ε	Ω	Ρ	Γ	Ί	Α	Ύ	Η	Ψ	Τ	Σ	Λ
Γ	Ψ	Δ	Α	Έ	Η	Ε	Ο	Μ	Δ	Ν	Ψ	Ο	Η	Ψ	Ψ
Π	Λ	Α	Ρ	Χ	Υ	Γ	Ά	Τ	Α	Ι	Σ	Μ	Σ	Δ	Λ
Μ	Υ	Δ	Σ	Ί	Δ	Μ	Ω	Ν	Ω	Ν	Χ	Ο	Η	Τ	Ε

ΜΈΛΙΣΣΑ
ΓΕΩΡΓΊΑ
ΡΎΖΙ
ΝΕΡΌ
ΜΟΣΧΆΡΙ
ΓΑΪΔΟΎΡΙ
ΓΊΔΑ
ΠΕΔΊΟ
ΆΛΟΓΟ
ΣΚΎΛΟΣ
ΦΡΑΚΤΗΣ
ΚΟΡΆΚΙ
ΣΑΝΌ
ΛΊΠΑΣΜΑ
ΚΟΤΌΠΟΥΛΟ
ΓΆΤΑ
ΜΈΛΙ
ΓΟΥΡΟΎΝΙ
ΚΟΠΆΔΙ
ΑΓΕΛΆΔΑ

73 - Livros

Π	Τ	Η	Ι	Υ	Σ	Η	Τ	Σ	Ώ	Ν	Γ	Α	Ν	Α	Σ
Ο	Ρ	Η	Ο	Χ	Υ	Υ	Α	Χ	Σ	Ρ	Δ	Δ	Ε	Β	Υ
Ί	Α	Ε	Ι	Π	Ρ	Η	Γ	Φ	Τ	Ξ	Ι	Ί	Υ	Μ	Λ
Η	Γ	Έ	Σ	Ω	Υ	Ν	Ο	Γ	Η	Ί	Ψ	Λ	Β	Ε	Λ
Μ	Ι	Π	Λ	Α	Ϊ	Σ	Ι	Ο	Ρ	Γ	Ω	Ε	Ξ	Π	Ο
Α	Κ	Α	Σ	Μ	Α	Ί	Ξ	Α	Γ	Α	Η	Σ	Η	Ι	Γ
Υ	Ή	Ι	Ξ	Η	Σ	Η	Ί	Ο	Π	Ρ	Φ	Τ	Υ	Κ	Ή
Υ	Ξ	Έ	Δ	Ρ	Ί	Ο	Χ	Δ	Ί	Υ	Α	Έ	Ή	Ή	Γ
Α	Τ	Η	Τ	Ό	Κ	Ι	Δ	Α	Υ	Δ	Ω	Π	Α	Σ	Ω
Ί	Ή	Κ	Ι	Τ	Ε	Χ	Σ	Ό	Κ	Ι	Ρ	Ο	Τ	Σ	Ι
Ρ	Ρ	Χ	Έ	Σ	Π	Ρ	Γ	Ι	Ν	Ε	Χ	Ν	Σ	Ή	Η
Ο	Μ	Ή	Κ	Ι	Τ	Ε	Ρ	Υ	Ε	Φ	Ε	Ι	Ρ	Ί	Ε
Τ	Ε	Π	Δ	Θ	Π	Ε	Ρ	Ι	Π	Έ	Τ	Ε	Ι	Α	Π
Σ	Ρ	Ξ	Ν	Υ	Λ	Ο	Γ	Ο	Τ	Ε	Χ	Ν	Ι	Κ	Ή
Ι	Λ	Ρ	Α	Μ	Σ	Ε	Ι	Ρ	Ά	Β	Η	Σ	Χ	Σ	Σ
Χ	Ι	Η	Έ	Ψ	Υ	Ο	Π	Η	Η	Ν	Έ	Γ	Η	Μ	Ξ

ΣΥΓΓΡΑΦΈΑΣ
ΠΕΡΙΠΈΤΕΙΑ
ΣΥΛΛΟΓΉ
ΠΛΑΪΣΙΟ
ΔΥΑΔΙΚΌΤΗΤΑ
ΓΡΑΠΤΉ
ΕΠΙΚΉ
ΙΣΤΟΡΊΑ
ΙΣΤΟΡΙΚΌ
ΕΦΕΥΡΕΤΙΚΉ
ΑΝΑΓΝΏΣΤΗΣ
ΛΟΓΟΤΕΧΝΙΚΉ
ΑΦΗΓΗΤΉΣ
ΣΕΛΊΔΑ
ΠΟΊΗΜΑ
ΠΟΊΗΣΗ
ΣΧΕΤΙΚΉ
ΜΥΘΙΣΤΌΡΗΜΑ
ΣΕΙΡΆ
ΤΡΑΓΙΚΉ

74 - Chocolate

Π	Σ	Μ	Μ	Κ	Γ	Έ	Η	Γ	Γ	Λ	Ρ	Έ	Π	Σ	Κ
Γ	Λ	Υ	Κ	Ό	Α	Ε	Γ	Λ	Ε	Ω	Α	Λ	Ο	Υ	Α
Ψ	Υ	Τ	Τ	Λ	Ν	Ρ	Γ	Γ	Ι	Ύ	Ί	Ξ	Ι	Ν	Ρ
Ρ	Ζ	Ά	Χ	Α	Ρ	Η	Ύ	Ί	Ψ	Π	Σ	Γ	Ό	Τ	Α
Ψ	Ο	Α	Μ	Ι	Χ	Ψ	Ρ	Δ	Π	Χ	Ε	Η	Τ	Α	Μ
Υ	Ί	Γ	Α	Χ	Ί	Μ	Μ	Χ	Α	Δ	Δ	Ν	Η	Γ	Έ
Γ	Β	Ά	Γ	Ψ	Λ	Έ	Ό	Τ	Σ	Μ	Ι	Ό	Τ	Ή	Λ
Ν	Σ	Ρ	Μ	Γ	Δ	Ί	Κ	Ι	Έ	Υ	Μ	Κ	Α	Ν	Α
Β	Α	Ω	Δ	Α	Έ	Η	Ι	Ο	Ψ	Ω	Ρ	Σ	Ι	Ό	Σ
Π	Ρ	Μ	Τ	Ό	Κ	Ι	Τ	Ω	Ξ	Ε	Ε	Κ	Κ	Σ	Ψ
Μ	Ι	Α	Ρ	Π	Δ	Τ	Α	Α	Π	Ν	Θ	Α	Ί	Τ	Γ
Γ	Ή	Κ	Ι	Ν	Χ	Ε	Τ	Ο	Ι	Β	Ο	Κ	Τ	Ι	Ψ
Ξ	Ε	Ν	Ρ	Η	Ν	Ν	Σ	Μ	Λ	Ε	Υ	Ά	Σ	Μ	Β
Ω	Μ	Ψ	Η	Ή	Α	Α	Υ	Έ	Δ	Ρ	Α	Ο	Ι	Ο	Ί
Υ	Η	Α	Ω	Ε	Σ	Γ	Σ	Μ	Α	Ο	Ν	Π	Φ	Λ	Ί
Α	Γ	Α	Π	Η	Μ	Έ	Ν	Ο	Σ	Σ	Ε	Ε	Ψ	Ί	Μ

ΖΆΧΑΡΗ
ΠΙΚΡΉ
ΦΙΣΤΊΚΙΑ
ΆΡΩΜΑ
ΒΙΟΤΕΧΝΙΚΉ
ΚΑΚΆΟ
ΘΕΡΜΙΔΕΣ
ΚΑΡΑΜΈΛΑ
ΚΑΡΎΔΑ
ΝΌΣΤΙΜΟ
ΓΛΥΚΌ
ΕΞΩΤΙΚΌ
ΑΓΑΠΗΜΈΝΟΣ
ΓΕΎΣΗ
ΣΥΣΤΑΤΙΚΌ
ΣΚΌΝΗ
ΠΟΙΌΤΗΤΑ
ΣΥΝΤΑΓΉ

75 - Governo

Ι	Α	Ν	Ε	Ξ	Α	Ρ	Τ	Η	Σ	Ί	Α	Έ	Ο	Π	Κ
Θ	Σ	Χ	Ι	Ν	Λ	Α	Ί	Ρ	Ε	Θ	Υ	Ε	Λ	Ε	Α
Α	Η	Ρ	Π	Ί	Γ	Ί	Ί	Δ	Ξ	Ξ	Α	Π	Ν	Ρ	Τ
Γ	Τ	Ψ	Ί	Β	Υ	Τ	Χ	Λ	Χ	Η	Η	Ο	Ρ	Ι	Ά
Έ	Α	Ί	Ν	Ω	Φ	Α	Ι	Δ	Ι	Ο	Γ	Λ	Χ	Ο	Σ
Ν	Μ	Η	Ξ	Π	Μ	Ρ	Ι	Ρ	Υ	Μ	Ω	Ι	Σ	Χ	Τ
Ε	Γ	Έ	Β	Π	Ψ	Κ	Ο	Π	Ω	Ε	Ο	Τ	Ύ	Ή	Α
Ι	Α	Η	Ν	Ύ	Σ	Ο	Ι	Α	Κ	Ι	Δ	Ι	Μ	Κ	Σ
Α	Τ	Ω	Ι	Ω	Τ	Μ	Α	Ω	Ι	Ή	Α	Κ	Β	Ι	Η
Ι	Ν	Ο	Υ	Σ	Χ	Η	Κ	Ί	Ρ	Κ	Ξ	Ή	Ο	Τ	Σ
Σ	Ύ	Ε	Ν	Δ	Ό	Δ	Ί	Π	Ι	Ι	Ψ	Ν	Λ	Σ	Η
Ό	Σ	Α	Υ	Ρ	Ί	Τ	Δ	Έ	Θ	Ν	Ο	Σ	Ο	Α	Τ
Μ	Ν	Η	Μ	Ε	Ί	Ο	Η	Ο	Έ	Η	Ι	Γ	Π	Κ	Ή
Η	Τ	Ι	Υ	Ν	Χ	Α	Η	Τ	Ι	Ρ	Λ	Ο	Τ	Ι	Ζ
Δ	Β	Ο	Α	Ψ	Χ	Η	Α	Ι	Α	Ι	Β	Υ	Σ	Δ	Υ
Α	Ω	Ω	Έ	Ψ	Ξ	Ι	Β	Α	Δ	Ε	Χ	Η	Β	Μ	Σ

ΙΘΑΓΈΝΕΙΑ
ΔΗΜΌΣΙΑ
ΣΎΝΤΑΓΜΑ
ΔΗΜΟΚΡΑΤΊΑ
ΟΜΙΛΊΑ
ΣΥΖΉΤΗΣΗ
ΔΙΑΦΩΝΊΑ
ΠΕΡΙΟΧΉ
ΚΑΤΆΣΤΑΣΗ
ΙΣΌΤΗΤΑ
ΑΝΕΞΑΡΤΗΣΊΑ
ΔΙΚΑΣΤΙΚΉ
ΔΙΚΑΙΟΣΎΝΗ
ΔΊΚΑΙΟ
ΕΛΕΥΘΕΡΊΑ
ΜΝΗΜΕΊΟ
ΈΘΝΟΣ
ΕΙΡΗΝΙΚΉ
ΠΟΛΙΤΙΚΉ
ΣΎΜΒΟΛΟ

76 - Jardinagem

Μ	Φ	Ψ	Ω	Η	Δ	Π	Ν	Ρ	Λ	Ν	Υ	Α	Δ	Ι	Ω
Π	Μ	Ύ	Π	Ω	Δ	Ε	Υ	Ν	Ί	Ώ	Ξ	Ί	Υ	Τ	Ψ
Ο	Δ	Έ	Λ	Ν	Β	Ρ	Υ	Ό	Κ	Ι	Τ	Ω	Ξ	Ε	Ί
Υ	Ο	Ι	Έ	Λ	Ρ	Ι	Μ	Ε	Ο	Δ	Υ	Β	Ω	Π	Β
Κ	Χ	Γ	Έ	Ε	Ο	Β	Ε	Χ	Τ	Υ	Μ	Β	Α	Α	Μ
Έ	Ε	Α	Π	Ί	Ί	Ό	Π	Ν	Χ	Ο	Ψ	Ξ	Μ	Ψ	Β
Τ	Ί	Ε	Τ	Δ	Γ	Λ	Ο	Ε	Α	Λ	Ρ	Υ	Ω	Σ	Ο
Ο	Ο	Τ	Χ	Έ	Ψ	Ι	Χ	Ρ	Σ	Υ	Γ	Υ	Χ	Δ	Τ
Β	Ρ	Ώ	Σ	Ι	Μ	Α	Ι	Ό	Α	Ο	Ν	Έ	Ό	Ι	Α
Β	Ρ	Ω	Μ	Ι	Ά	Μ	Α	Μ	Ί	Λ	Κ	Ε	Ρ	Α	Ν
Ε	Ε	Λ	Ν	Ο	Γ	Ω	Κ	Ν	Β	Ξ	Σ	Μ	Π	Ί	Ι
Ε	Χ	Ψ	Χ	Ρ	Ρ	Λ	Ή	Ρ	Ή	Ά	Ν	Θ	Ο	Σ	Κ
Υ	Ί	Π	Ρ	Ό	Π	Λ	Υ	Ί	Ε	Λ	Ω	Χ	Κ	Α	Ή
Ί	Π	Δ	Σ	Π	Χ	Ύ	Ο	Ί	Β	Τ	Ω	Ξ	Χ	Ρ	Τ
Ω	Ί	Α	Ο	Σ	Ρ	Φ	Χ	Γ	Λ	Δ	Έ	Σ	Ω	Γ	Ρ
Α	Α	Ν	Δ	Σ	Ο	Δ	Ρ	Ρ	Β	Δ	Ε	Έ	Σ	Υ	Ρ

ΝΕΡΌ
ΒΟΤΑΝΙΚΉ
ΜΠΟΥΚΈΤΟ
ΚΛΊΜΑ
ΒΡΏΣΙΜΑ
ΚΟΠΡΌΧΩΜΑ
ΕΊΔΟΣ
ΕΞΩΤΙΚΌ
ΆΝΘΟΣ
ΛΟΥΛΟΥΔΙΏΝ
ΦΎΛΛΟ
ΦΎΛΛΩΜΑ
ΣΩΛΉΝΑ
ΠΕΡΙΒΌΛΙ
ΔΟΧΕΊΟ
ΕΠΟΧΙΑΚΉ
ΣΠΌΡΟΙ
ΒΡΩΜΙΆ
ΥΓΡΑΣΊΑ

77 - Profissões #2

Ρ	Ί	Μ	Τ	Δ	Α	Χ	Ε	Ν	Γ	Ω	Ο	Ω	Ί	Δ	Κ
Σ	Ε	Ψ	Α	Ο	Ί	Ι	Ε	Χ	Η	Τ	Μ	Λ	Ρ	Ά	Η
Ψ	Ψ	Λ	Β	Χ	Μ	Ή	Κ	Ι	Τ	Ο	Λ	Ι	Π	Σ	Π
Μ	Η	Χ	Α	Ν	Ι	Κ	Ό	Σ	Ρ	Ί	Ψ	Π	Δ	Κ	Ο
Σ	Β	Ρ	Ν	Σ	Η	Τ	Ύ	Α	Ν	Ο	Ρ	Τ	Σ	Α	Υ
Ε	Φ	Ε	Υ	Ρ	Έ	Τ	Η	Σ	Ζ	Ε	Υ	Λ	Σ	Λ	Ρ
Ν	Β	Β	Υ	Α	Ο	Έ	Η	Ο	Ω	Ρ	Φ	Ρ	Ο	Ο	Ό
Ζ	Τ	Ι	Α	Ψ	Η	Ψ	Σ	Ρ	Γ	Ε	Ω	Φ	Γ	Σ	Σ
Ω	Η	Ε	Ο	Β	Έ	Έ	Ε	Τ	Ρ	Υ	Τ	Ι	Ό	Ό	Ω
Ο	Ι	Ω	Τ	Λ	Π	Υ	Β	Α	Ά	Ν	Ο	Λ	Λ	Ξ	Σ
Λ	Ι	Ι	Ι	Έ	Ό	Ξ	Υ	Ι	Φ	Η	Γ	Ό	Ο	Ε	Η
Ό	Β	Β	Β	Η	Κ	Γ	Π	Ρ	Ο	Τ	Ρ	Σ	Σ	Γ	Τ
Γ	Α	Ψ	Ρ	Υ	Ο	Τ	Ο	Ω	Σ	Ή	Ά	Ο	Σ	Ο	Ο
Ο	Υ	Ε	Ρ	Σ	Λ	Β	Ι	Σ	Ε	Σ	Φ	Φ	Ω	Σ	Ρ
Σ	Η	Ρ	Ρ	Α	Ω	Έ	Υ	Β	Μ	Ε	Ο	Ο	Λ	Μ	Γ
Ο	Δ	Ο	Ν	Τ	Ί	Α	Τ	Ρ	Ο	Σ	Σ	Σ	Γ	Ι	Α

ΑΓΡΟΤΗΣ
ΑΣΤΡΟΝΑΎΤΗΣ
ΒΙΟΛΌΓΟΣ
ΧΕΙΡΟΥΡΓΌΣ
ΟΔΟΝΤΊΑΤΡΟΣ
ΝΤΕΤΈΚΤΙΒ
ΜΗΧΑΝΙΚΌΣ
ΦΙΛΌΣΟΦΟΣ
ΦΩΤΟΓΡΆΦΟΣ
ΕΦΕΥΡΈΤΗΣ
ΕΡΕΥΝΗΤΉΣ
ΚΗΠΟΥΡΌΣ
ΓΛΩΣΣΟΛΌΓΟΣ
ΙΑΤΡΟΣ
ΠΙΛΟΤΙΚΉ
ΖΩΓΡΆΦΟΣ
ΔΆΣΚΑΛΟΣ
ΖΩΟΛΌΓΟΣ

78 - Café

Ν	Ι	Λ	Α	Υ	Γ	Υ	Β	Ο	Ξ	Π	Ε	Σ	Ψ	Π	Β
Χ	Α	Ψ	Λ	Γ	Β	Υ	Τ	Ω	Ρ	Σ	Δ	Ψ	Ω	Ο	Η
Δ	Α	Μ	Έ	Ρ	Κ	Τ	Ε	Ι	Ο	Δ	Π	Ω	Ζ	Ι	Ν
Η	Ψ	Ν	Θ	Ό	Τ	Ο	Π	Γ	Μ	Ί	Ε	Υ	Ά	Κ	΄
Υ	Ψ	Ι	Ω	Ρ	Η	Ρ	Η	Π	Ε	Ν	Γ	Λ	Χ	Ι	¨
Δ	Ξ	Γ	Ρ	Ε	Ί	Ύ	Σ	Ψ	Χ	Ύ	Ι	Ι	Α	Λ	Ι
Σ	Ε	Ψ	Μ	Ν	Α	Α	Υ	Χ	Ψ	Ε	Σ	Υ	Ρ	Ί	Ε
Φ	Ί	Λ	Τ	Ρ	Ο	Μ	Ε	Ψ	Γ	Ι	Ξ	Η	Η	Α	Φ
Ί	Τ	Κ	Ύ	Π	Ε	Λ	Λ	Ο	Ά	Π	Ά	Ρ	Ω	Μ	Α
Λ	Ι	Η	Π	Σ	Ι	Έ	Έ	Υ	Λ	Π	Ε	Β	Μ	Ε	Κ
Μ	Μ	Σ	Ω	Ί	Τ	Ο	Ο	Γ	Α	Σ	Σ	Τ	Υ	Γ	Ί
Α	Ή	Ε	Ψ	Β	Χ	Σ	Ρ	Ω	Ι	Ε	Β	Έ	Μ	Ο	Μ
Ν	Ρ	Γ	Ψ	Ω	Τ	Δ	Π	Π	Ρ	Ω	Ί	Β	Ι	Ο	Ε
Ρ	Κ	Β	Ί	Ν	Ε	Η	Χ	Ν	Ξ	Ν	Τ	Ι	Δ	Υ	Έ
Π	Ι	Μ	Τ	Υ	Β	Α	Π	Ο	Η	Δ	Χ	Π	Τ	Ο	Ν
Α	Π	Έ	Ξ	Τ	Γ	Α	Ν	Ε	Υ	Ι	Λ	Π	Π	Σ	Α

ΖΆΧΑΡΗ
ΠΙΚΡΉ
ΆΡΩΜΑ
ΝΕΡΌ
ΠΟΤΌ
ΚΑΦΕΊΝΗ
ΚΎΠΕΛΛΟ
ΚΡΈΜΑ
ΦΊΛΤΡΟ
ΓΆΛΑ
ΥΓΡΌ
ΠΡΩΊ
ΑΛΈΘΩ
ΠΡΟΈΛΕΥΣΗ
ΤΙΜΉ
ΜΑΎΡΟ
ΓΕΎΣΗ
ΠΟΙΚΙΛΊΑ

79 - Negócios

Χ	Α	Β	Π	Κ	Έ	Σ	Ο	Δ	Ρ	Έ	Κ	Τ	Ν	Α	Ε
Γ	Ξ	Μ	Ώ	Α	Κ	Υ	Μ	Α	Μ	Σ	Ι	Μ	Ό	Ν	Π
Ξ	Γ	Ψ	Λ	Ρ	Π	Ν	Ν	Μ	Ι	Ω	Υ	Β	Ε	Ί	Έ
Μ	Ω	Β	Η	Ι	Τ	Α	Γ	Η	Γ	Ρ	Ν	Χ	Ρ	Β	Ν
Γ	Ά	Β	Σ	Έ	Ω	Λ	Φ	Δ	Σ	Γ	Α	Ρ	Γ	Ρ	Δ
Ο	Ρ	Ν	Η	Ρ	Σ	Λ	Ψ	Ό	Ξ	Ω	Ψ	Η	Ο	Ω	Υ
Έ	Ω	Α	Α	Α	Η	Α	Α	Σ	Ρ	Ο	Ω	Μ	Σ	Ι	Σ
Χ	Α	Σ	Φ	Τ	Ο	Γ	Σ	Ι	Δ	Ο	Ί	Α	Τ	Π	Η
Α	Η	Π	Έ	Ε	Ζ	Ή	Ψ	Ε	Τ	Χ	Ι	Τ	Ά	Ε	Ψ
Λ	Τ	Β	Ι	Α	Ί	Ε	Ρ	Ι	Α	Τ	Ε	Ο	Σ	Γ	Η
Κ	Ό	Σ	Τ	Ο	Σ	Ο	Ρ	Η	Μ	Ί	Έ	Δ	Ι	Γ	Β
Ω	Δ	Ω	Β	Ο	Π	Ο	Σ	Υ	Ξ	Ι	Ξ	Ο	Ο	Π	Σ
Ψ	Ο	Ί	Ω	Η	Ξ	Α	Μ	Η	Τ	Σ	Ά	Τ	Α	Κ	Σ
Υ	Γ	Ο	Ι	Κ	Ο	Ν	Ο	Μ	Ι	Κ	Ά	Ώ	Ρ	Ν	Α
Χ	Ρ	Ή	Μ	Α	Ε	Μ	Π	Ο	Ρ	Ε	Ύ	Μ	Α	Τ	Α
Α	Ε	Β	Ι	Ε	Ρ	Π	Υ	Γ	Υ	Ί	Γ	Ψ	Π	Ε	Ψ

ΚΑΡΙΈΡΑ
ΚΌΣΤΟΣ
ΈΚΠΤΩΣΗ
ΧΡΉΜΑ
ΟΙΚΟΝΟΜΙΚΆ
ΕΡΓΟΔΌΤΗ
ΕΤΑΙΡΕΊΑ
ΓΡΑΦΕΊΟ
ΕΡΓΟΣΤΆΣΙΟ
ΧΡΗΜΑΤΟΔΟΤΏ
ΜΆΝΑΤΖΕΡ
ΦΌΡΟΙ
ΕΠΈΝΔΥΣΗ
ΚΑΤΆΣΤΗΜΑ
ΚΈΡΔΟΣ
ΕΜΠΟΡΕΎΜΑΤΑ
ΝΌΜΙΣΜΑ
ΕΙΣΌΔΗΜΑ
ΣΥΝΑΛΛΑΓΉ
ΠΏΛΗΣΗ

80 - Fazenda #2

Λ	Ψ	Χ	Λ	Β	Ο	Σ	Κ	Ό	Σ	Α	Λ	Ά	Γ	Τ	Λ
Δ	Ι	Ν	Ά	Χ	Κ	Η	Η	Τ	Ρ	Ρ	Ω	Χ	Χ	Ν	Δ
Χ	Ί	Έ	Μ	Β	Λ	Υ	Μ	Υ	Α	Ν	Ώ	Ρ	Υ	Χ	Α
Έ	Ε	Έ	Α	Α	Ο	Ι	Ψ	Φ	Ε	Ί	Τ	Α	Π	Δ	Η
Α	Μ	Α	Ί	Έ	Γ	Ζ	Β	Έ	Υ	Σ	Ρ	Γ	Ρ	Ο	Λ
Β	Ε	Η	Α	Η	Α	Ώ	Δ	Ά	Λ	Έ	Α	Ρ	Ό	Α	Τ
Χ	Ή	Ν	Ε	Σ	Σ	Α	Χ	Ρ	Δ	Η	Κ	Ο	Β	Μ	Π
Ο	Π	Ε	Ξ	Υ	Ι	Ι	Α	Π	Ψ	Ι	Τ	Τ	Α	Π	Ψ
Π	Π	Π	Σ	Ε	Τ	Π	Ξ	Ξ	Η	Υ	Έ	Η	Τ	Τ	Ο
Ε	Κ	Λ	Ρ	Δ	Ά	Ά	Υ	Η	Ρ	Α	Ρ	Σ	Ο	Ί	Ν
Ρ	Υ	Ρ	Η	Ρ	Ρ	Π	Κ	Α	Λ	Α	Μ	Π	Ό	Κ	Ι
Ι	Γ	Μ	Ι	Ά	Ι	Π	Τ	Ψ	Ξ	Γ	Μ	Ι	Ε	Χ	Υ
Β	Λ	Γ	Έ	Θ	Φ	Ρ	Ο	Ύ	Τ	Ο	Α	Λ	Ω	Σ	Α
Ό	Ο	Μ	Ω	Δ	Ά	Σ	Ι	Β	Π	Μ	Ν	Τ	Ί	Β	Ε
Λ	Ξ	Ν	Δ	Σ	Π	Ρ	Ω	Ν	Ξ	Γ	Χ	Ω	Ρ	Σ	Μ
Ι	Π	Ξ	Τ	Ψ	Η	Χ	Ι	Χ	Σ	Μ	Μ	Ρ	Γ	Μ	Α

ΑΓΡΟΤΗΣ
ΖΏΑ
ΑΧΥΡΏΝΑ
ΚΡΙΘΆΡΙ
ΚΥΨΈΛΗ
ΑΡΝΊ
ΦΡΟΎΤΟ
ΧΉΝΕΣ
ΆΡΔΕΥΣΗ
ΓΆΛΑ
ΛΆΜΑ
ΚΑΛΑΜΠΌΚΙ
ΠΡΌΒΑΤΟ
ΒΟΣΚΌΣ
ΠΆΠΙΑ
ΠΕΡΙΒΌΛΙ
ΛΙΒΆΔΙ
ΤΡΑΚΤΈΡ
ΣΙΤΆΡΙ
ΦΥΤΌ

81 - Jardim

Έ	Σ	Ρ	Ε	Ψ	Ν	Λ	Ω	Α	Ρ	Ω	Ι	Υ	Μ	Λ	Ι
Δ	Γ	Ρ	Α	Σ	Ί	Δ	Ι	Π	Ψ	Α	Ι	Χ	Ί	Λ	Π
Ω	Β	Α	Ε	Β	Ε	Ν	Ό	Ζ	Α	Κ	Γ	Π	Ι	Ψ	Υ
Π	Ε	Ρ	Ι	Β	Ό	Λ	Ι	Ά	Ι	Γ	Μ	Υ	Σ	Λ	Η
Π	Ο	Ώ	Κ	Α	Ι	Ι	Τ	Ρ	Ν	Α	Κ	Δ	Η	Υ	Σ
Έ	Σ	Ι	Ή	Τ	Ξ	Δ	Λ	Α	Ά	Ν	Λ	Ά	Τ	Έ	Δ
Α	Ι	Α	Π	Ί	Σ	Β	Σ	Κ	Ζ	Λ	Μ	Ν	Κ	Ί	Έ
Ψ	Τ	Γ	Ο	Ν	Β	Ο	Β	Γ	Ι	Ω	Λ	Ρ	Α	Ι	Ν
Ο	Σ	Ω	Σ	Δ	Π	Ε	Υ	Ε	Ζ	Ψ	Ί	Μ	Ρ	Ρ	Τ
Σ	Ω	Λ	Ή	Ν	Α	Σ	Ρ	Γ	Π	Ί	Μ	Π	Φ	Ά	Ρ
Λ	Ο	Υ	Λ	Ο	Ύ	Δ	Ι	Ά	Κ	Ο	Ν	Π	Ν	Υ	Ο
Α	Μ	Π	Έ	Λ	Ι	Μ	Λ	Ε	Ν	Ρ	Η	Χ	Β	Τ	Β
Τ	Ρ	Α	Μ	Π	Ο	Λ	Ί	Ν	Ο	Τ	Ά	Έ	Γ	Φ	Τ
Ω	Λ	Γ	Π	Υ	Ι	Ψ	Η	Σ	Λ	Ν	Α	Ν	Ψ	Ν	Λ
Ν	Ο	Β	Μ	Π	Ψ	Σ	Ξ	Υ	Μ	Ι	Λ	Ο	Α	Λ	Ξ
Π	Γ	Ψ	Χ	Υ	Ρ	Γ	Δ	Π	Β	Έ	Χ	Γ	Τ	Ψ	Ξ

ΤΣΟΥΓΚΡΆΝΑ
ΔΈΝΤΡΟ
ΠΑΓΚΆΚΙ
ΦΡΑΚΤΗΣ
ΖΙΖΆΝΙΑ
ΛΟΥΛΟΎΔΙ
ΓΚΑΡΆΖ
ΓΡΑΣΊΔΙ
ΓΚΑΖΌΝ
ΚΉΠΟΣ
ΛΊΜΝΗ
ΑΙΏΡΑ
ΣΩΛΉΝΑ
ΦΤΥΆΡΙ
ΠΕΡΙΒΌΛΙ
ΤΡΑΜΠΟΛΊΝΟ
ΒΕΡΆΝΤΑ
ΑΜΠΈΛΙ

82 - Oceano

Τ	Δ	Δ	Β	Π	Η	Τ	Σ	Γ	Η	Α	Ί	Μ	Τ	Κ	Γ
Φ	Ω	Ν	Ο	Σ	Α	Ί	Ρ	Α	Χ	Ρ	Α	Κ	Έ	Ο	Α
Ά	Λ	Ι	Γ	Π	Ψ	Λ	Ξ	Ί	Ν	Χ	Λ	Ψ	Χ	Ρ	Ρ
Λ	Λ	Π	Μ	Ψ	Τ	Ε	Ί	Β	Χ	Υ	Ν	Ο	Ω	Ά	Ί
Α	Ν	Ώ	Λ	Ε	Χ	Μ	Ι	Ρ	Ύ	Ο	Β	Α	Κ	Λ	Δ
Ι	Μ	Έ	Δ	Ο	Υ	Σ	Ε	Σ	Ρ	Ξ	Έ	Ρ	Α	Λ	Α
Ν	Ν	Κ	Ύ	Μ	Α	Τ	Α	Π	Έ	Ο	Υ	Ί	Η	Ι	Ο
Α	Δ	Ί	Γ	Ι	Α	Τ	Α	Κ	Χ	Ί	Ι	Έ	Τ	Β	Ί
Τ	Β	Σ	Φ	Ν	Α	Μ	Σ	Ο	Μ	Π	Υ	Α	Π	Ψ	Π
Ό	Ά	Β	Δ	Λ	Χ	Τ	Α	Π	Ό	Δ	Ι	Ν	Έ	Ω	Ρ
Ν	Ρ	Γ	Χ	Γ	Ε	Ρ	Π	Ρ	Λ	Ψ	Α	Λ	Ά	Τ	Ι
Ο	Κ	Π	Η	Ρ	Ω	Δ	Δ	Σ	Υ	Ρ	Ρ	Α	Έ	Γ	Ι
Σ	Α	Σ	Τ	Ρ	Ε	Ί	Δ	Ι	Χ	Υ	Ι	Β	Ε	Χ	Ω
Α	Ν	Α	Η	Ψ	Ά	Ρ	Ι	Ρ	Ά	Γ	Γ	Υ	Ο	Φ	Σ
Σ	Έ	Ψ	Ψ	Ψ	Ξ	Τ	Α	Ρ	Δ	Ν	Π	Τ	Α	Ι	Έ
Μ	Β	Β	Γ	Ξ	Μ	Π	Χ	Ν	Χ	Π	Ξ	Ε	Π	Ω	Γ

ΤΌΝΟΣ
ΦΆΛΑΙΝΑ
ΒΆΡΚΑ
ΓΑΡΊΔΑ
ΚΑΒΟΎΡΙ
ΚΟΡΆΛΛΙ
ΧΈΛΙ
ΣΦΟΥΓΓΆΡΙ
ΔΕΛΦΊΝΙ
ΠΑΛΊΡΡΟΙΑ
ΜΈΔΟΥΣΕΣ
ΚΎΜΑΤΑ
ΣΤΡΕΊΔΙ
ΨΆΡΙ
ΧΤΑΠΌΔΙ
ΞΈΡΑ
ΑΛΆΤΙ
ΧΕΛΏΝΑ
ΚΑΤΑΙΓΊΔΑ
ΚΑΡΧΑΡΊΑΣ

83 - Profissões #1

Ν	Γ	Κ	Α	Λ	Λ	Ι	Τ	Έ	Χ	Ν	Η	Σ	Μ	Π	Κ
Χ	Α	Ε	Χ	Α	Ρ	Τ	Ο	Γ	Ρ	Ά	Φ	Ο	Σ	Υ	Υ
Ψ	Μ	Ν	Ω	Μ	Ο	Υ	Σ	Ι	Κ	Ό	Σ	Γ	Ο	Ρ	Ν
Δ	Ό	Μ	Α	Λ	Α	Ν	Έ	Η	Π	Μ	Ι	Ό	Ρ	Ο	Η
Χ	Κ	Υ	Σ	Ύ	Ό	Η	Ξ	Υ	Ω	Τ	Σ	Λ	Ό	Σ	Γ
Έ	Ο	Π	Δ	Ο	Τ	Γ	Λ	Σ	Β	Ν	Η	Ο	Γ	Β	Ό
Ρ	Σ	Ρ	Λ	Λ	Π	Η	Ο	Ο	Β	Ψ	Β	Χ	Η	Έ	Σ
Μ	Ο	Υ	Ε	Γ	Ξ	Α	Σ	Σ	Γ	Ρ	Σ	Υ	Κ	Σ	Γ
Ψ	Ν	Ο	Ψ	Υ	Υ	Ν	Ί	Ν	Λ	Π	Έ	Ψ	Ι	Τ	Δ
Ρ	Έ	Ρ	Σ	Η	Τ	Ί	Ζ	Ε	Π	Α	Ρ	Τ	Δ	Η	Ι
Ρ	Έ	Έ	Ψ	Ί	Μ	Ή	Ξ	Π	Ω	Ψ	Π	Ψ	Ρ	Σ	Έ
Γ	Γ	Λ	Α	Ν	Έ	Μ	Σ	Ο	Μ	Ρ	Α	Σ	Ο	Ρ	Π
Ε	Π	Ε	Ξ	Ε	Ρ	Γ	Α	Σ	Ί	Α	Λ	Ψ	Υ	Ξ	Ι
Δ	Σ	Π	Σ	Ε	Π	Ι	Σ	Τ	Ή	Μ	Ο	Ν	Α	Σ	Ί
Ο	Δ	Ε	Μ	Υ	Δ	Ρ	Α	Υ	Λ	Ι	Κ	Ό	Σ	Ε	Ί
Ί	Ρ	Ί	Χ	Ρ	Π	Ψ	Π	Ι	Α	Ν	Ί	Σ	Τ	Α	Σ

ΔΙΚΗΓΌΡΟΣ
ΠΡΟΣΑΡΜΟΣΜΈΝΑ
ΚΑΛΛΙΤΈΧΝΗΣ
ΤΡΑΠΕΖΊΤΗΣ
ΠΥΡΟΣΒΈΣΤΗΣ
ΚΥΝΗΓΌΣ
ΧΑΡΤΟΓΡΆΦΟΣ
ΕΠΙΣΤΉΜΟΝΑΣ
ΧΟΡΕΥΤΉΣ
ΕΠΕΞΕΡΓΑΣΊΑ
ΠΡΈΣΒΗΣ
ΥΔΡΑΥΛΙΚΌΣ
ΝΟΣΟΚΌΜΑ
ΓΕΩΛΌΓΟΣ
ΝΑΎΤΗΣ
ΜΟΥΣΙΚΌΣ
ΠΙΑΝΊΣΤΑΣ
ΨΥΧΟΛΌΓΟΣ

84 - Força e Gravidade

Κ	Α	Θ	Ο	Λ	Ι	Κ	Ή	Μ	Μ	Ν	Δ	Ω	Ψ	Τ	Α
Π	Έ	Ξ	Ψ	Η	Υ	Ω	Σ	Ν	Ρ	Η	Υ	Λ	Ι	Ρ	Ι
Μ	Α	Γ	Ν	Η	Τ	Ι	Σ	Μ	Ό	Σ	Ν	Π	Ο	Ο	Χ
Τ	Τ	Α	Ί	Δ	Ε	Ξ	Έ	Τ	Γ	Α	Α	Α	Η	Χ	Ί
Ξ	Η	Ρ	Ν	Ψ	Έ	Π	Ο	Υ	Ρ	Τ	Μ	Ή	Ε	Ι	Ψ
Η	Τ	Ώ	Τ	Α	Ί	Μ	Έ	Ξ	Χ	Σ	Ι	Κ	Ω	Ά	Ω
Ί	Ύ	Τ	Έ	Π	Κ	Ί	Γ	Κ	Β	Ό	Κ	Ι	Ξ	Ί	Σ
Ψ	Χ	Ξ	Έ	Η	Ί	Ά	Τ	Π	Τ	Π	Ή	Ν	Υ	Ε	Ε
Ά	Α	Λ	Η	Μ	Έ	Ε	Λ	Η	Έ	Α	Ψ	Α	Β	Σ	Ν
Ξ	Τ	Ω	Έ	Ή	Κ	Ι	Σ	Υ	Φ	Ψ	Σ	Χ	Π	Ξ	Λ
Ο	Γ	Η	Ι	Β	Ε	Η	Π	Η	Ψ	Έ	Σ	Η	Ν	Δ	Ζ
Ν	Α	Χ	Γ	Ι	Δ	Υ	Λ	Έ	Π	Η	Υ	Μ	Ψ	Χ	Υ
Α	Έ	Ξ	Ω	Ρ	Ξ	Λ	Κ	Ί	Ν	Η	Σ	Η	Π	Ε	Γ
Σ	Ψ	Ο	Ρ	Τ	Ν	Έ	Κ	Μ	Δ	Β	Ξ	Π	Ί	Α	Ί
Ε	Δ	Η	Ε	Ν	Σ	Π	Η	Ί	Α	Ρ	Α	Ο	Α	Ω	Ζ
Ι	Δ	Ι	Ό	Τ	Η	Τ	Α	Μ	Β	Σ	Τ	Ο	Ι	Ι	Ω

ΤΡΙΒΉ
ΚΈΝΤΡΟ
ΑΝΑΚΆΛΥΨΗ
ΔΥΝΑΜΙΚΉ
ΑΠΌΣΤΑΣΗ
ΆΞΟΝΑΣ
ΕΠΈΚΤΑΣΗ
ΦΥΣΙΚΉ
ΜΑΓΝΗΤΙΣΜΌΣ
ΜΗΧΑΝΙΚΉ
ΚΊΝΗΣΗ
ΤΡΟΧΙΆ
ΖΥΓΊΖΩ
ΠΊΕΣΗ
ΙΔΙΌΤΗΤΑ
ΤΑΧΎΤΗΤΑ
ΏΡΑ
ΚΑΘΟΛΙΚΉ

85 - Abelhas

Μ	Λ	Λ	Ρ	Ρ	Δ	Δ	Ε	Ν	Ω	Ε	Ν	Α	Ε	Τ	Ν
Τ	Ο	Μ	Ο	Τ	Ν	Έ	Υ	Ψ	Ρ	Λ	Ε	Ρ	Υ	Ί	Ω
Ι	Υ	Ξ	Ά	Ψ	Υ	Χ	Α	Α	Λ	Σ	Ί	Υ	Ε	Γ	Ρ
Μ	Λ	Ε	Σ	Ν	Σ	Ξ	Μ	Α	Ι	Β	Ψ	Β	Ρ	Ν	Α
Σ	Ο	Ι	Λ	Ή	Θ	Ο	Η	Ρ	Ύ	Γ	Ξ	Ε	Γ	Ι	Β
Υ	Ύ	Φ	Υ	Τ	Ά	Ο	Τ	Ύ	Ο	Ρ	Φ	Ε	Ε	Κ	Έ
Χ	Δ	Ξ	Υ	Α	Η	Η	Σ	Ο	Ν	Ή	Μ	Σ	Τ	Α	Λ
Ι	Ι	Λ	Έ	Μ	Ρ	Π	Ύ	Ψ	Ι	Ψ	Π	Ο	Ι	Π	Έ
Ι	Α	Σ	Σ	Ι	Λ	Ί	Σ	Α	Β	Β	Λ	Π	Κ	Ν	Ω
Φ	Τ	Ε	Ρ	Ά	Ν	Υ	Ο	Α	Τ	Ί	Ε	Ή	Ή	Ί	Χ
Κ	Σ	Ί	Ο	Π	Ο	Ι	Κ	Ι	Λ	Ί	Α	Κ	Β	Ζ	Ο
Ξ	Υ	Ι	Ο	Π	Ν	Ί	Ι	Δ	Λ	Χ	Ρ	Η	Ω	Ο	Γ
Π	Έ	Ψ	Α	Π	Η	Ρ	Ο	Τ	Ί	Χ	Έ	Ε	Ρ	Υ	Ρ
Ε	Ί	Ρ	Έ	Β	Ο	Α	Σ	Χ	Γ	Ψ	Έ	Ω	Κ	Ν	Α
Ω	Ν	Β	Ε	Λ	Ω	Ι	Τ	Υ	Χ	Έ	Λ	Ν	Η	Λ	Ο
Π	Λ	Ω	Ρ	Η	Η	Β	Λ	Ί	Χ	Γ	Ι	Β	Ρ	Ι	Δ

ΦΤΕΡΆ
ΕΥΕΡΓΕΤΙΚΉ
ΚΕΡΊ
ΚΥΨΈΛΗ
ΠΟΙΚΙΛΊΑ
ΟΙΚΟΣΎΣΤΗΜΑ
ΣΜΉΝΟΣ
ΆΝΘΟΣ
ΛΟΥΛΟΎΔΙΑ
ΦΡΟΎΤΟ
ΚΑΠΝΊΖΟΥΝ
ΈΝΤΟΜΟ
ΚΉΠΟΣ
ΜΈΛΙ
ΦΥΤΆ
ΓΎΡΗ
ΒΑΣΊΛΙΣΣΑ
ΉΛΙΟΣ

86 - Ciência

Δ	Ε	Δ	Ο	Μ	Έ	Ν	Α	Μ	Σ	Υ	Ο	Σ	Ω	Ν	Χ
Ε	Π	Ι	Σ	Τ	Ή	Μ	Ο	Ν	Α	Σ	Φ	Υ	Τ	Ά	Ξ
Γ	Ξ	Υ	Χ	Ή	Κ	Ι	Μ	Η	Χ	Μ	Σ	Η	Α	Τ	Ο
Ρ	Ε	Α	Ο	Ο	Ι	Δ	Ο	Μ	Π	Σ	Ί	Δ	Ξ	Κ	Μ
Π	Ί	Γ	Ξ	Β	Σ	Ι	Τ	Σ	Τ	Α	Λ	Λ	Ι	Υ	Έ
Μ	Ψ	Ι	Ο	Υ	Υ	Β	Ά	Η	Χ	Ι	Α	Ι	Κ	Ρ	Θ
Μ	Σ	Λ	Α	Ν	Φ	Δ	Ω	Α	Β	Δ	Σ	Ο	Ί	Ο	Ο
Γ	Ό	Ί	Δ	Δ	Ό	Ψ	Χ	Ο	Τ	Ί	Β	Ι	Ί	Ί	Δ
Ε	Μ	Ρ	Μ	Χ	Η	Σ	Η	Ρ	Ή	Τ	Α	Ρ	Α	Π	Ο
Ξ	Σ	Ο	Ι	Γ	Σ	Η	Σ	Ξ	Υ	Α	Τ	Ή	Έ	Ψ	Σ
Έ	Ι	Ι	Ρ	Α	Ε	Μ	Ύ	Μ	Τ	Μ	Η	Τ	Α	Η	Ξ
Λ	Ν	Ξ	Ν	Ο	Θ	Π	Φ	Ν	Ο	Ω	Τ	Σ	Ί	Ε	Λ
Ι	Α	Ι	Β	Ρ	Ό	Ί	Β	Ω	Ε	Σ	Ύ	Α	Ω	Υ	Ο
Ξ	Γ	Η	Ο	Ψ	Π	Δ	Ι	Ψ	Ν	Π	Ρ	Γ	Ν	Μ	Χ
Η	Ρ	Έ	Χ	Ν	Υ	Ί	Ι	Σ	Α	Ι	Α	Ρ	Ξ	Ρ	Ξ
Ω	Ο	Α	Π	Ο	Λ	Ί	Θ	Ω	Μ	Α	Β	Ε	Π	Χ	Η

ΆΤΟΜΟ
ΕΠΙΣΤΉΜΟΝΑΣ
ΚΛΊΜΑ
ΔΕΔΟΜΈΝΑ
ΕΞΈΛΙΞΗ
ΓΕΓΟΝΌΣ
ΦΥΣΙΚΉ
ΑΠΟΛΊΘΩΜΑ
ΒΑΡΎΤΗΤΑ
ΥΠΌΘΕΣΗ
ΕΡΓΑΣΤΉΡΙΟ
ΜΈΘΟΔΟΣ
ΟΡΥΚΤΆ
ΜΌΡΙΑ
ΦΎΣΗ
ΠΑΡΑΤΉΡΗΣΗ
ΟΡΓΑΝΙΣΜΌΣ
ΣΩΜΑΤΊΔΙΑ
ΦΥΤΆ
ΧΗΜΙΚΉ

87 - Comida #1

Ρ	Χ	Ο	Ι	Β	Ω	Τ	Ξ	Γ	Α	Ψ	Ι	Ε	Σ	Β	Χ
Ί	Ψ	Ψ	Υ	Λ	Ξ	Ω	Η	Δ	Ω	Γ	Ν	Η	Α	Α	Η
Χ	Υ	Μ	Ό	Σ	Ο	Έ	Ν	Ξ	Ξ	Ρ	Λ	Ω	Λ	Σ	Δ
Ν	Σ	Γ	Β	Έ	Γ	Ν	Κ	Α	Ρ	Ό	Τ	Ο	Ά	Ι	Ε
Ξ	Μ	Ι	Κ	Ί	Τ	Σ	Ι	Φ	Λ	Ρ	Μ	Κ	Τ	Λ	Έ
Ω	Δ	Ξ	Τ	Ν	Έ	Ο	Έ	Ο	Υ	Ά	Σ	Ο	Α	Ι	Ί
Ζ	Ά	Χ	Α	Ρ	Η	Ξ	Κ	Ι	Ι	Ο	Γ	Κ	Λ	Κ	Χ
Υ	Π	Α	Λ	Έ	Ν	Α	Κ	Κ	Ι	Γ	Ψ	Ί	Ε	Ο	Ί
Ί	Ι	Ο	Π	Ν	Π	Σ	Ψ	Ά	Ρ	Β	Γ	Ρ	Μ	Ύ	Β
Γ	Ο	Γ	Γ	Ύ	Λ	Ι	Ρ	Ν	Ά	Ε	Σ	Ε	Ό	Ξ	Υ
Α	Λ	Ά	Τ	Ι	Ο	Λ	Π	Α	Θ	Ω	Μ	Β	Ν	Ί	Χ
Ρ	Μ	Ν	Τ	Χ	Δ	Σ	Ψ	Π	Ι	Χ	Β	Μ	Ι	Λ	Υ
Ψ	Β	Λ	Ό	Ι	Ο	Α	Χ	Σ	Ρ	Ν	Ε	Έ	Ύ	Ι	Ρ
Δ	Σ	Η	Ν	Ρ	Ε	Ω	Γ	Ί	Κ	Η	Υ	Χ	Υ	Δ	Ί
Μ	Ι	Χ	Ο	Δ	Ρ	Ό	Κ	Σ	Ο	Χ	Ί	Β	Λ	Υ	Ι
Ί	Δ	Τ	Σ	Λ	Φ	Ρ	Ά	Ο	Υ	Λ	Α	Ι	Ί	Η	Ω

ΖΆΧΑΡΗ
ΣΚΌΡΔΟ
ΦΙΣΤΊΚΙ
ΤΌΝΟΣ
ΚΈΙΚ
ΚΑΝΈΛΑ
ΚΡΕΜΜΎΔΙ
ΚΑΡΌΤΟ
ΚΡΙΘΆΡΙ
ΒΕΡΊΚΟΚΟ
ΣΠΑΝΆΚΙ
ΓΆΛΑ
ΛΕΜΌΝΙ
ΒΑΣΙΛΙΚΟΎ
ΦΡΆΟΥΛΑ
ΓΟΓΓΎΛΙ
ΑΛΆΤΙ
ΣΑΛΆΤΑ
ΣΟΎΠΑ
ΧΥΜΌΣ

88 - Geometria

Ε	Έ	Β	Η	Λ	Η	Λ	Λ	Ά	Ρ	Α	Π	Ι	Ρ	Ν	Ξ
Ξ	Υ	Ψ	Ο	Σ	Υ	Π	Ο	Λ	Ο	Γ	Ι	Σ	Μ	Ό	Σ
Ί	Ω	Β	Γ	Ε	Α	Ί	Ρ	Τ	Ε	Μ	Μ	Υ	Σ	Μ	Ν
Σ	Ω	Ψ	Η	Έ	Ί	Τ	Ο	Ρ	Ι	Ζ	Ό	Ν	Τ	Ι	Α
Ω	Γ	Υ	Π	Α	Ρ	Η	Σ	Ψ	Ι	Ο	Τ	Α	Κ	Κ	Ρ
Σ	Μ	Δ	Σ	Β	Ω	Ν	Ψ	Ά	Ρ	Ρ	Ρ	Ι	Ύ	Α	Υ
Η	Ί	Γ	Γ	Ξ	Ε	Π	Έ	Ξ	Ι	Π	Ι	Γ	Κ	Μ	Δ
Τ	Μ	Ή	Μ	Α	Θ	Σ	Ί	Γ	Χ	Δ	Γ	Π	Λ	Π	Ω
Ε	Τ	Ή	Κ	Ι	Γ	Ο	Λ	Ω	Ρ	Β	Ώ	Ο	Ο	Ύ	Τ
Θ	Ξ	Π	Ρ	Ε	Η	Ρ	Χ	Ν	Ω	Μ	Ν	Σ	Σ	Λ	Ο
Ά	Ω	Ν	Λ	Ν	Α	Τ	Ο	Ί	Μ	Λ	Ο	Ο	Ν	Η	Γ
Κ	Α	Δ	Μ	Ά	Ν	Ε	Ψ	Α	Ν	Υ	Υ	Σ	Ξ	Σ	Ρ
Μ	Έ	Σ	Η	Φ	Π	Μ	Ί	Δ	Μ	Ω	Ε	Τ	Λ	Β	Σ
Ί	Η	Ε	Δ	Ι	Ε	Ά	Α	Μ	Π	Ά	Ν	Ό	Δ	Ι	Έ
Ί	Υ	Τ	Γ	Π	Ρ	Ι	Ρ	Τ	Ψ	Σ	Ζ	Ξ	Ι	Μ	Ε
Λ	Ξ	Λ	Ω	Ε	Ν	Δ	Π	Η	Ρ	Σ	Τ	Α	Τ	Ω	Α

ΥΨΟΣ
ΓΩΝΊΑ
ΥΠΟΛΟΓΙΣΜΌΣ
ΚΎΚΛΟΣ
ΚΑΜΠΎΛΗ
ΔΙΆΜΕΤΡΟΣ
ΔΙΆΣΤΑΣΗ
ΕΞΊΣΩΣΗ
ΟΡΙΖΌΝΤΙΑ
ΛΟΓΙΚΉ
ΜΆΖΑ
ΜΈΣΗ
ΠΑΡΆΛΛΗΛΗ
ΠΟΣΟΣΤΌ
ΤΜΉΜΑ
ΣΥΜΜΕΤΡΊΑ
ΕΠΙΦΆΝΕΙΑ
ΘΕΩΡΊΑ
ΤΡΙΓΏΝΟΥ
ΚΆΘΕΤΗ

89 - Pássaros

Κ	Α	Π	Π	Ε	Ο	Κ	Γ	Ν	Ί	Μ	Α	Λ	Φ	Κ	Ω
Ο	Υ	Ά	Ι	Ψ	Α	Α	Τ	Ο	Υ	Κ	Ά	Ν	Ε	Ύ	Χ
Τ	Γ	Π	Γ	Έ	Β	Ν	Ν	Έ	Λ	Β	Λ	Π	Χ	Κ	Ψ
Ό	Ό	Ι	Κ	Χ	Λ	Α	Χ	Ή	Ν	Α	Ί	Ν	Η	Ν	Ν
Π	Δ	Α	Ο	Ω	Τ	Ρ	Π	Ε	Α	Ί	Χ	Ξ	Ι	Ο	Υ
Ο	Β	Δ	Υ	Ψ	Η	Ί	Χ	Έ	Έ	Ρ	Σ	Β	Ί	Σ	Π
Υ	Σ	Α	Ί	Γ	Α	Ν	Π	Ε	Λ	Α	Ρ	Γ	Ό	Σ	Ε
Λ	Ι	Ε	Ν	Π	Λ	Ι	Έ	Ρ	Α	Η	Ε	Π	Ε	Ο	Λ
Ο	Ι	Τ	Ο	Ρ	Ξ	Ά	Ρ	Υ	Ξ	Σ	Α	Α	Ψ	Λ	Ε
Γ	Έ	Ό	Σ	Υ	Λ	Β	Ρ	Έ	Υ	Μ	Μ	Γ	Ξ	Ά	Κ
Γ	Ε	Σ	Ο	Κ	Ύ	Ο	Κ	Ο	Τ	Δ	Δ	Ώ	Έ	Γ	Α
Μ	Α	Ρ	Έ	Μ	Έ	Ρ	Ρ	Α	Σ	Σ	Ι	Ν	Χ	Α	Ν
Β	Ί	Υ	Ά	Ε	Ρ	Ω	Δ	Ι	Ο	Σ	Ι	Ι	Η	Π	Η
Ω	Υ	Γ	Ί	Κ	Ί	Ί	Μ	Ι	Υ	Υ	Ο	Ρ	Μ	Α	Ω
Ρ	Λ	Β	Ρ	Τ	Ι	Χ	Σ	Τ	Η	Ο	Ω	Λ	Ε	Π	Ρ
Σ	Π	Ο	Υ	Ρ	Γ	Ί	Τ	Ι	Ω	Γ	Τ	Η	Τ	Π	Ψ

ΑΕΤΌΣ
ΚΑΝΑΡΊΝΙ
ΠΕΛΑΡΓΌΣ
ΚΎΚΝΟΣ
ΚΟΎΚΟΣ
ΓΕΡΆΚΙ
ΦΛΑΜΊΝΓΚΟ
ΚΟΤΌΠΟΥΛΟ
ΓΛΆΡΟΣ
ΧΉΝΑ
ΕΡΩΔΙΟΣ
ΑΥΓΌ
ΠΑΠΑΓΆΛΟΣ
ΣΠΟΥΡΓΊΤΙ
ΠΆΠΙΑ
ΠΑΓΏΝΙ
ΠΕΛΕΚΑΝ
ΠΙΓΚΟΥΊΝΟΣ
ΠΕΡΙΣΤΈΡΙ
ΤΟΥΚΆΝ

90 - Literatura

Μ	Ε	Υ	Σ	Ε	Ω	Ω	Ί	Γ	Η	Β	Υ	Μ	Α	Γ	Π
Η	Ε	Η	Ο	Ε	Ψ	Η	Χ	Έ	Β	Χ	Ξ	Υ	Ν	Ν	Ε
Σ	Ή	Τ	Η	Γ	Η	Φ	Α	Σ	Ύ	Χ	Μ	Θ	Α	Ώ	Ρ
Ρ	Έ	Α	Α	Ί	Φ	Α	Ρ	Γ	Ο	Ι	Β	Ι	Λ	Μ	Ι
Υ	Μ	Έ	Έ	Φ	Ε	Έ	Σ	Ο	Μ	Λ	Ω	Σ	Ο	Η	Γ
Υ	Π	Τ	Χ	Ί	Ο	Δ	Ω	Τ	Θ	Α	Σ	Τ	Γ	Μ	Ρ
Π	Ο	Ί	Η	Μ	Α	Ρ	Β	Ο	Υ	Υ	Ύ	Ό	Ί	Α	Α
Ί	Α	Β	Ψ	Ο	Ο	Σ	Ά	Δ	Ρ	Λ	Γ	Ρ	Α	Μ	Φ
Μ	Ο	Ο	Ε	Σ	Ξ	Σ	Β	Κ	Ί	Ξ	Κ	Η	Ψ	Σ	Ή
Θ	Έ	Μ	Α	Ξ	Ί	Π	Ί	Έ	Ε	Ω	Ρ	Μ	Λ	Α	Α
Δ	Ι	Ά	Λ	Ο	Γ	Ο	Σ	Ν	Γ	Τ	Ι	Α	Έ	Ρ	Ν
Τ	Ρ	Α	Γ	Ω	Δ	Ί	Α	Α	Χ	Ω	Σ	Ρ	Ι	Έ	Ά
Ψ	Η	Σ	Δ	Τ	Β	Τ	Ή	Κ	Ι	Τ	Η	Ι	Ο	Π	Λ
Τ	Μ	Φ	Α	Ν	Τ	Α	Σ	Ί	Α	Ε	Ι	Π	Η	Μ	Υ
Η	Ι	Ε	Σ	Ι	Ρ	Σ	Α	Έ	Φ	Α	Ρ	Γ	Γ	Υ	Σ
Π	Π	Έ	Ν	Ω	Β	Ο	Λ	Σ	Ν	Ι	Ί	Ο	Β	Σ	Η

ΑΝΑΛΟΓΊΑ
ΑΝΆΛΥΣΗ
ΑΝΈΚΔΟΤΟ
ΣΥΓΓΡΑΦΈΑΣ
ΒΙΟΓΡΑΦΊΑ
ΣΎΓΚΡΙΣΗ
ΣΥΜΠΈΡΑΣΜΑ
ΠΕΡΙΓΡΑΦΉ
ΔΙΆΛΟΓΟΣ
ΣΤΥΛ
ΦΑΝΤΑΣΊΑ
ΜΕΤΑΦΟΡΆ
ΑΦΗΓΗΤΉΣ
ΓΝΏΜΗ
ΠΟΊΗΜΑ
ΠΟΙΗΤΙΚΉ
ΡΥΘΜΟΎ
ΜΥΘΙΣΤΌΡΗΜΑ
ΘΈΜΑ
ΤΡΑΓΩΔΊΑ

91 - Química

Ο	Ν	Ό	Γ	Υ	Ξ	Ο	Η	Ν	Ί	Π	Κ	Ω	Η	Έ	Β
Ν	Ξ	Ε	Έ	Ν	Β	Α	Ε	Ν	Β	Π	Α	Ι	Λ	Ζ	Ι
Ό	Ί	Ύ	Χ	Ξ	Ρ	Λ	Ρ	Γ	Α	Ω	Τ	Α	Ε	Υ	Ο
Γ	Α	Ξ	Ψ	Υ	Ν	Κ	Ι	Ν	Π	Α	Α	Λ	Κ	Γ	Λ
Ο	Ο	Ε	Ι	Σ	Λ	Α	Έ	Σ	Ι	Έ	Λ	Ά	Τ	Ί	Ο
Ρ	Ι	Η	Τ	Ό	Η	Λ	Σ	Α	Ψ	Ρ	Ύ	Τ	Ρ	Ζ	Γ
Δ	Ω	Γ	Χ	Γ	Ν	Ι	Η	Τ	Έ	Ι	Τ	Ι	Ό	Ω	Ι
Υ	Ψ	Τ	Ω	Ί	Ί	Κ	Λ	Η	Ο	Ο	Η	Α	Ν	Ν	Κ
Έ	Ν	Ζ	Υ	Μ	Ο	Ό	Β	Τ	Ν	Ι	Τ	Δ	Ι	Ρ	Ή
Π	Υ	Ρ	Η	Ν	Ι	Κ	Ή	Ό	Β	Ρ	Χ	Δ	Ο	Τ	Λ
Ξ	Ν	Ε	Ν	Ό	Ρ	Γ	Υ	Μ	Ε	Ό	Π	Ε	Ο	Έ	Έ
Η	Μ	Δ	Χ	Η	Ώ	Ι	Β	Ρ	Β	Μ	Β	Η	Ί	Π	Ξ
Έ	Η	Ψ	Π	Ο	Λ	Έ	Α	Ε	Τ	Σ	Ί	Ψ	Ψ	Α	Ο
Ψ	Ρ	Ψ	Ν	Τ	Χ	Υ	Μ	Θ	Λ	Έ	Χ	Ψ	Ν	Ξ	Τ
Θ	Ε	Ρ	Μ	Ο	Κ	Ρ	Α	Σ	Ί	Α	Ξ	Γ	Γ	Ω	Υ
Υ	Ά	Ν	Θ	Ρ	Α	Κ	Α	Σ	Ξ	Ρ	Σ	Ψ	Ρ	Ξ	Ε

ΑΛΚΑΛΙΚΌ
ΟΞΎ
ΘΕΡΜΌΤΗΤΑ
ΆΝΘΡΑΚΑΣ
ΚΑΤΑΛΎΤΗ
ΧΛΏΡΙΟ
ΣΤΟΙΧΕΊΑ
ΗΛΕΚΤΡΌΝΙΟ
ΈΝΖΥΜΟ
ΑΈΡΙΟ
ΥΔΡΟΓΌΝΟ
ΙΌΝ
ΥΓΡΌ
ΜΌΡΙΟ
ΠΥΡΗΝΙΚΉ
ΒΙΟΛΟΓΙΚΉ
ΟΞΥΓΌΝΟ
ΖΥΓΊΖΩ
ΑΛΆΤΙ
ΘΕΡΜΟΚΡΑΣΊΑ

92 - Clima

Κ	Έ	Ι	Δ	Ρ	Α	Ί	Σ	Α	Ρ	Κ	Ο	Μ	Ρ	Ε	Θ
Λ	Π	Υ	Ω	Β	Λ	Υ	Ω	Ν	Υ	Σ	Ι	Ο	Έ	Π	Ι
Ί	Σ	Ο	Α	Δ	Ί	Γ	Ι	Α	Τ	Α	Κ	Υ	Α	Λ	Ι
Μ	Ο	Ξ	Ό	Τ	Ο	Ι	Ν	Ά	Ρ	Υ	Ο	Σ	Ι	Η	Ω
Α	Δ	Υ	Ρ	Έ	Μ	Ο	Χ	Ρ	Χ	Γ	Ι	Ώ	Α	Ρ	Α
Π	Σ	Ω	Η	Σ	Δ	Ό	Π	Γ	Π	Ή	Τ	Ν	Ο	Ρ	Β
Ο	Ο	Ν	Ξ	Α	Β	Γ	Σ	Ο	Γ	Ά	Π	Α	Τ	Α	Έ
Η	Μ	Λ	Έ	Ν	Ξ	Γ	Έ	Φ	Μ	Ω	Ω	Σ	Ψ	Υ	Ν
Τ	Ε	Ψ	Ι	Α	Σ	Η	Ψ	Ή	Α	Ί	Μ	Ε	Ρ	Η	Ι
Ρ	Ν	Σ	Κ	Κ	Λ	Λ	Ρ	Π	Ψ	Ι	Μ	Έ	Σ	Υ	Η
Ο	Ά	Μ	Ά	Ι	Ή	Χ	Α	Α	Τ	Ο	Ρ	Γ	Ί	Λ	Χ
Π	Ε	Υ	Ρ	Ρ	Ί	Ί	Δ	Ρ	Σ	Μ	Υ	Α	Β	Έ	Α
Ι	Μ	Σ	Ε	Υ	Μ	Μ	Μ	Τ	Β	Ί	Ι	Τ	Ψ	Ρ	Ν
Κ	Ε	Έ	Α	Ο	Α	Ο	Π	Σ	Ξ	Δ	Α	Ω	Ε	Μ	Ο
Ή	Ί	Γ	Ι	Ι	Λ	Α	Λ	Α	Σ	Ύ	Ν	Ν	Ε	Φ	Ο
Ω	Γ	Ί	Ξ	Χ	Ο	Υ	Ρ	Α	Ν	Ό	Σ	Π	Ι	Ξ	Τ

ΟΥΡΆΝΙΟ ΤΌΞΟ
ΑΤΜΌΣΦΑΙΡΑ
ΑΕΡΆΚΙ
ΗΡΕΜΊΑ
ΟΥΡΑΝΌΣ
ΚΛΊΜΑ
ΧΙΟΥΡΙΚΑΝΑΣ
ΠΆΓΟΣ
ΜΟΥΣΏΝΑΣ
ΟΜΊΧΛΗ
ΣΎΝΝΕΦΟ
ΠΟΛΙΚΉ
ΑΣΤΡΑΠΉ
ΞΗΡΑΣΊΑ
ΞΗΡΌ
ΘΕΡΜΟΚΡΑΣΊΑ
ΚΑΤΑΙΓΊΔΑ
ΤΡΟΠΙΚΉ
ΒΡΟΝΤΉ
ΆΝΕΜΟΣ

93 - Diplomacia

Α	Τ	Η	Τ	Ό	Ν	Ι	Ο	Κ	Μ	Ρ	Ξ	Μ	Δ	Η	Π
Α	Ν	Γ	Β	Τ	Ξ	Χ	Υ	Α	Γ	Έ	Έ	Δ	Ι	Θ	Ο
Υ	Ν	Θ	Π	Ρ	Ε	Σ	Β	Ε	Ί	Α	Ν	Η	Κ	Ι	Λ
Ί	Α	Ά	Ρ	Ψ	Ι	Β	Ρ	Έ	Ν	Μ	Ο	Α	Α	Κ	Ι
Κ	Κ	Δ	Λ	Ω	Ε	Α	Ε	Μ	Ξ	Ψ	Λ	Σ	Ι	Ή	Τ
Υ	Ε	Ι	Χ	Υ	Π	Χ	Γ	Δ	Ί	Ψ	Α	Φ	Ο	Σ	Ι
Β	Ρ	Π	Ψ	Σ	Σ	Ι	Σ	Λ	Η	Υ	Ω	Ά	Σ	Υ	Κ
Έ	Α	Λ	Λ	Υ	Λ	Η	Σ	Ύ	Λ	Π	Λ	Λ	Ύ	Ν	Ή
Ρ	Ι	Ω	Ν	Ζ	Ι	Ο	Η	Τ	Μ	Υ	Β	Ε	Ν	Θ	Έ
Ν	Ό	Μ	Υ	Ή	Σ	Τ	Β	Λ	Ι	Β	Ί	Ι	Η	Ή	Υ
Η	Τ	Α	Π	Τ	Δ	Έ	Σ	Δ	Ξ	Κ	Ο	Α	Λ	Κ	Γ
Σ	Η	Τ	Υ	Η	Μ	Ω	Έ	Α	Ε	Ο	Ή	Υ	Δ	Η	Π
Η	Τ	Ι	Η	Σ	Υ	Ο	Ρ	Κ	Γ	Ύ	Σ	Μ	Λ	Ι	Έ
Β	Α	Κ	Ν	Η	Σ	Τ	Π	Γ	Λ	Ώ	Σ	Σ	Α	Ο	Ρ
Ρ	Ι	Ό	Ξ	Μ	Υ	Α	Ί	Σ	Α	Γ	Ρ	Ε	Ν	Υ	Σ
Λ	Ι	Έ	Υ	Δ	Ι	Μ	Λ	Π	Ψ	Ρ	Δ	Ν	Β	Ε	Γ

ΚΟΙΝΌΤΗΤΑ
ΣΎΓΚΡΟΥΣΗ
ΣΎΜΒΟΥΛΟΣ
ΣΥΝΕΡΓΑΣΊΑ
ΔΙΠΛΩΜΑΤΙΚΌ
ΣΥΖΉΤΗΣΗ
ΠΡΕΣΒΕΊΑ
ΠΡΈΣΒΗΣ
ΞΈΝΟ
ΗΘΙΚΉ
ΚΥΒΈΡΝΗΣΗ
ΑΝΘΡΩΠΙΣΤΙΚΉ
ΑΚΕΡΑΙΌΤΗΤΑ
ΔΙΚΑΙΟΣΎΝΗ
ΓΛΏΣΣΑ
ΠΟΛΙΤΙΚΉ
ΑΝΆΛΥΣΗ
ΑΣΦΆΛΕΙΑ
ΛΎΣΗ
ΣΥΝΘΉΚΗ

94 - Esportes

Π	Π	Λ	Ι	Ο	Τ	Χ	Ό	Κ	Ε	Ϊ	Ξ	Ε	Ί	Γ	Π
Γ	Α	Α	Ξ	Ω	Β	Έ	Β	Έ	Ο	Γ	Μ	Έ	Π	Λ	Ρ
Υ	Ρ	Ί	Ι	Υ	Μ	Π	Έ	Ι	Ζ	Μ	Π	Ο	Λ	Γ	Ω
Μ	Ω	Λ	Κ	Χ	Τ	Έ	Ω	Τ	Μ	Σ	Ψ	Β	Ψ	Μ	Τ
Ν	Μ	Γ	Η	Τ	Ν	Μ	Γ	Ε	Ρ	Ρ	Η	Γ	Τ	Σ	Ά
Ά	Χ	Ι	Μ	Ω	Η	Ί	Υ	Ι	Ε	Υ	Ί	Τ	Ε	Ή	Θ
Σ	Ο	Μ	Ά	Δ	Α	Α	Δ	Υ	Ο	Μ	Ί	Ί	Κ	Τ	Λ
Ι	Ψ	Η	Β	Έ	Έ	Ι	Υ	Ι	Κ	Ί	Ν	Η	Σ	Η	Η
Ο	Τ	Α	Λ	Ή	Δ	Ο	Π	Γ	Α	Ι	Ω	Α	Ά	Τ	Μ
Γ	Υ	Μ	Ν	Α	Σ	Τ	Ι	Κ	Ή	Θ	Ε	Ξ	Π	Ι	Α
Ν	Ι	Κ	Η	Τ	Ή	Σ	Μ	Δ	Ί	Η	Λ	Γ	Μ	Α	Τ
Γ	Ξ	Π	Ρ	Ο	Π	Ο	Ν	Η	Τ	Ή	Σ	Η	Ε	Ι	Δ
Κ	Ν	Δ	Ο	Ω	Λ	Β	Η	Ε	Έ	Λ	Ο	Ψ	Τ	Δ	Υ
Ο	Υ	Ε	Π	Χ	Μ	Γ	Έ	Χ	Τ	Έ	Ν	Ι	Σ	Ή	Υ
Λ	Σ	Δ	Έ	Σ	Τ	Ά	Δ	Ι	Ο	Μ	Σ	Ν	Β	Σ	Σ
Φ	Α	Υ	Τ	Ψ	Έ	Β	Τ	Λ	Ν	Η	Η	Ψ	Α	Τ	Λ

ΑΘΛΗΤΉΣ
ΔΙΑΙΤΗΤΉΣ
ΜΠΆΣΚΕΤ
ΜΠΈΙΖΜΠΟΛ
ΠΟΔΉΛΑΤΟ
ΠΡΩΤΆΘΛΗΜΑ
ΟΜΆΔΑ
ΣΤΆΔΙΟ
ΝΙΚΗΤΉΣ
ΓΥΜΝΆΣΙΟ
ΓΥΜΝΑΣΤΙΚΉ
ΓΚΟΛΦ
ΧΌΚΕΪ
ΠΑΊΚΤΗ
ΠΑΙΧΝΊΔΙ
ΚΊΝΗΣΗ
ΤΈΝΙΣ
ΠΡΟΠΟΝΗΤΉΣ

95 - Comida # 2

Ν	Τ	Ξ	Β	Ξ	Ε	Σ	Μ	Μ	Υ	Π	Ι	Ζ	Ύ	Ρ	Γ
Δ	Τ	Έ	Ξ	Ω	Ν	Ι	Π	Π	Π	Δ	Ρ	Α	Μ	Σ	Ι
Γ	Ξ	Ο	Λ	Γ	Ι	Τ	Α	Μ	Ι	Δ	Ά	Μ	Γ	Δ	Α
Έ	Μ	Ρ	Μ	Ο	Ρ	Ά	Ν	Σ	Ε	Ι	Ψ	Π	Η	Π	Ο
Τ	Ο	Ο	Α	Ά	Ά	Ρ	Ά	Λ	Λ	Α	Ρ	Ό	Υ	Β	Ύ
Π	Ρ	Ί	Μ	Ο	Τ	Ι	Ν	Β	Τ	Ρ	Χ	Ν	Η	Ί	Ρ
Κ	Ε	Ρ	Ά	Σ	Ι	Α	Α	Τ	Ά	Λ	Ο	Κ	Ο	Σ	Τ
Ο	Ι	Υ	Ξ	Δ	Ν	Α	Κ	Τ	Ι	Ν	Ί	Δ	Ι	Ο	Ι
Μ	Ξ	Τ	Ρ	Ξ	Α	Ν	Ά	Ζ	Τ	Ι	Λ	Ε	Μ	Η	Λ
Υ	Γ	Α	Α	Μ	Μ	Δ	Έ	Ί	Β	Π	Δ	Ω	Π	Η	Ύ
Γ	Γ	Α	Ω	Γ	Ή	Ί	Ε	Ν	Α	Έ	Ρ	Β	Υ	Λ	Φ
Ί	Β	Υ	Ξ	Υ	Ο	Λ	Α	Δ	Γ	Ύ	Μ	Α	Σ	Έ	Α
Δ	Α	Η	Ξ	Μ	Υ	Έ	Ο	Λ	Ο	Κ	Ό	Ρ	Π	Μ	Τ
Κ	Ο	Τ	Ό	Π	Ο	Υ	Λ	Ο	Ο	Ί	Ο	Γ	Η	Μ	Σ
Α	Γ	Κ	Ι	Ν	Ά	Ρ	Α	Μ	Υ	Ν	Ξ	Μ	Υ	Ν	Π
Ν	Έ	Χ	Ο	Ρ	Β	Η	Ξ	Δ	Ω	Β	Α	Σ	Τ	Α	Π

ΑΓΚΙΝΆΡΑ
ΑΜΎΓΔΑΛΟ
ΡΎΖΙ
ΜΠΑΝΆΝΑ
ΜΕΛΙΤΖΆΝΑ
ΜΠΡΌΚΟΛΟ
ΚΕΡΆΣΙ
ΣΟΚΟΛΆΤΑ
ΜΑΝΙΤΆΡΙ
ΚΟΤΌΠΟΥΛΟ
ΓΙΑΟΎΡΤΙ
ΑΚΤΙΝΊΔΙΟ
ΜΉΛΟ
ΑΥΓΌ
ΨΆΡΙ
ΖΑΜΠΌΝ
ΤΥΡΊ
ΝΤΟΜΆΤΑ
ΣΙΤΆΡΙ
ΣΤΑΦΎΛΙ

96 - Universo

Η	Γ	Α	Λ	Α	Ξ	Ί	Α	Σ	Ο	Υ	Ρ	Α	Ν	Ό	Σ
Μ	Χ	Β	Α	Έ	Ή	Κ	Ι	Μ	Σ	Ο	Κ	Χ	Τ	Κ	Έ
Ι	Τ	Ο	Ρ	Η	Λ	Ι	Α	Κ	Ή	Υ	Χ	Λ	Π	Ι	Η
Σ	Έ	Ά	Ι	Χ	Ο	Ρ	Τ	Ν	Ι	Ρ	Ξ	Ί	Η	Φ	Δ
Φ	Ψ	Σ	Α	Ξ	Φ	Τ	Β	Π	Π	Ά	Α	Ι	Τ	Α	Ι
Α	Ω	Π	Φ	Ο	Γ	Ε	Υ	Λ	Β	Ν	Α	Γ	Η	Ρ	Μ
Ί	Π	Ρ	Σ	Υ	Β	Λ	Γ	Ψ	Ω	Ι	Μ	Δ	Λ	Γ	Α
Ρ	Ψ	Υ	Ό	Γ	Ω	Η	Η	Γ	Ψ	Ο	Π	Ι	Ε	Ω	Η
Ι	Έ	Ί	Μ	Ξ	Μ	Κ	Ί	Ε	Ά	Ψ	Ψ	Ρ	Σ	Ε	Ε
Ο	Ψ	Έ	Τ	Η	Λ	Χ	Λ	Χ	Μ	Ρ	Μ	Ι	Κ	Γ	Υ
Π	Δ	Ρ	Α	Τ	Ν	Ο	Ζ	Ί	Ρ	Ο	Ι	Σ	Ό	Ε	Σ
Ή	Α	Ί	Μ	Ο	Ν	Ο	Ρ	Τ	Σ	Α	Λ	Χ	Π	Η	Ε
Σ	Τ	Τ	Σ	Ό	Ν	Ι	Ρ	Ε	Μ	Η	Σ	Ι	Ι	Υ	Τ
Ε	Χ	Α	Σ	Τ	Ε	Ρ	Ο	Ε	Ι	Δ	Ή	Σ	Ο	Σ	Ν
Α	Σ	Τ	Ρ	Ο	Ν	Ό	Μ	Ο	Σ	Ζ	Ώ	Δ	Ι	Ο	Λ
Π	Ω	Τ	Η	Ο	Ι	Σ	Ά	Τ	Σ	Ο	Ι	Λ	Η	Ε	Π

ΑΣΤΕΡΟΕΙΔΉΣ
ΑΣΤΡΟΝΟΜΊΑ
ΑΣΤΡΟΝΌΜΟΣ
ΑΤΜΌΣΦΑΙΡΑ
ΟΥΡΆΝΙΟ
ΟΥΡΑΝΌΣ
ΚΟΣΜΙΚΉ
ΙΣΗΜΕΡΙΝΌΣ
ΓΑΛΑΞΊΑΣ
ΗΜΙΣΦΑΊΡΙΟ
ΟΡΊΖΟΝΤΑ
ΚΛΊΣΗ
ΓΕΩΓΡΑΦΙΚΌ
ΦΕΓΓΆΡΙ
ΤΡΟΧΙΆ
ΗΛΙΑΚΉ
ΗΛΙΟΣΤΆΣΙΟ
ΤΗΛΕΣΚΌΠΙΟ
ΟΡΑΤΉ
ΖΏΔΙΟ

97 - Jazz

Λ	Χ	Ψ	Ί	Ή	Κ	Ι	Σ	Υ	Ο	Μ	Ψ	Δ	Ν	Ο	Κ
Σ	Ό	Λ	Ο	Ε	Γ	Ι	Δ	Ύ	Ο	Γ	Α	Ρ	Τ	Ρ	Α
Χ	Η	Λ	Τ	Ί	Υ	Δ	Ε	Ξ	Ν	Η	Β	Ο	Μ	Χ	Λ
Μ	Σ	Ξ	Ν	Δ	Ψ	Β	Ύ	Ο	Μ	Θ	Υ	Ρ	Σ	Ή	Λ
Ν	Ξ	Σ	Έ	Ο	Δ	Δ	Δ	Έ	Ω	Μ	Ε	Π	Β	Σ	Ι
Ε	Ν	Δ	Λ	Σ	Ω	Π	Έ	Η	Υ	Υ	Ε	Σ	Υ	Τ	Τ
Σ	Έ	Π	Α	Α	Γ	Α	Π	Η	Μ	Έ	Ν	Α	Η	Ρ	Έ
Ι	Α	Ψ	Τ	Σ	Ί	Η	Δ	Ι	Ά	Σ	Η	Μ	Η	Α	Χ
Χ	Ν	Ο	Τ	Ω	Υ	Ξ	Σ	Ε	Μ	Α	Η	Ν	Ο	Ί	Ν
Η	Α	Ά	Δ	Υ	Ί	Ν	Σ	Τ	Μ	Ί	Ε	Ο	Ξ	Λ	Η
Γ	Π	Λ	Ξ	Α	Ω	Δ	Θ	Π	Ε	Ι	Β	Λ	Ι	Υ	Σ
Μ	Μ	Μ	Ψ	Τ	Π	Σ	Ν	Έ	Χ	Χ	Μ	Γ	Χ	Α	Ι
Ο	Ύ	Π	Έ	Μ	Φ	Α	Σ	Η	Τ	Υ	Ν	Σ	Β	Ν	Ε
Ω	Τ	Ο	Γ	Τ	Ξ	Δ	Σ	Ο	Ψ	Η	Α	Ι	Ι	Υ	Έ
Ξ	Α	Υ	Π	Α	Λ	Ι	Ό	Σ	Ρ	Ε	Μ	Σ	Κ	Σ	Ι
Γ	Έ	Μ	Σ	Τ	Υ	Λ	Ν	Β	Ψ	Ί	Π	Ρ	Ω	Ή	Ο

ΚΑΛΛΙΤΈΧΝΗΣ
ΆΛΜΠΟΥΜ
ΤΎΜΠΑΝΑ
ΤΡΑΓΟΎΔΙ
ΣΎΝΘΕΣΗ
ΣΥΝΘΈΤΗ
ΣΥΝΑΥΛΊΑ
ΣΤΥΛ
ΈΜΦΑΣΗ
ΔΙΆΣΗΜΗ
ΑΓΑΠΗΜΈΝΑ
ΕΊΔΟΣ
ΜΟΥΣΙΚΉ
ΝΈΑ
ΟΡΧΉΣΤΡΑ
ΡΥΘΜΟΎ
ΣΌΛΟ
ΤΑΛΈΝΤΟ
ΤΕΧΝΙΚΉ
ΠΑΛΙΌ

98 - Barcos

Ε	Ν	Β	Σ	Ξ	Ε	Η	Ή	Ν	Α	Χ	Η	Μ	Ρ	Γ	Α
Τ	Σ	Θ	Ά	Λ	Α	Σ	Σ	Α	Α	Ψ	Ε	Ε	Ψ	Ι	Π
Τ	Ι	Ν	Τ	Σ	Ρ	Ό	Η	Ί	Σ	Υ	Ν	Ί	Χ	Ο	Ο
Ω	Ν	Έ	Λ	Λ	Υ	Ν	Τ	Δ	Η	Ω	Τ	Ν	Ω	Τ	Β
Υ	Έ	Ο	Ί	Χ	Κ	Α	Ύ	Ε	Λ	Τ	Π	Ι	Ι	Γ	Ά
Δ	Ι	Ξ	Μ	Δ	Γ	Ε	Α	Χ	Δ	Ξ	Ο	Ο	Κ	Ε	Θ
Έ	Τ	Σ	Ν	Α	Ά	Κ	Ν	Σ	Α	Τ	Τ	Χ	Ά	Ό	Ρ
Ψ	Ί	Λ	Η	Ρ	Ί	Ω	Ο	Έ	Ρ	Ν	Α	Σ	Ι	Α	Α
Μ	Ρ	Η	Ι	Α	Ν	Ι	Α	Π	Ύ	Λ	Μ	Κ	Γ	Ο	Μ
Π	Α	Λ	Ί	Ρ	Ρ	Ο	Ι	Α	Ο	Β	Ό	Α	Α	Λ	Ω
Έ	Π	Τ	Λ	Τ	Σ	Ν	Τ	Ί	Δ	Ρ	Σ	Ν	Κ	Γ	Ρ
Ο	Ο	Ί	Α	Σ	Ψ	Τ	Ρ	Ρ	Α	Ξ	Θ	Ό	Β	Ω	Ή
Η	Μ	Λ	Μ	Μ	Ί	Η	Ά	Ί	Μ	Ψ	Ξ	Μ	Γ	Τ	Λ
Ί	Μ	Ε	Β	Μ	Ύ	Λ	Τ	Μ	Η	Ω	Έ	Β	Ε	Τ	Π
Σ	Ξ	Ε	Ί	Μ	Α	Κ	Α	Ε	Σ	Λ	Μ	Μ	Β	Ί	Λ
Μ	Τ	Ω	Ε	Ί	Ο	Ε	Κ	Ν	Γ	Τ	Ι	Ξ	Η	Τ	Ο

ΆΓΚΥΡΑ
ΠΟΡΘΜΕΊΟ
ΣΗΜΑΔΟΎΡΑ
ΚΑΓΙΆΚ
ΚΑΝΌ
ΣΧΟΙΝΊ
ΑΠΟΒΆΘΡΑ
ΓΙΟΤ
ΣΧΕΔΊΑ
ΛΊΜΝΗ
ΘΆΛΑΣΣΑ
ΠΑΛΊΡΡΟΙΑ
ΝΑΎΤΗΣ
ΚΑΤΆΡΤΙ
ΜΗΧΑΝΉ
ΝΑΥΤΙΚΌ
ΩΚΕΑΝΌΣ
ΚΎΜΑΤΑ
ΠΟΤΑΜΌΣ
ΠΛΉΡΩΜΑ

99 - Mamíferos

Κ	Ι	Χ	Ν	Ρ	Ο	Ε	Δ	Ε	Λ	Φ	Ί	Ν	Ι	Τ	Λ
Ά	Λ	Χ	Η	Η	Ω	Λ	Γ	Ο	Ρ	Ί	Λ	Α	Σ	Α	Ι
Σ	Ά	Λ	Ο	Γ	Ο	Έ	Π	Υ	Π	Ρ	Ξ	Ν	Ο	Ύ	Ο
Τ	Ό	Ι	Γ	Ο	Κ	Φ	Ρ	Ψ	Π	Ί	Χ	Ι	Λ	Ρ	Ν
Ο	Δ	Ι	Π	Γ	Χ	Α	Ό	Σ	Ω	Ρ	Τ	Α	Ύ	Ο	Τ
Ρ	Μ	Η	Χ	Β	Η	Ν	Β	Π	Ψ	Υ	Τ	Λ	Κ	Σ	Ά
Α	Ρ	Β	Έ	Ζ	Ο	Τ	Α	Τ	Ρ	Ε	Δ	Ά	Σ	Σ	Ρ
Σ	Ί	Μ	Ν	Ι	Ξ	Α	Τ	Ω	Ι	Υ	Ό	Φ	Λ	Ε	Ι
Ο	Χ	Π	Ί	Υ	Ω	Σ	Ο	Η	Ρ	Ε	Ρ	Χ	Ι	Δ	Ο
Κ	Ο	Υ	Ν	Έ	Λ	Ι	Π	Ε	Ω	Μ	Υ	Σ	Β	Ψ	Γ
Ύ	Ο	Π	Ε	Λ	Α	Β	Ε	Ι	Τ	Υ	Ο	Μ	Ψ	Ί	Α
Λ	Τ	Ρ	Γ	Ψ	Ρ	Β	Δ	Ρ	Ω	Τ	Κ	Μ	Σ	Ε	Έ
Ί	Σ	Α	Ξ	Λ	Ι	Ο	Έ	Ψ	Δ	Π	Γ	Ά	Τ	Α	Ξ
Σ	Α	Γ	Μ	Α	Ϊ	Μ	Ο	Ύ	Δ	Ο	Α	Ε	Π	Ν	Ν
Κ	Α	Μ	Ή	Λ	Α	Η	Β	Έ	Μ	Ξ	Κ	Ω	Ι	Σ	Μ
Κ	Α	Μ	Η	Λ	Ο	Π	Ά	Ρ	Δ	Α	Λ	Η	Ν	Μ	Δ

ΦΆΛΑΙΝΑ
ΚΑΜΉΛΑ
ΚΑΓΚΟΥΡΌ
ΚΆΣΤΟΡΑΣ
ΆΛΟΓΟ
ΣΚΎΛΟΣ
ΚΟΥΝΈΛΙ
ΚΟΓΙΌΤ
ΕΛΈΦΑΝΤΑΣ
ΓΆΤΑ
ΚΑΜΗΛΟΠΆΡΔΑΛΗ
ΔΕΛΦΊΝΙ
ΓΟΡΊΛΑΣ
ΛΙΟΝΤΆΡΙ
ΛΎΚΟΣ
ΜΑΪΜΟΎ
ΠΡΌΒΑΤΟ
ΑΛΕΠΟΎ
ΤΑΎΡΟΣ
ΖΈΒΡΑ

100 - Atividades e Lazer

Π	Κ	Σ	Π	Τ	Ε	Κ	Σ	Ά	Π	Μ	Ν	Έ	Σ	Μ	Σ
Χ	Ε	Η	Ω	Δ	Α	Μ	Ε	Ρ	Ά	Ψ	Ο	Ε	Λ	Π	Ο
Α	Ε	Ζ	Π	Ξ	Σ	Ξ	Σ	Έ	Ρ	Φ	Ι	Ν	Γ	Κ	Ρ
Λ	Υ	Μ	Ο	Ο	Έ	Ψ	Ί	Λ	Ρ	Η	Λ	Ν	Η	Ρ	Τ
Α	Ψ	Γ	Ξ	Π	Υ	Α	Ε	Δ	Ί	Ψ	Σ	Ι	Ί	Λ	Χ
Ρ	Μ	Τ	Ο	Ξ	Ο	Ρ	Ρ	Σ	Ι	Α	Η	Ν	Χ	Έ	Τ
Ω	Π	Ξ	Τ	Π	Α	Ρ	Ι	Σ	Ι	Χ	Σ	Π	Γ	Π	Π
Τ	Ο	Ο	Ή	Ι	Ξ	Ξ	Ί	Κ	Λ	Υ	Η	Λ	Δ	Ξ	Ο
Ι	Ξ	Η	Κ	Ρ	Υ	Τ	Ω	Α	Ή	Ψ	Β	Α	Γ	Σ	Δ
Κ	Β	Η	Ι	Α	Σ	Μ	Π	Έ	Ι	Ζ	Μ	Π	Ο	Λ	Ό
Ό	Ψ	Μ	Φ	Β	Ό	Λ	Ε	Ϊ	Ι	Έ	Ύ	Υ	Ο	Ι	Σ
Κ	Α	Τ	Α	Δ	Ύ	Σ	Ε	Ι	Σ	Ο	Λ	Γ	Α	Τ	Φ
Π	Β	Δ	Ρ	Ψ	Ξ	Ι	Π	Μ	Ό	Χ	Ο	Ψ	Π	Ί	Α
Λ	Α	Λ	Γ	Κ	Γ	Ν	Ι	Π	Μ	Ά	Κ	Δ	Α	Δ	Ι
Ν	Π	Ρ	Ω	Έ	Γ	Έ	Γ	Κ	Ο	Λ	Φ	Έ	Τ	Η	Ρ
Ν	Β	Β	Ζ	Ο	Ρ	Τ	Ω	Ι	Ί	Μ	Υ	Ω	Ο	Έ	Ο

ΚΆΜΠΙΝΓΚ
ΤΈΧΝΗ
ΜΠΆΣΚΕΤ
ΜΠΈΙΖΜΠΟΛ
ΜΠΟΞ
ΠΕΖΟΠΟΡΊΑ
ΠΟΔΌΣΦΑΙΡΟ
ΓΚΟΛΦ
ΧΌΜΠΙ
ΚΗΠΟΥΡΙΚΉ
ΚΑΤΑΔΎΣΕΙΣ
ΚΟΛΎΜΒΗΣΗ
ΨΆΡΕΜΑ
ΖΩΓΡΑΦΙΚΉ
ΧΑΛΑΡΩΤΙΚΌ
ΣΈΡΦΙΝΓΚ
ΤΈΝΙΣ
ΤΑΞΊΔΙ
ΒΌΛΕΪ

1 - Dirigindo

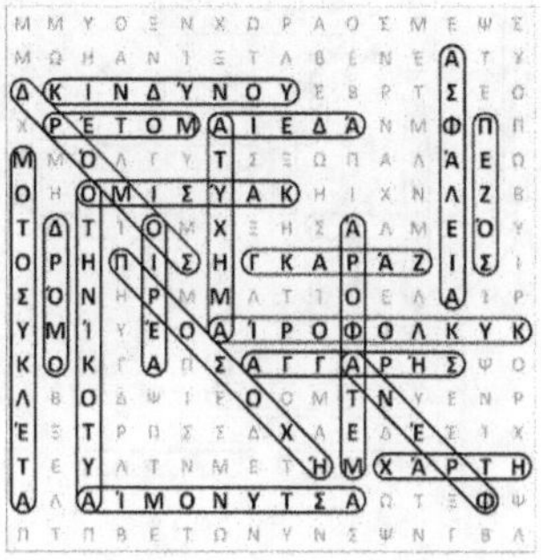

2 - Antiguidades

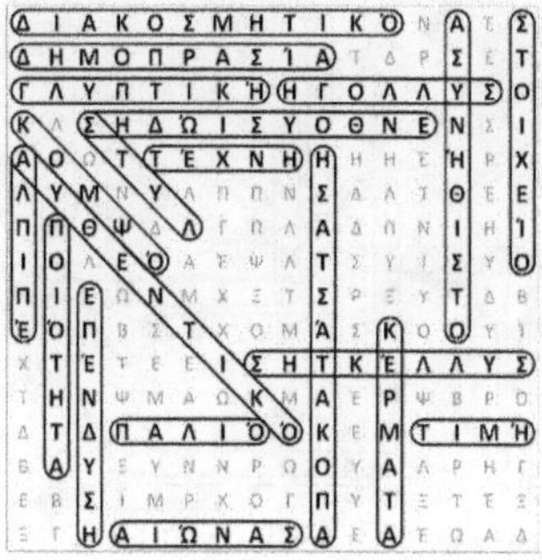

3 - Atividades

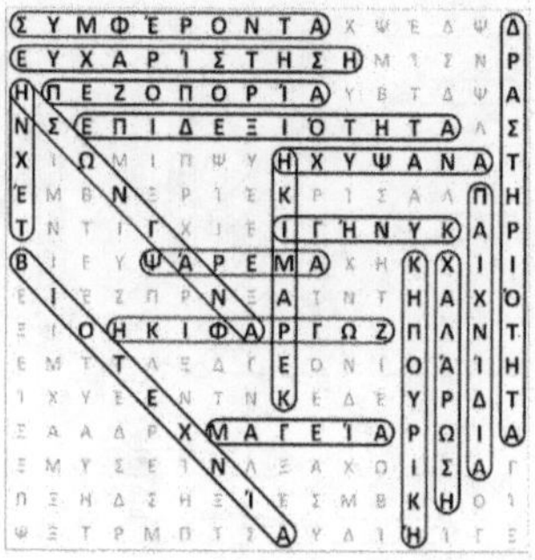

4 - Churrascos

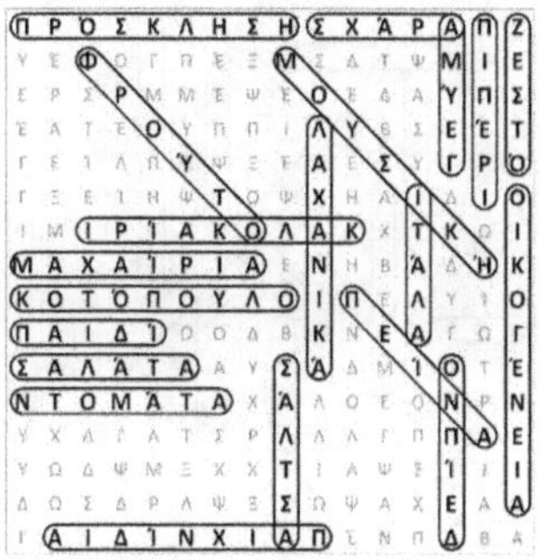

5 - Pesca

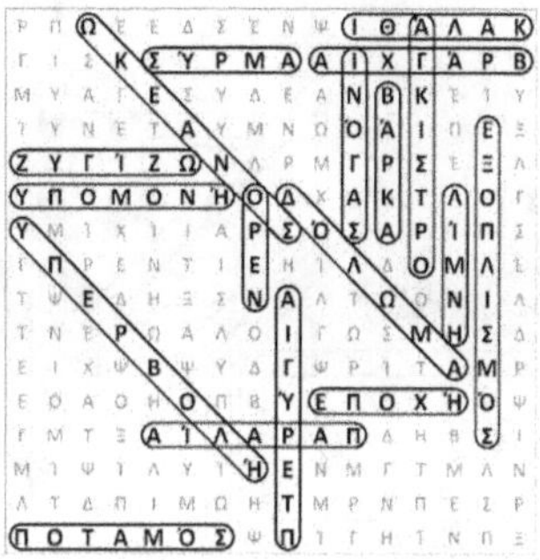

6 - Geologia

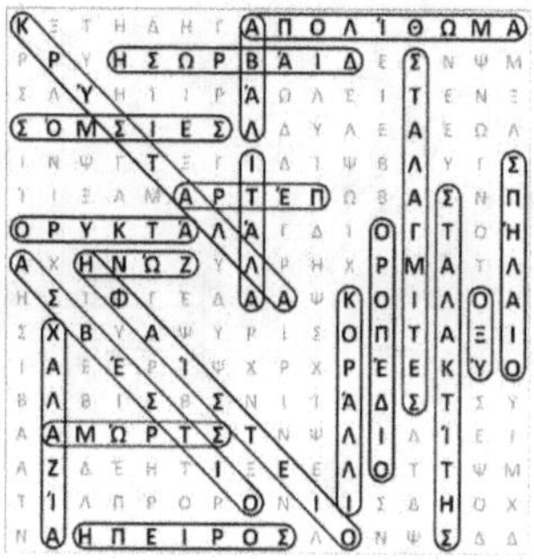

7 - Ética

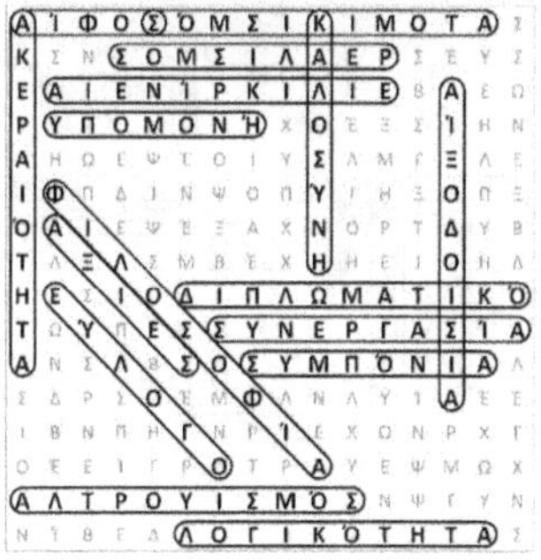

8 - Tempo

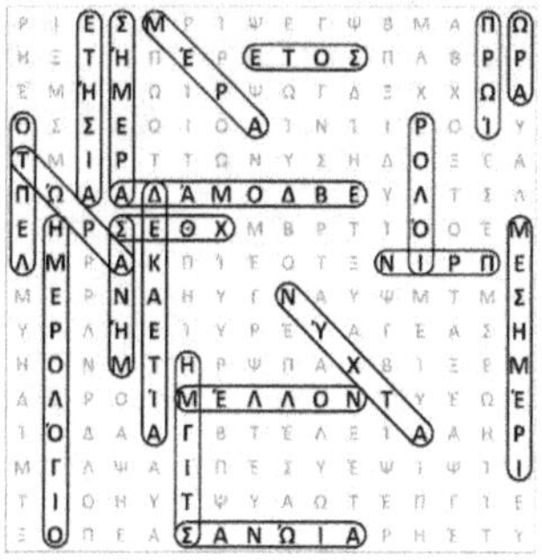

9 - Astronomia

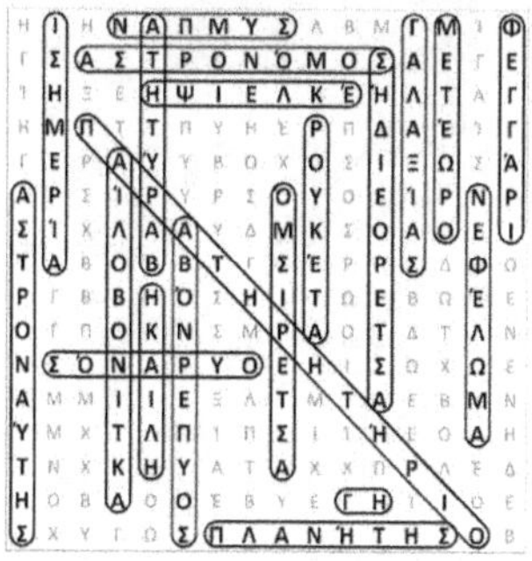

10 - Acampamento

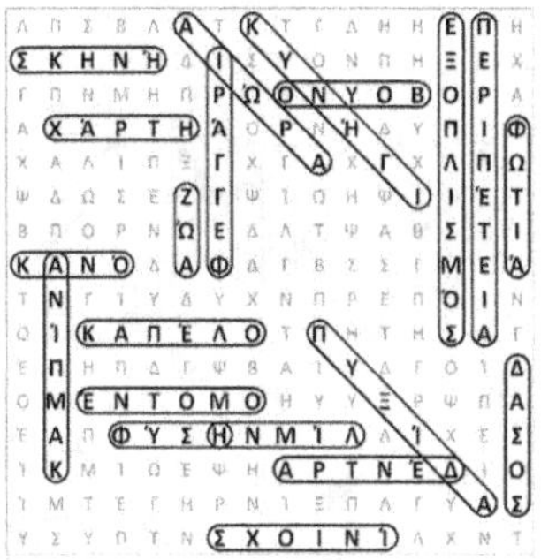

11 - Ficção Científica

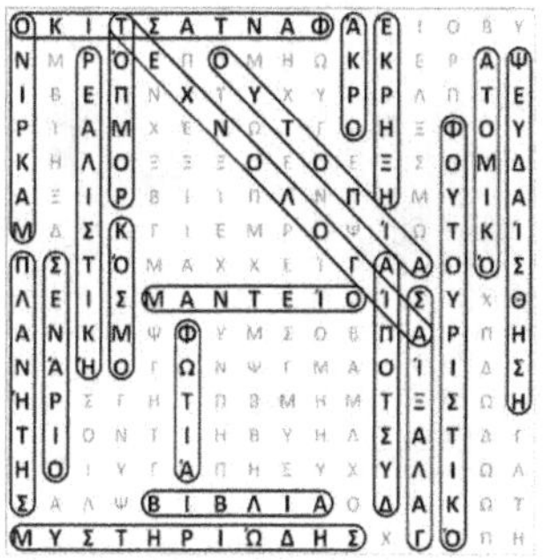

12 - Mitologia

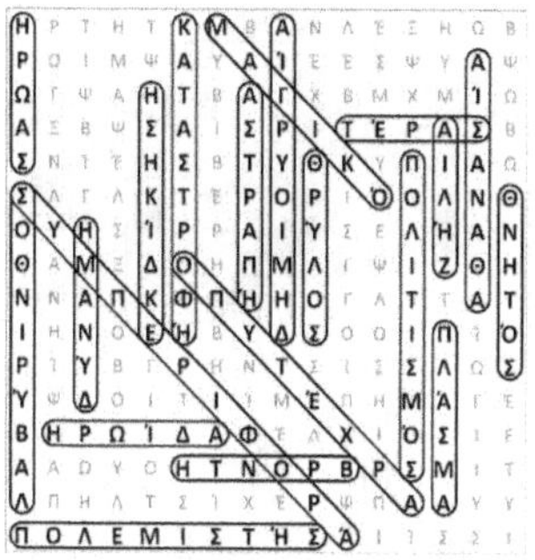

13 - Medições

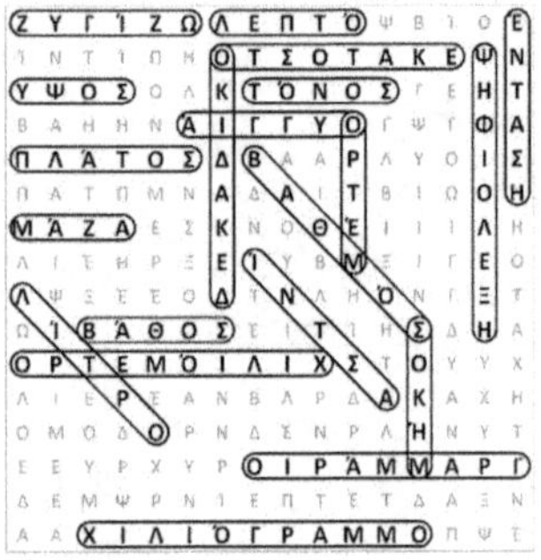

14 - Álgebra

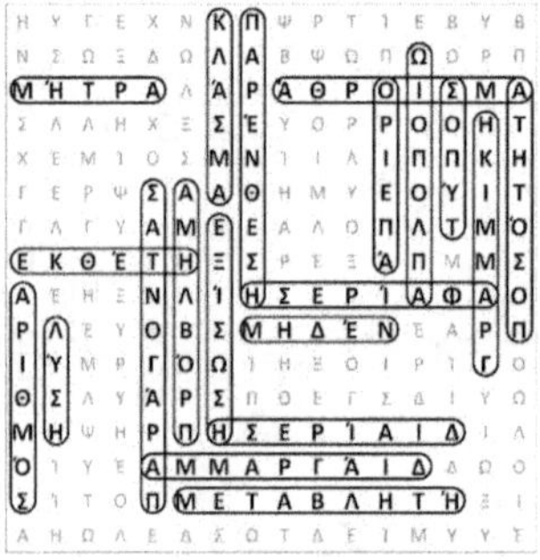

15 - Plantas

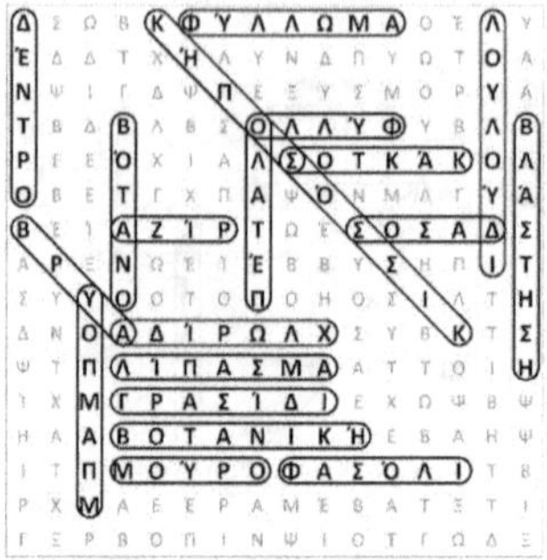

16 - Veículos

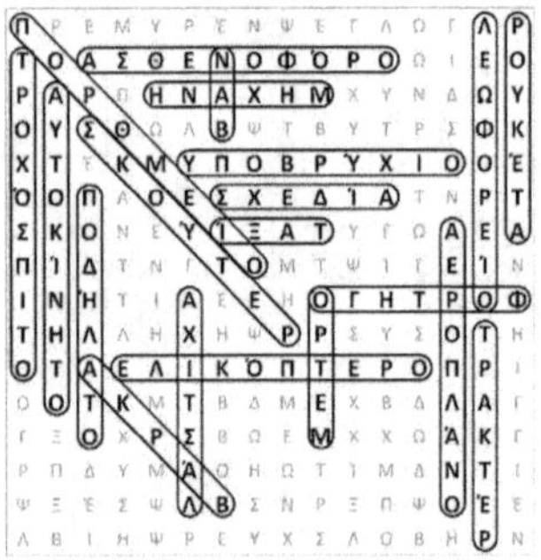

17 - Engenharia

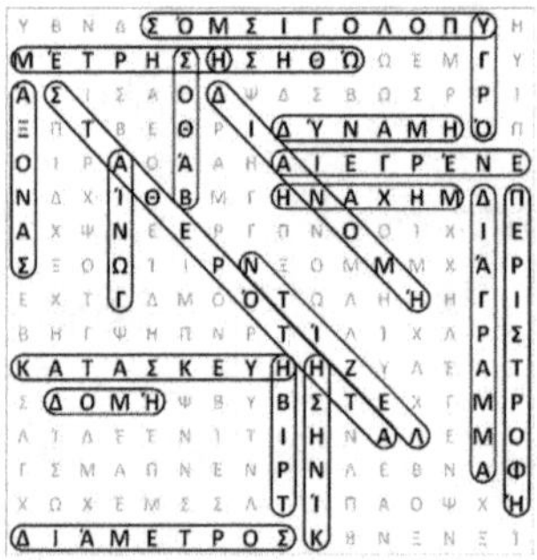

18 - Restaurante # 2

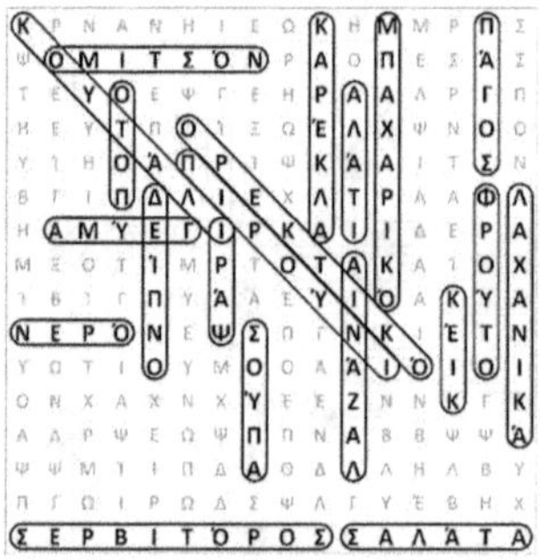

19 - Países #2

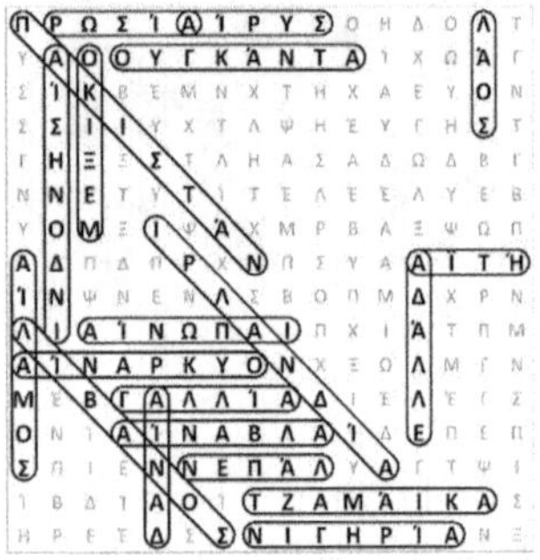

20 - Números

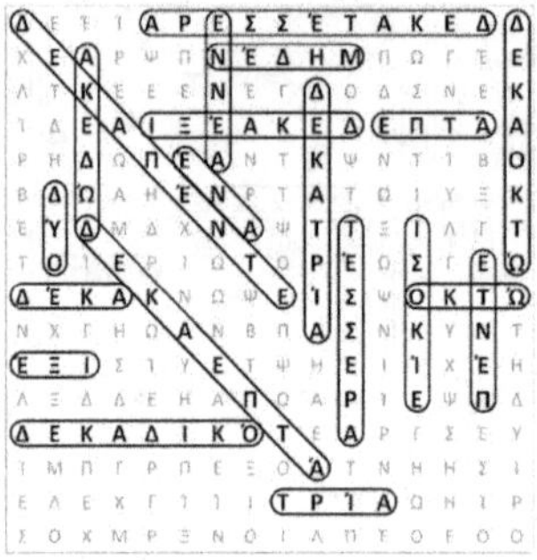

21 - Física

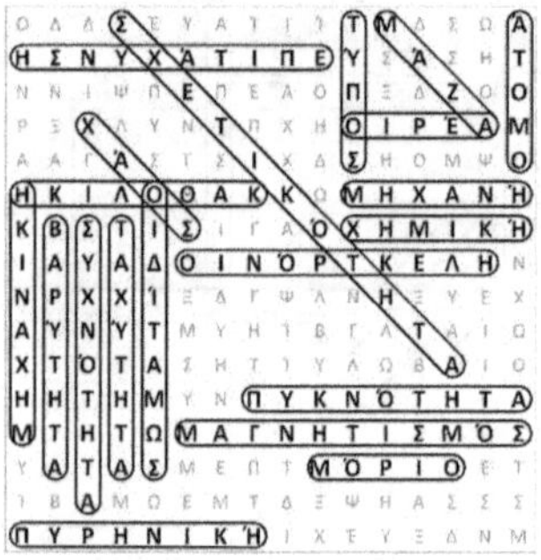

22 - Especiarias

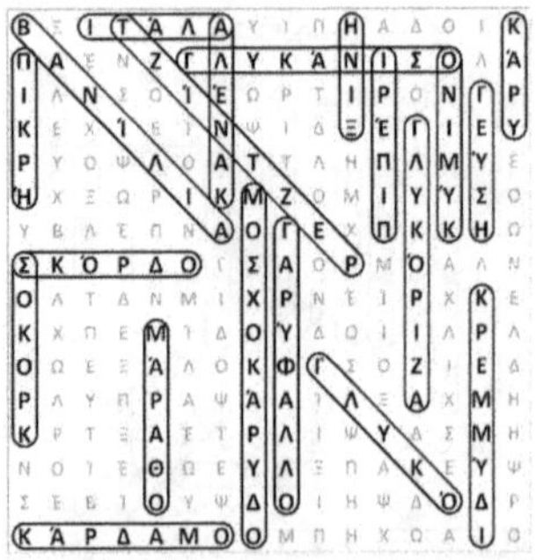

23 - Países #1

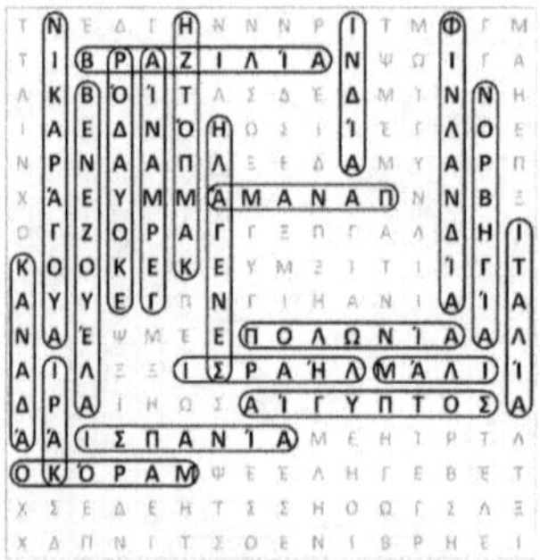

24 - Casa

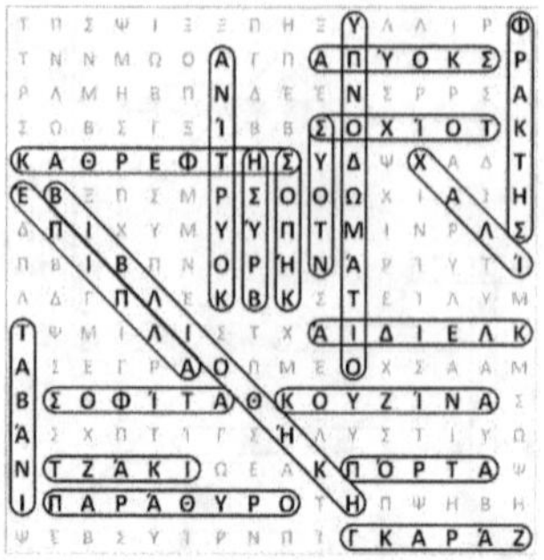

25 - Vegetais

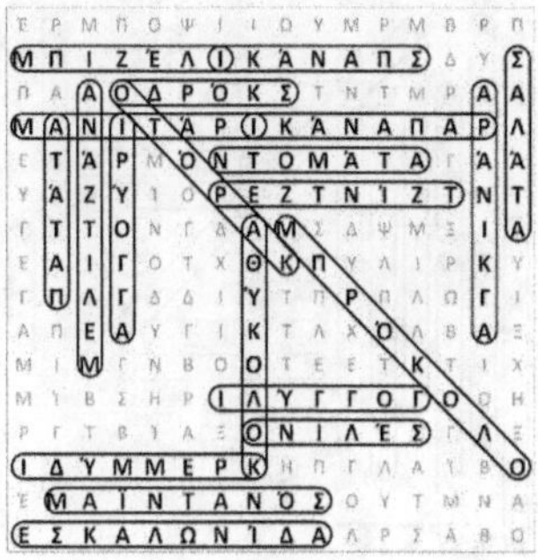

26 - Balé

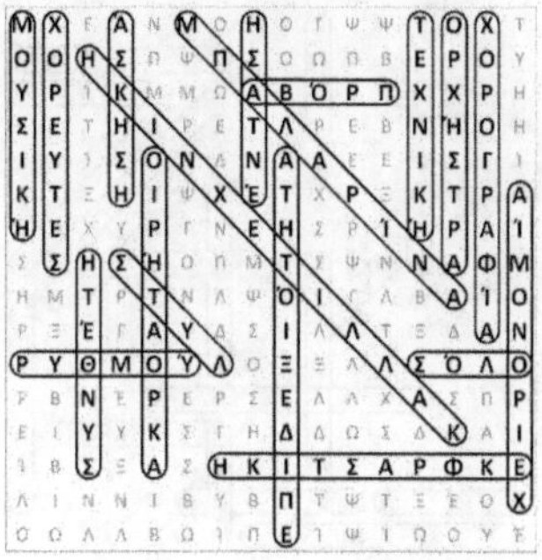

27 - Adjetivos #1

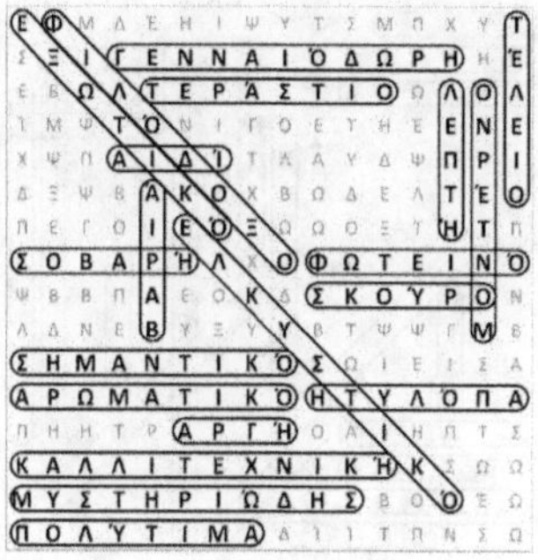

28 - Paisagens

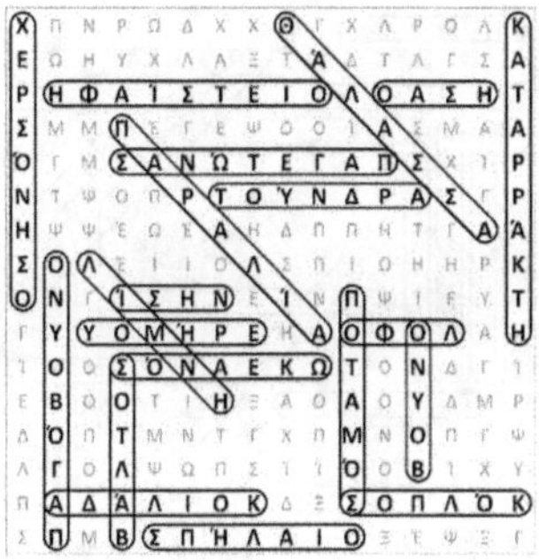

29 - Dança

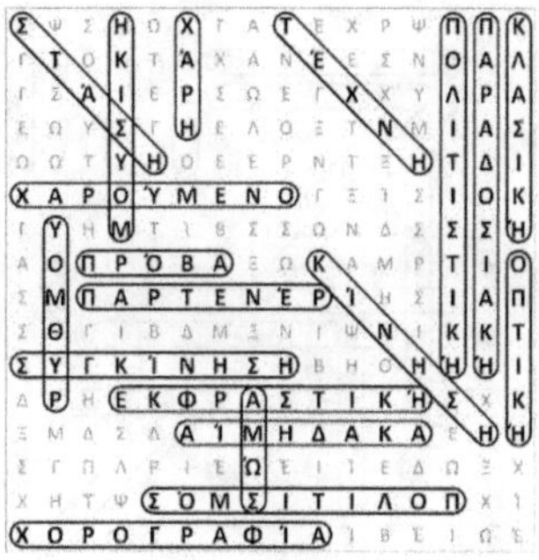

30 - Nutrição

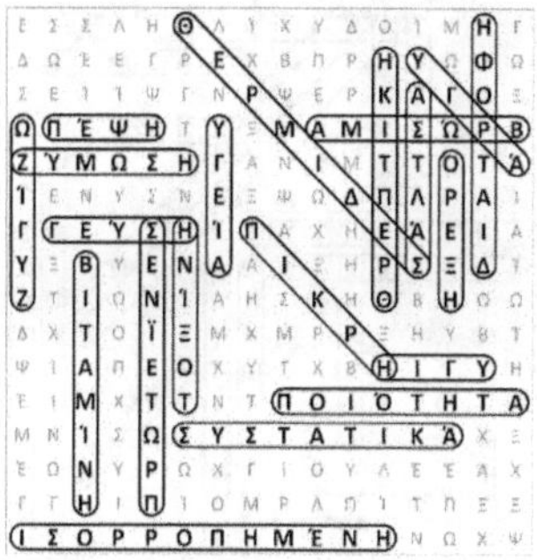

31 - Energia

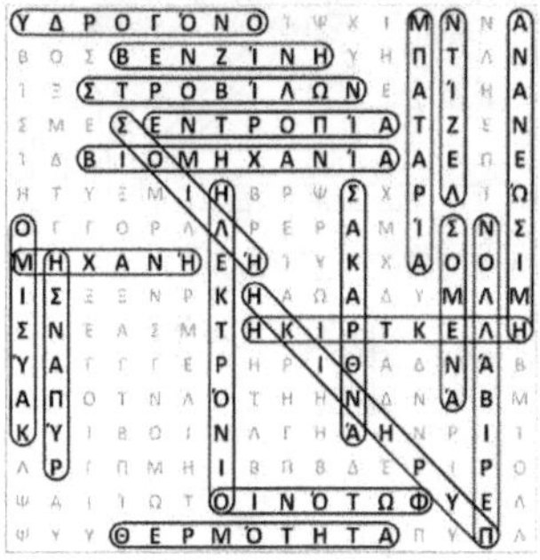

32 - Disciplinas Científicas

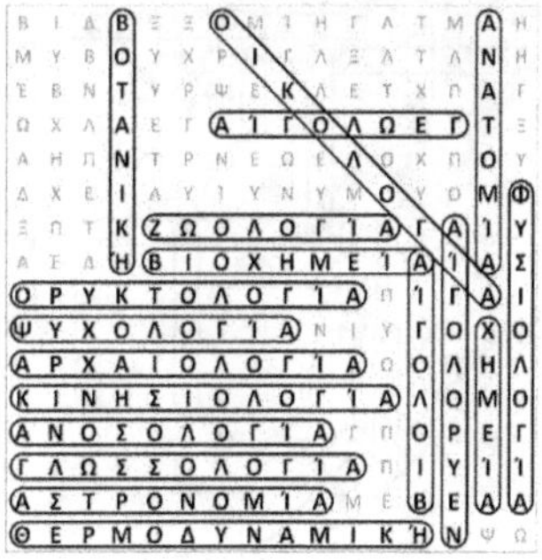

33 - Meditação

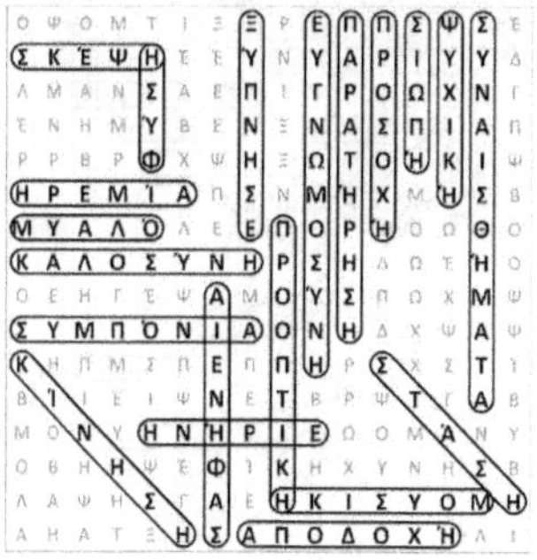

34 - Artes Visuais

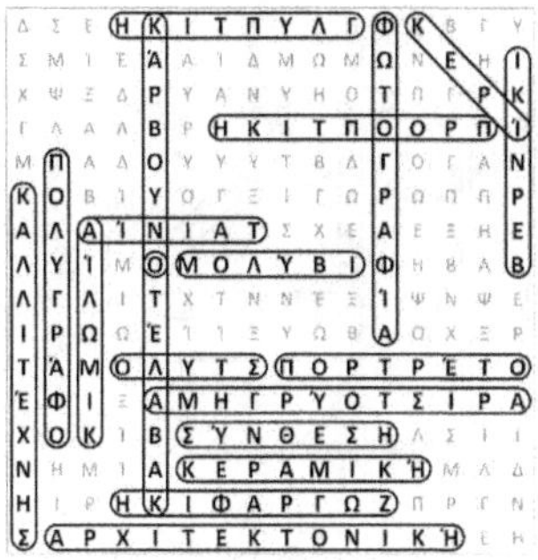

35 - Moda

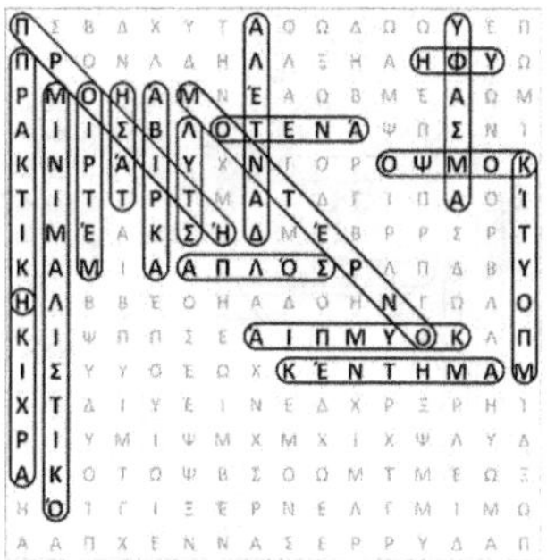

36 - Instrumentos Musicais

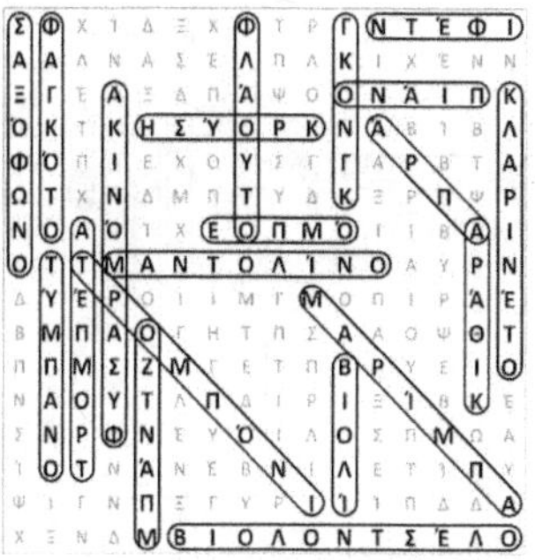

37 - Adjetivos #2

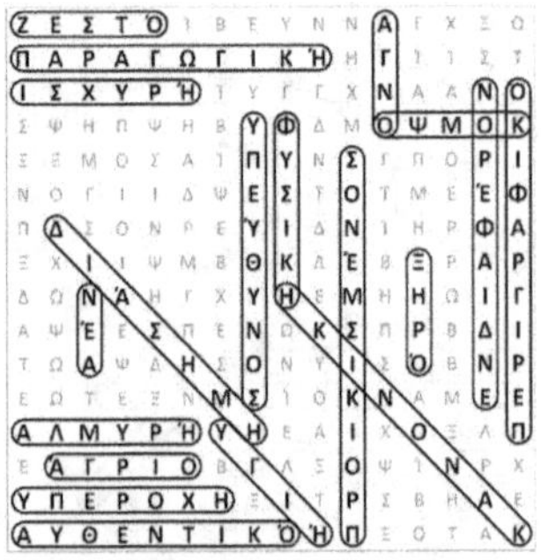

38 - Roupas

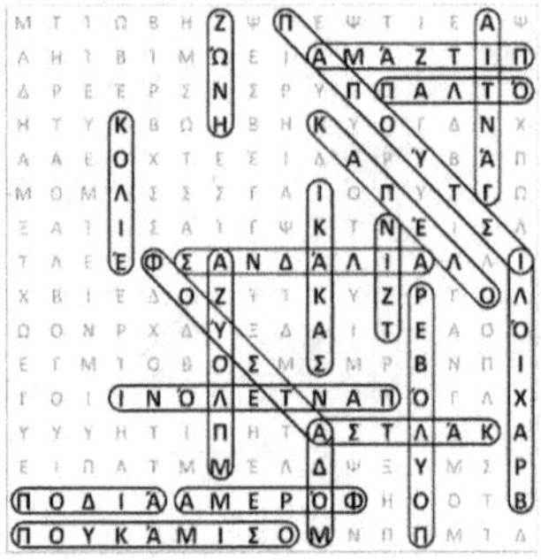

39 - Herbalismo

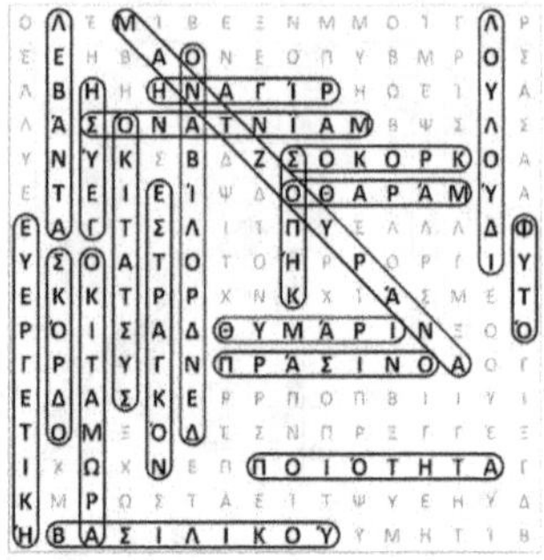

40 - Arqueologia

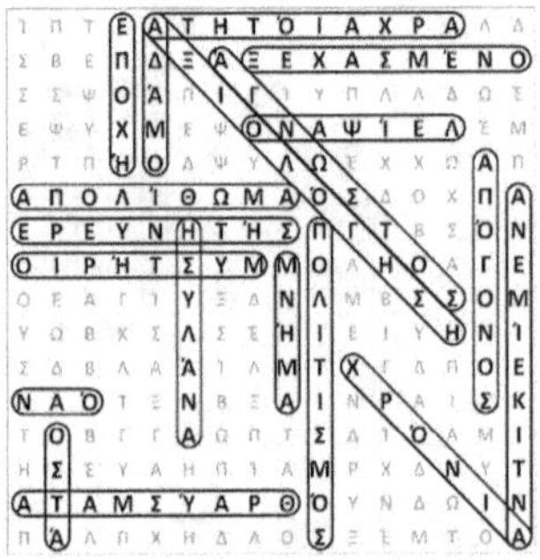

41 - Esporte

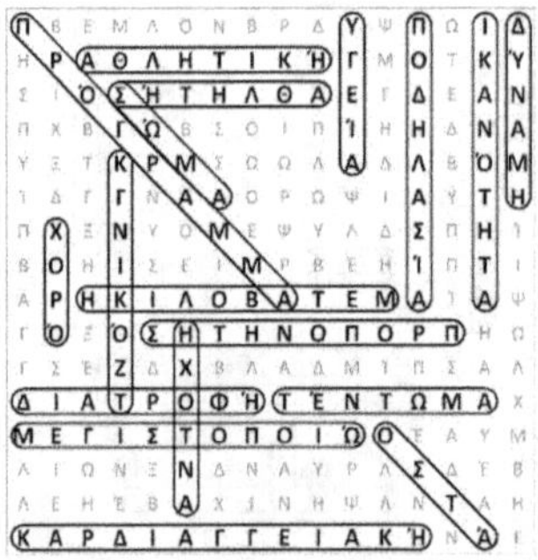

42 - Agronomia

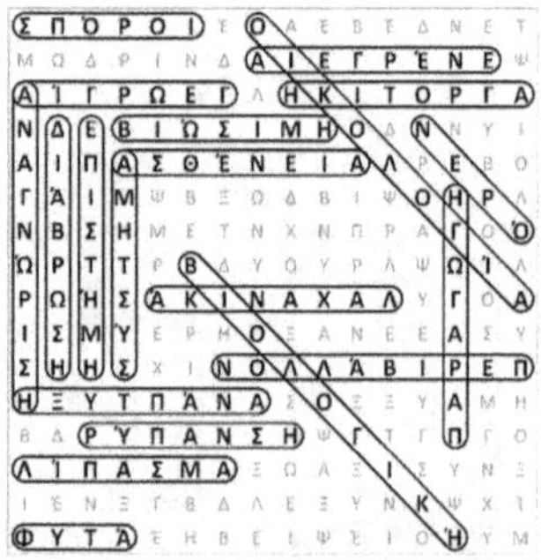

43 - Frutas

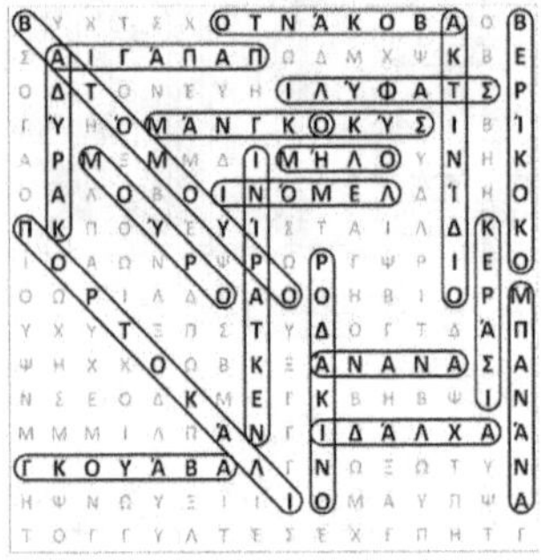

44 - Corpo Humano

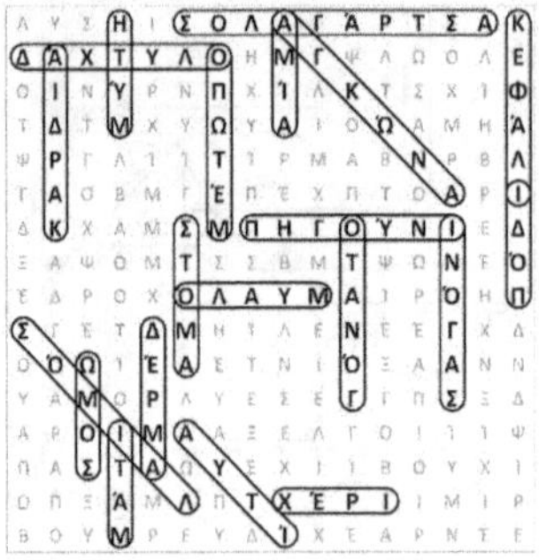

45 - Caminhada

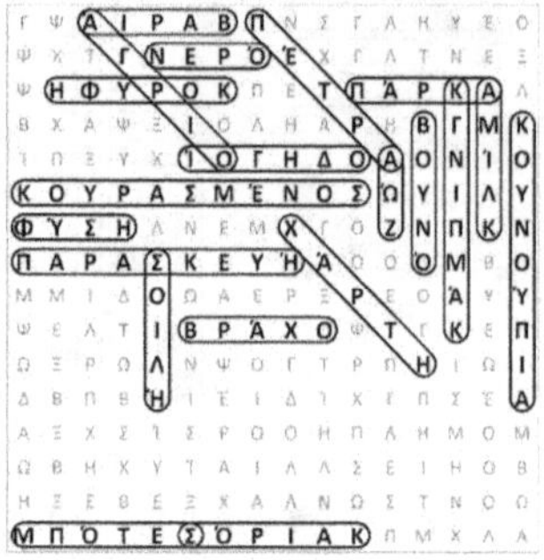

46 - Biologia

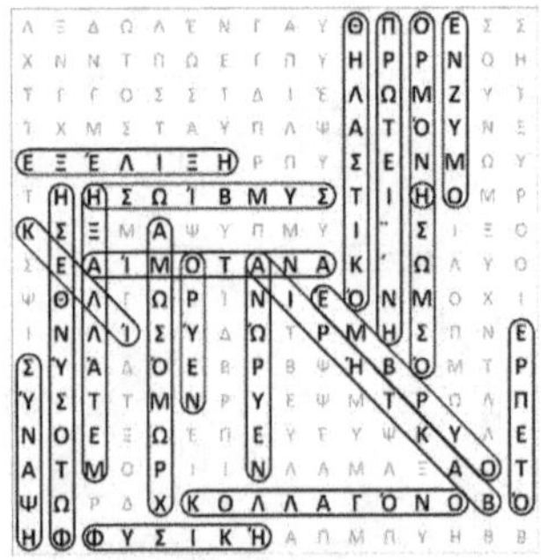

47 - Beleza

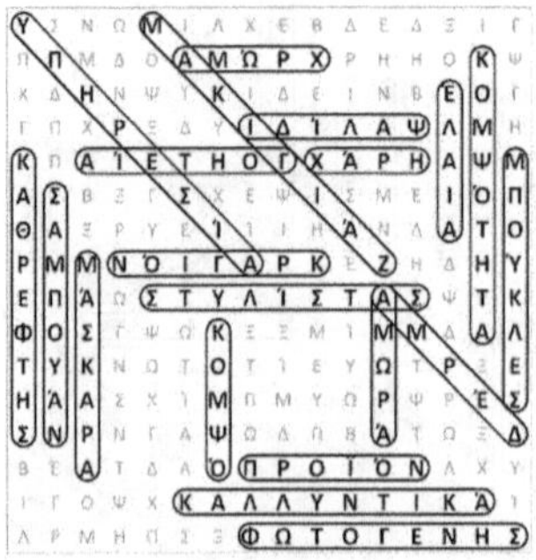

48 - Filantropia

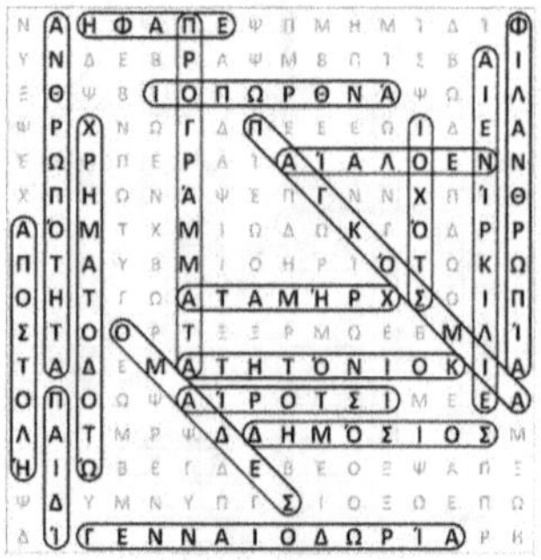

49 - Ecologia

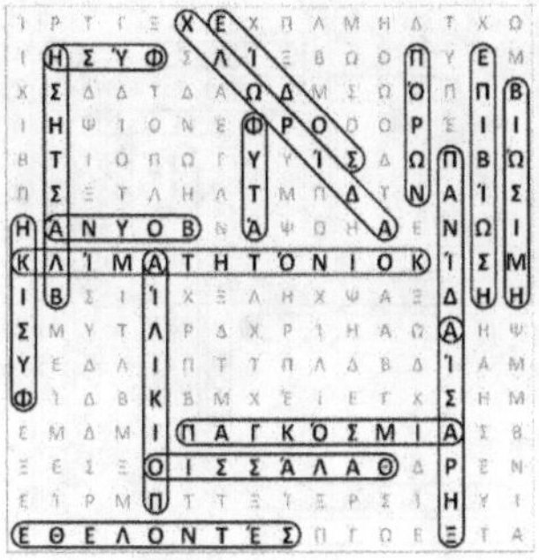

50 - Família

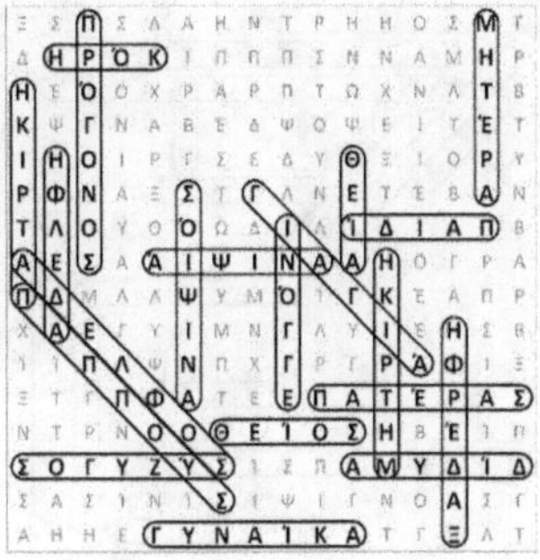

51 - Edifícios

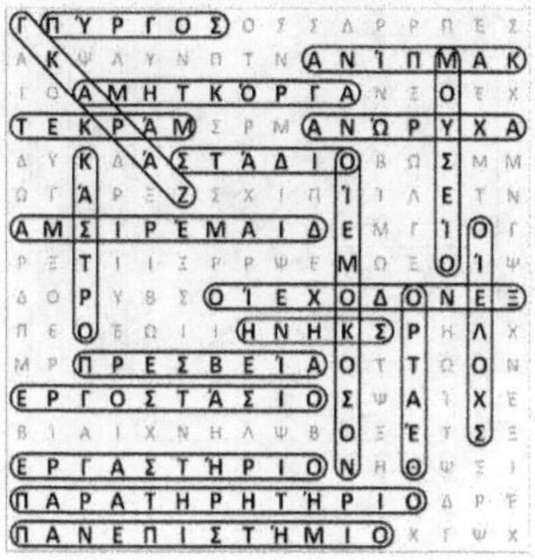

52 - Aventura

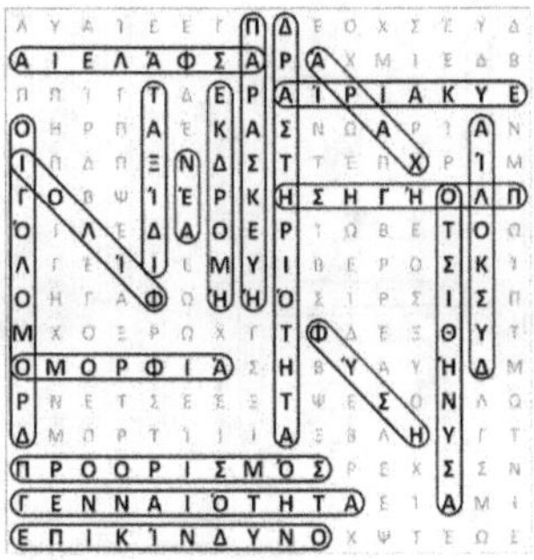

53 - Floresta Tropical

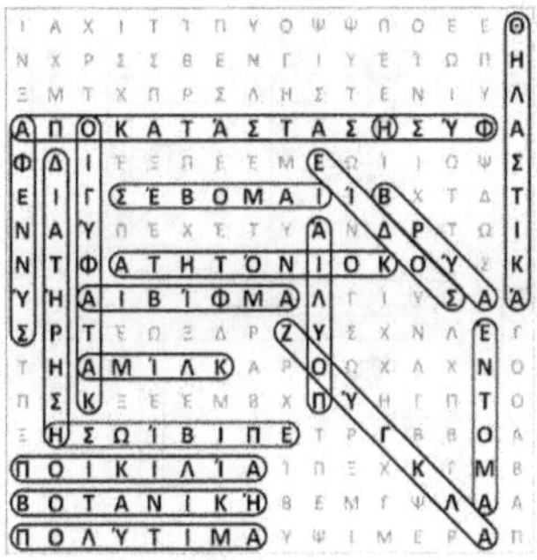

54 - Cidade

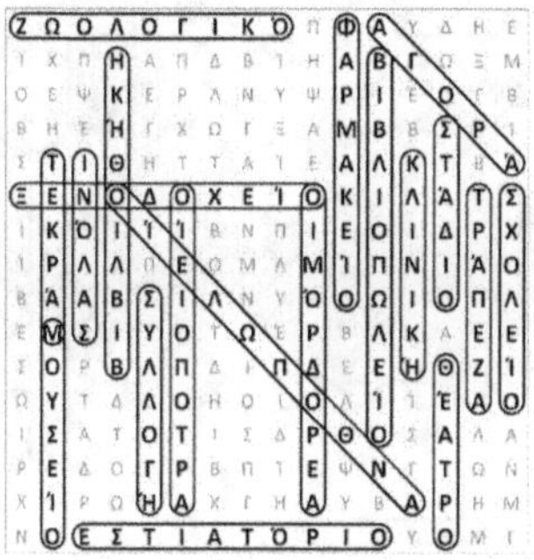

55 - Música

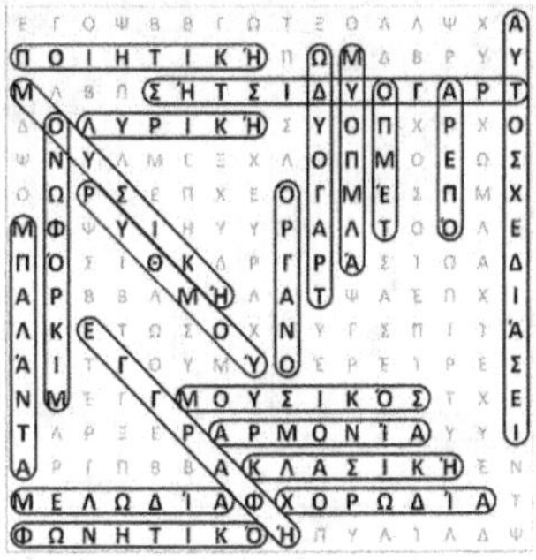

56 - Matemática

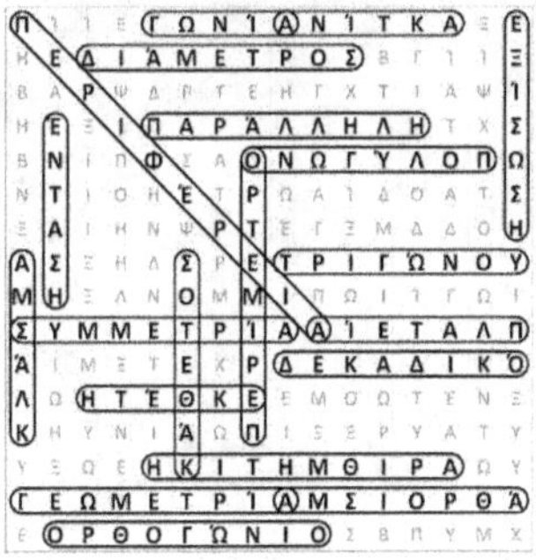

57 - Saúde e Bem Estar #1

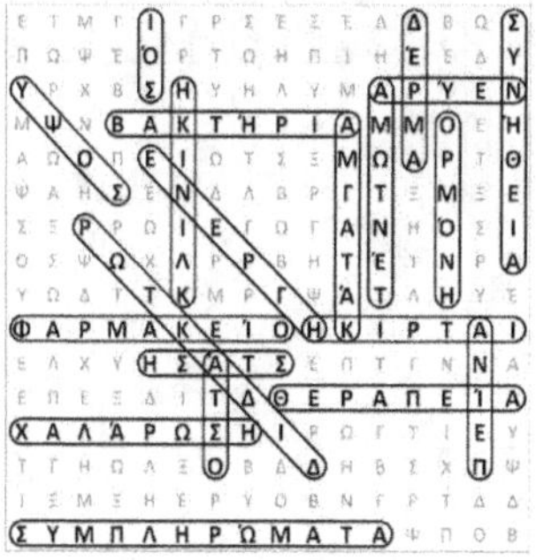

58 - Imigração

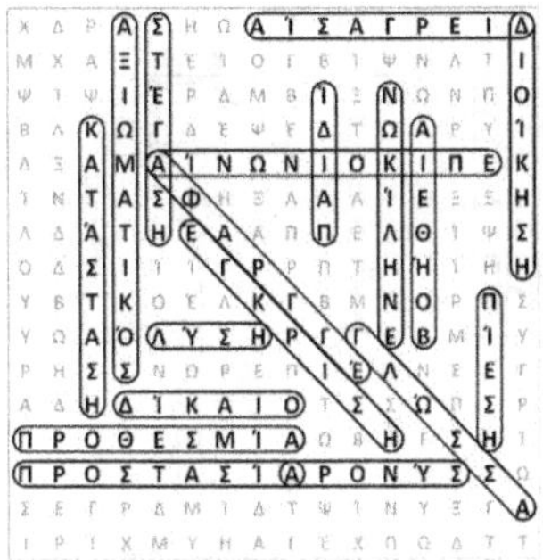

59 - Natureza

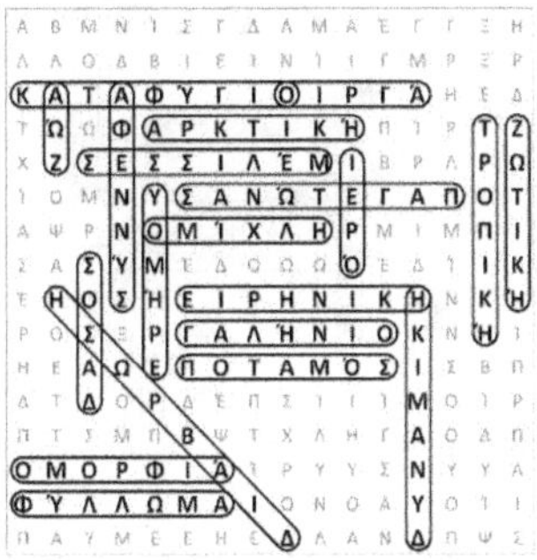

60 - A Empresa

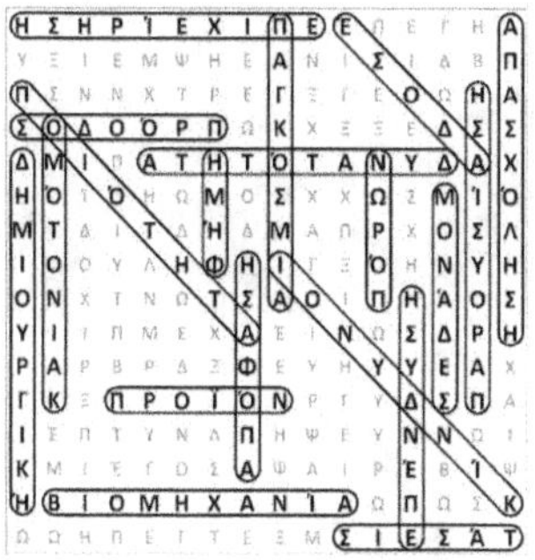

61 - Doença

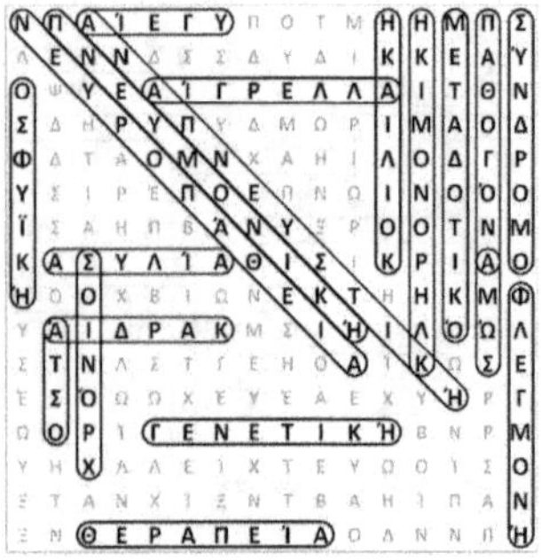

62 - Aquecimento Global

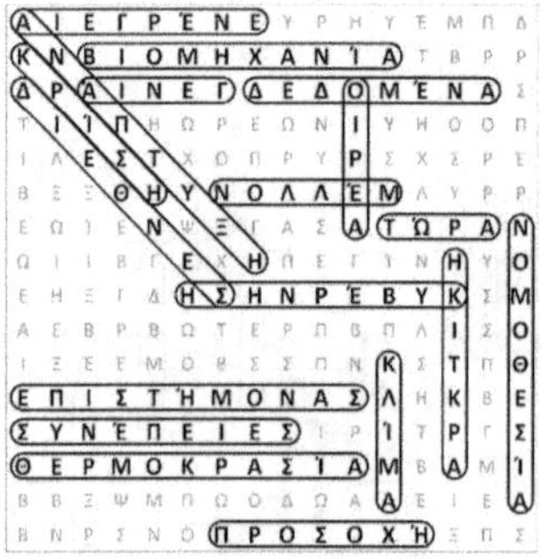

63 - Aviões

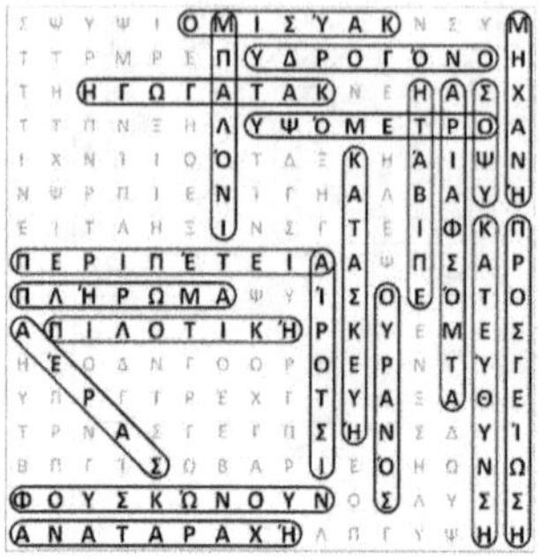

64 - Tipos de Cabelo

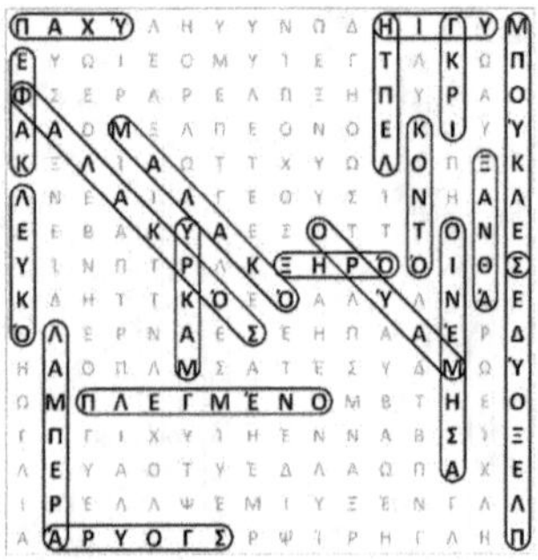

65 - Formas

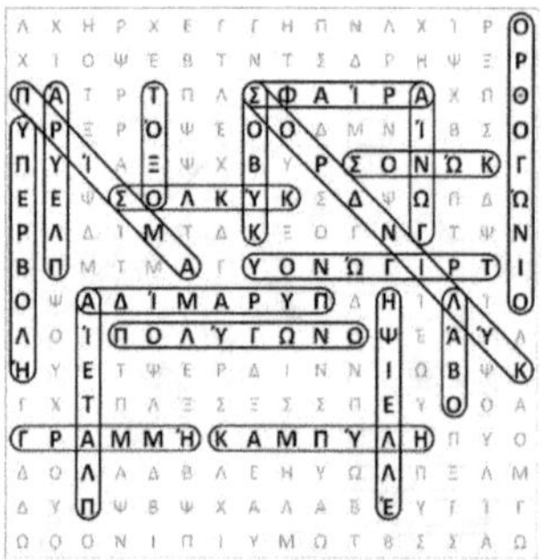

66 - Criatividade

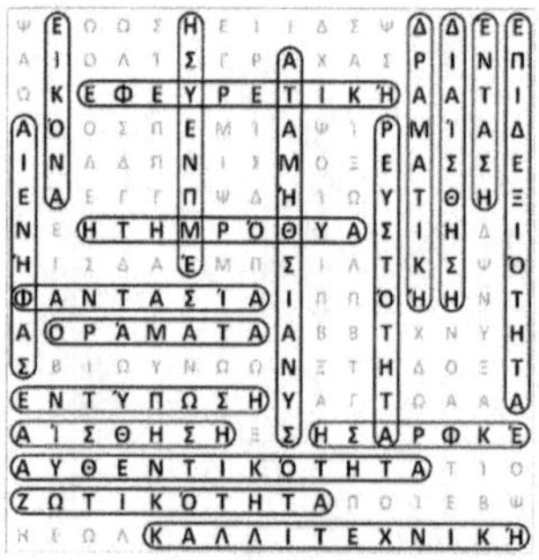

67 - Dias e Meses

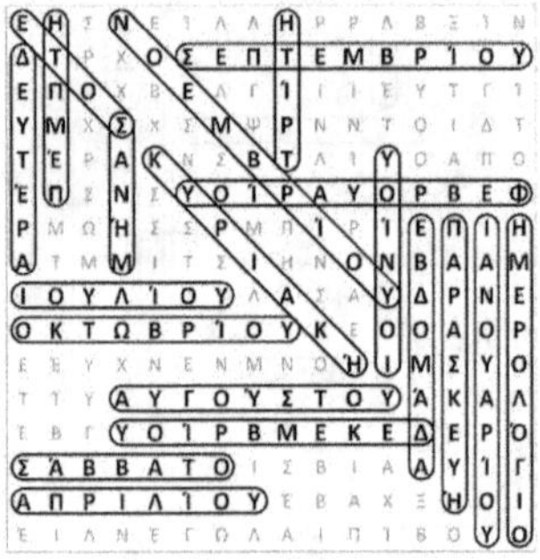

68 - Saúde e Bem Estar #2

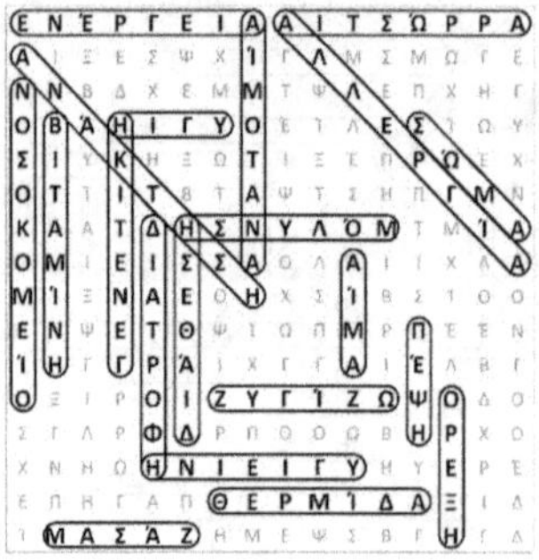

69 - Geografia

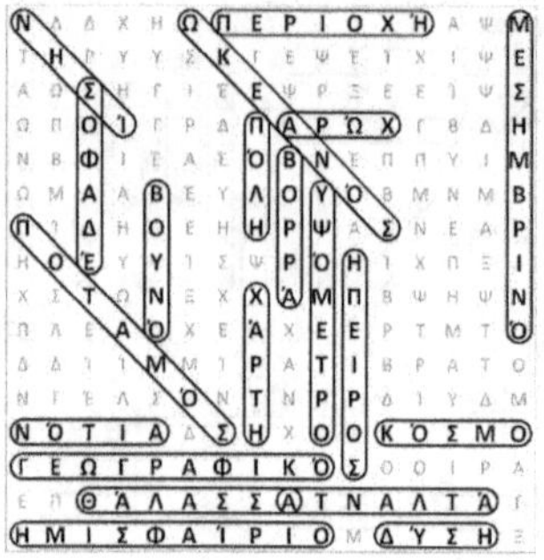

70 - Antártica

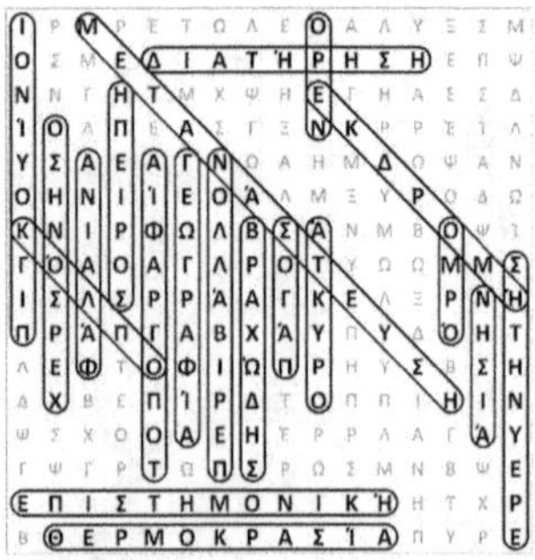

71 - Flores

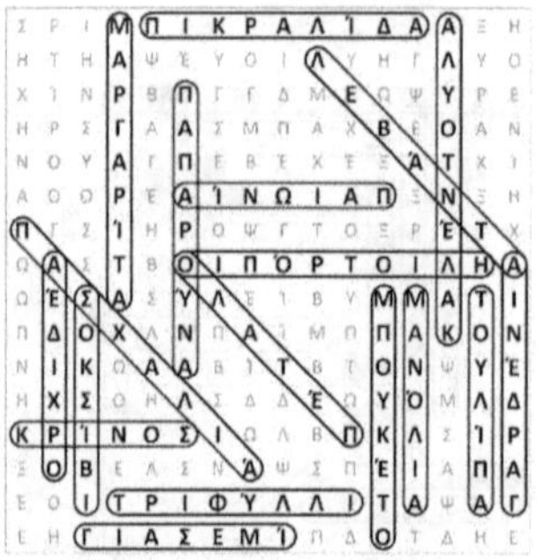

72 - Fazenda #1

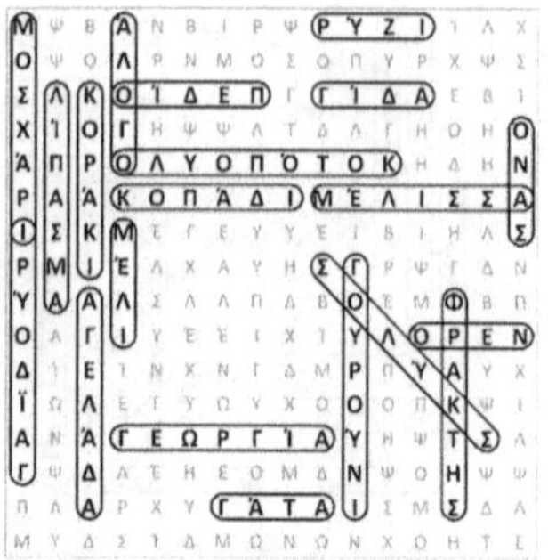

73 - Livros

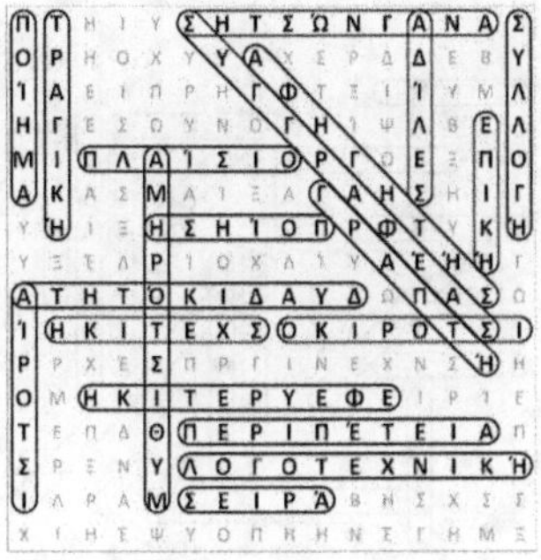

74 - Chocolate

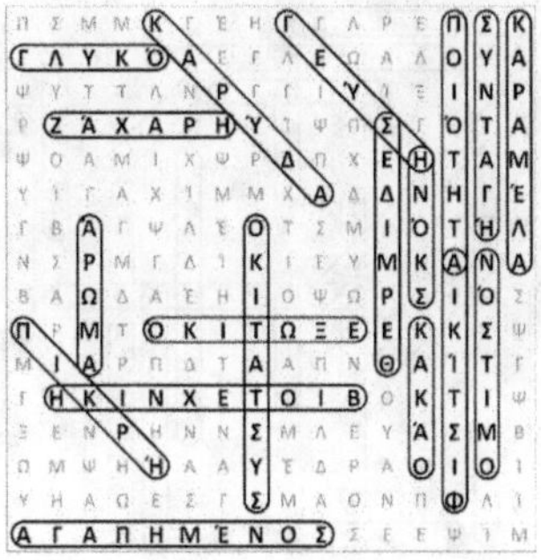

75 - Governo

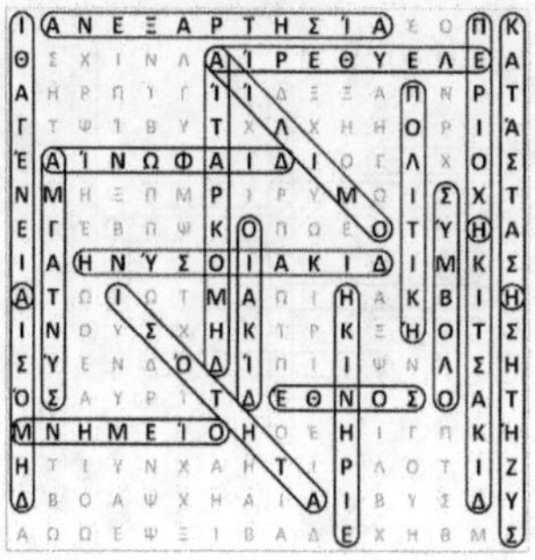

76 - Jardinagem

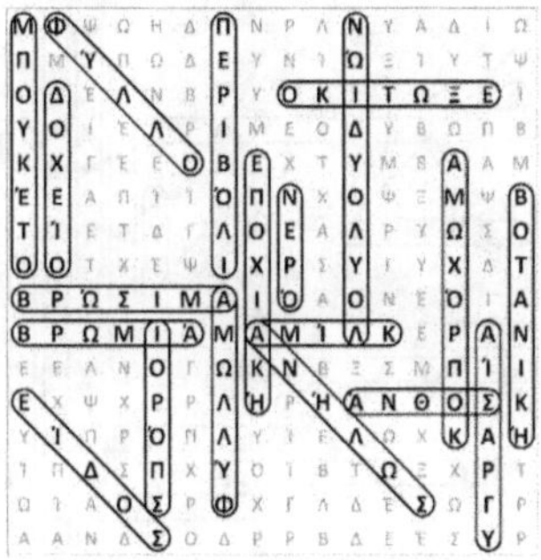

77 - Profissões #2

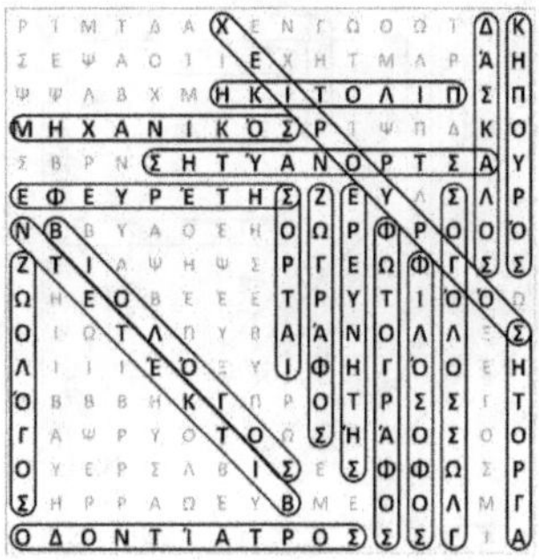

78 - Café

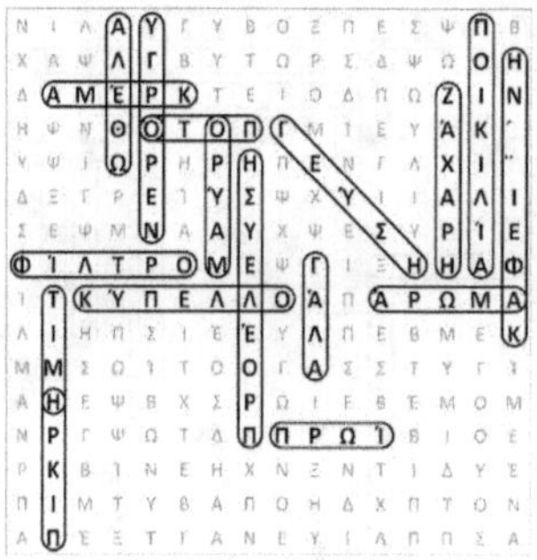

79 - Negócios

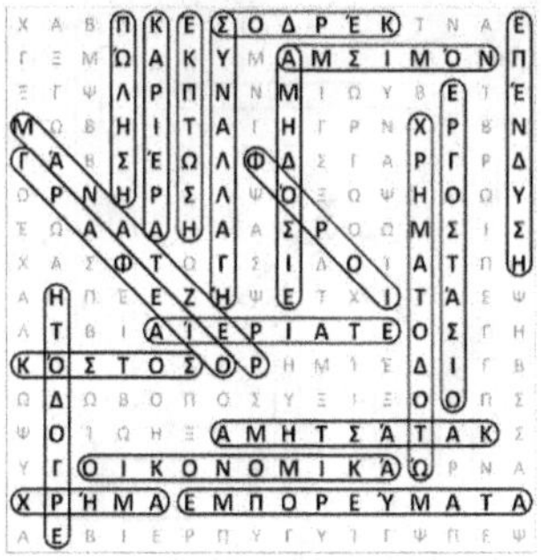

80 - Fazenda #2

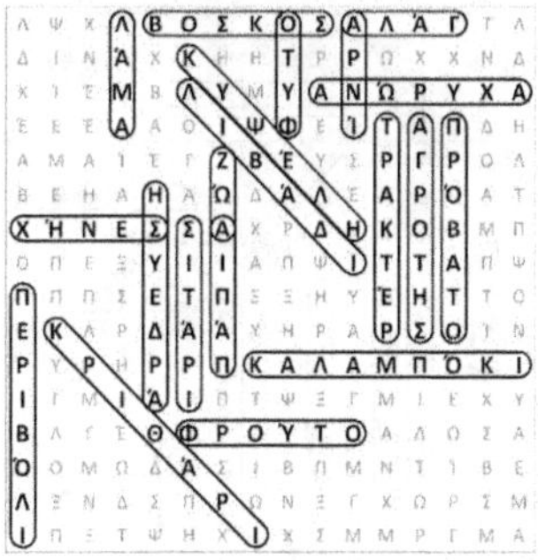

81 - Jardim

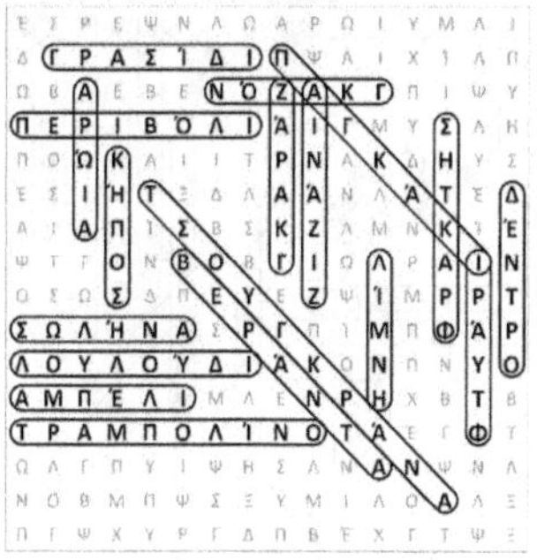

82 - Oceano

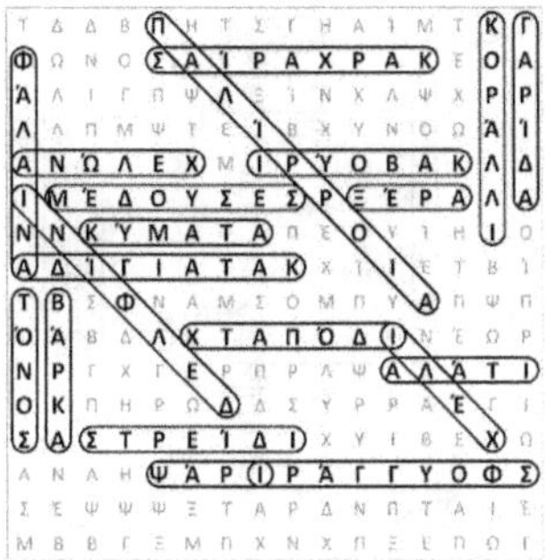

83 - Profissões #1

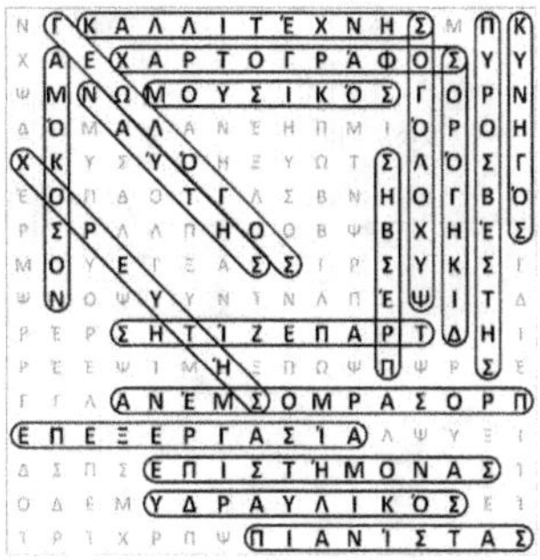

84 - Força e Gravidade

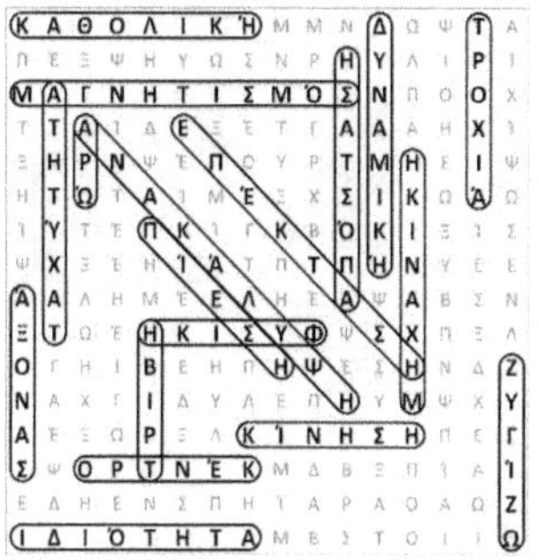

85 - Abelhas

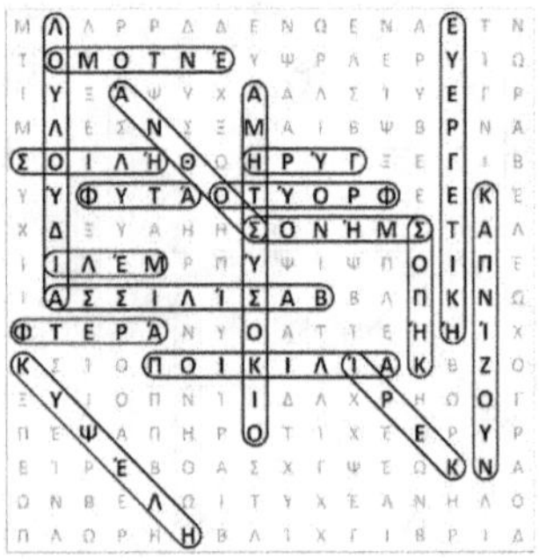

86 - Ciência

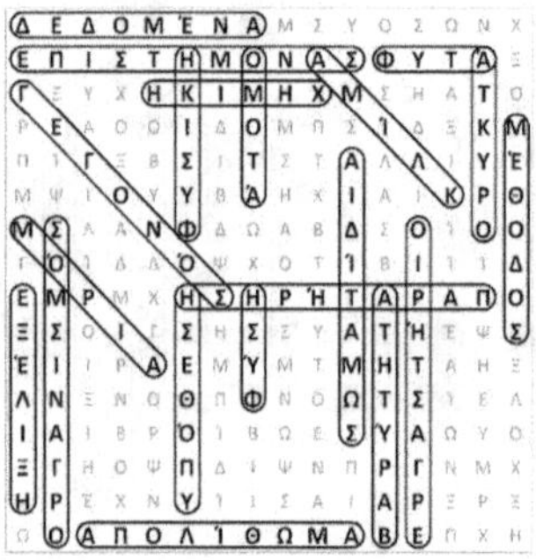

87 - Comida #1

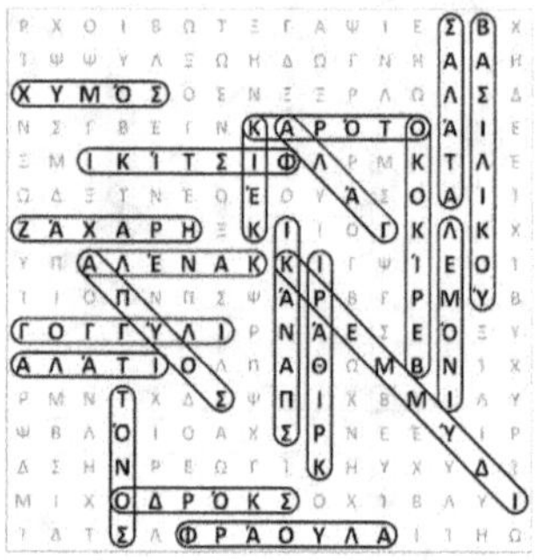

88 - Geometria

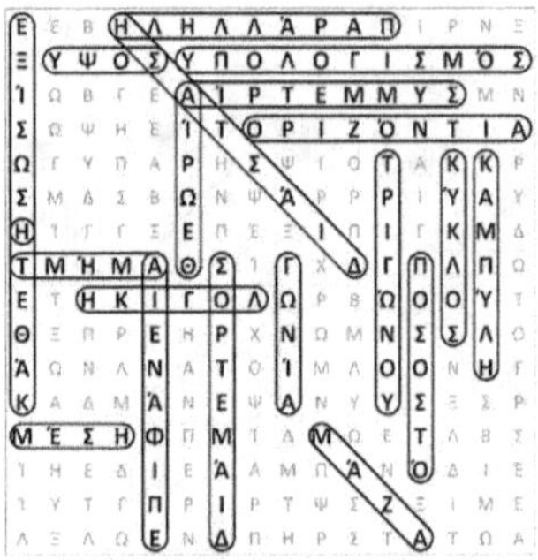

89 - Pássaros

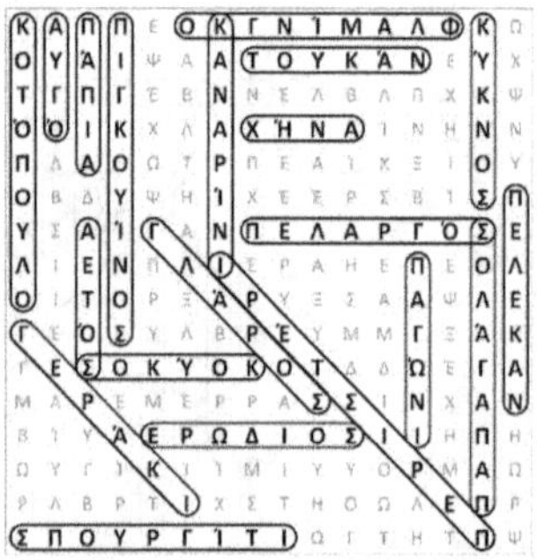

90 - Literatura

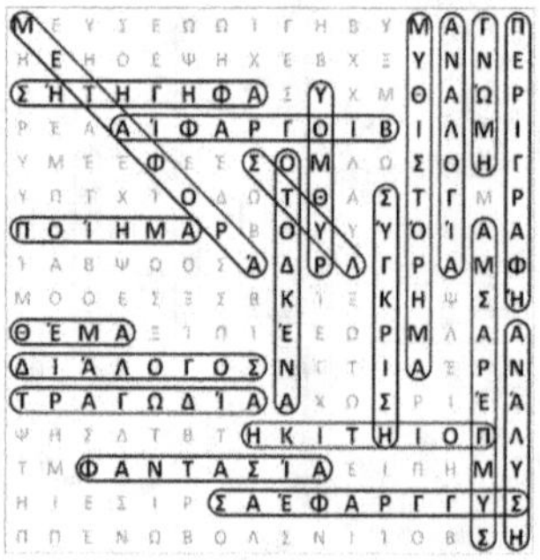

91 - Química

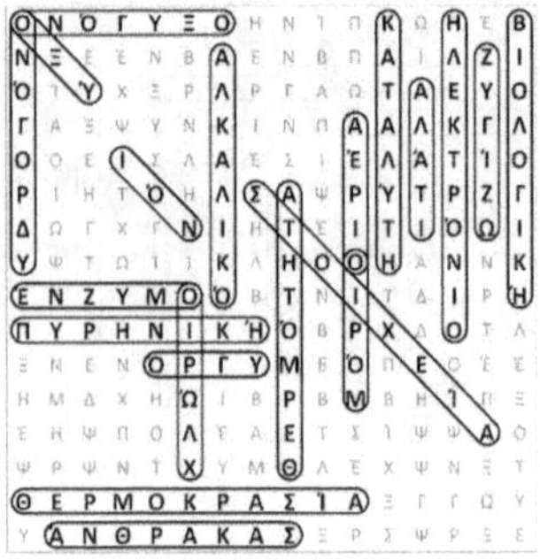

92 - Clima

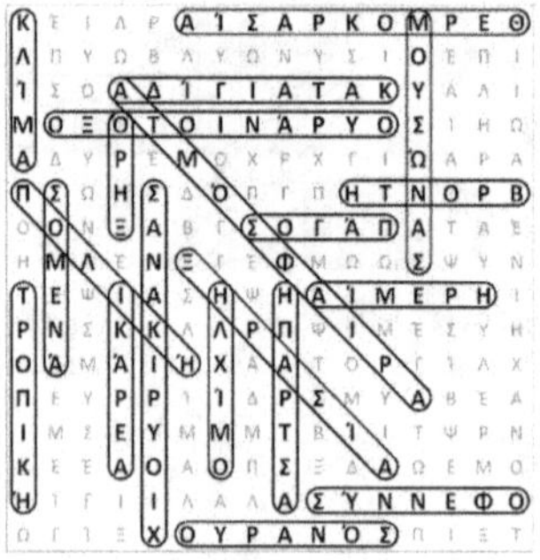

93 - Diplomacia

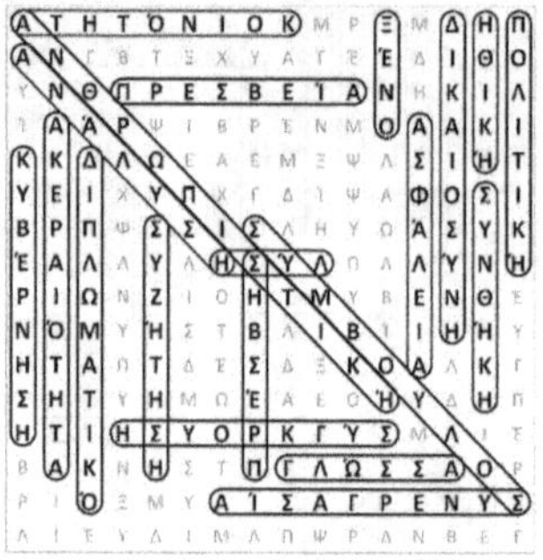

94 - Esportes

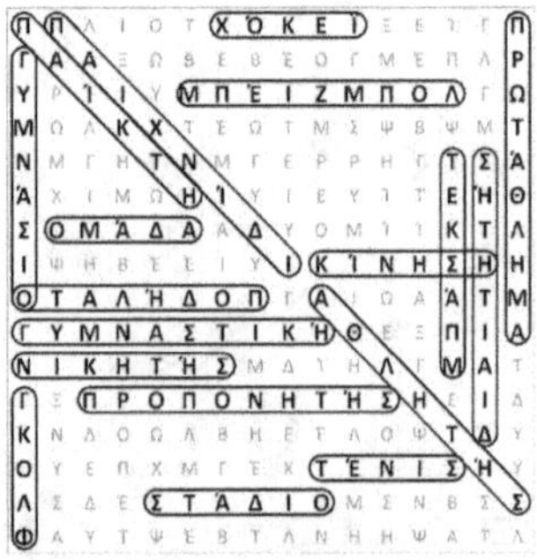

95 - Comida # 2

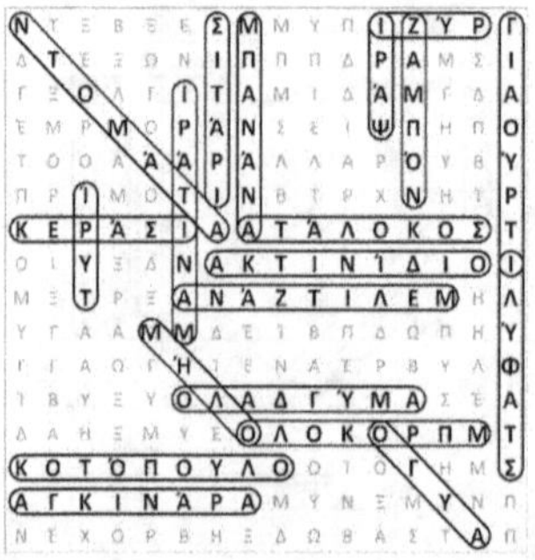

96 - Universo

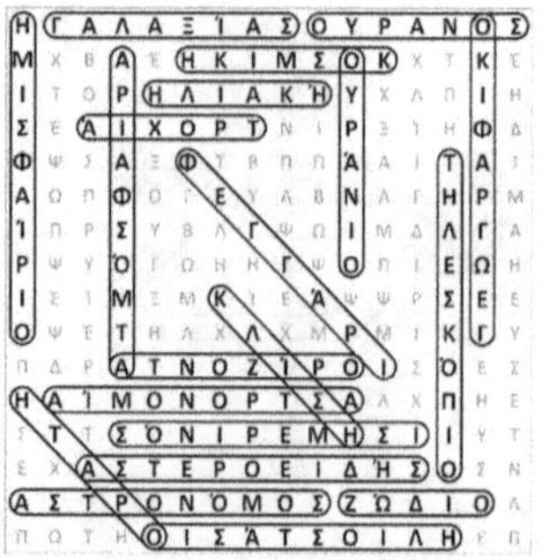

97 - Jazz

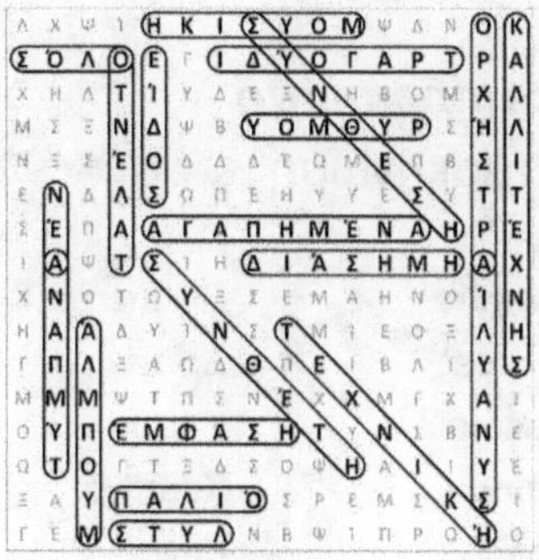

98 - Barcos

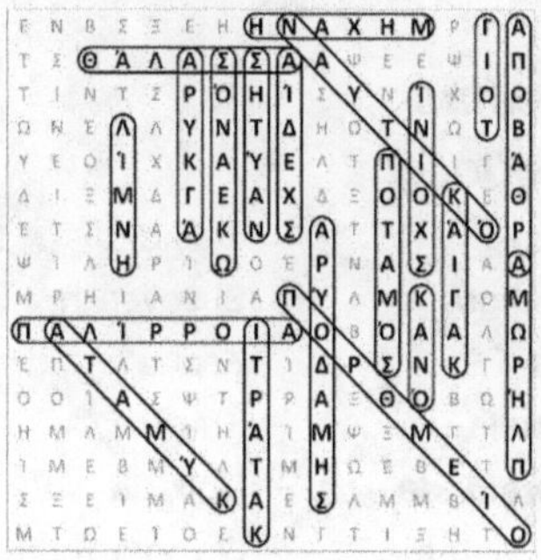

99 - Mamíferos

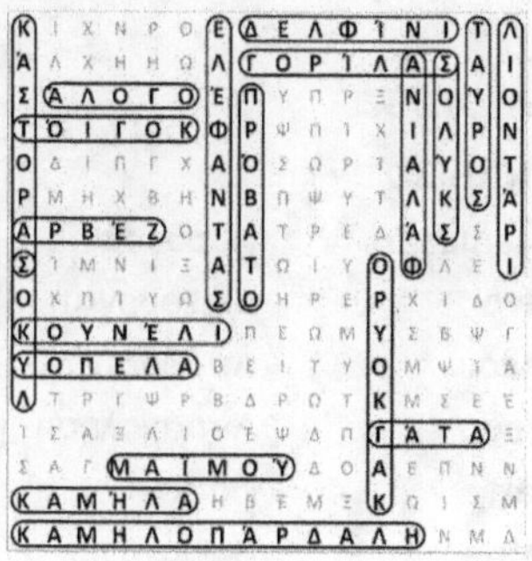

100 - Atividades e Lazer

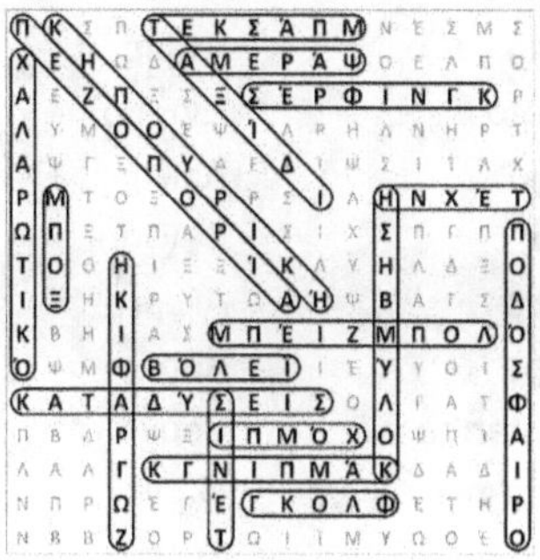

Dicionário

A Empresa
Η Εταιρεία

Apresentação	Παρουσίαση
Criativo	Δημιουργική
Decisão	Απόφαση
Emprego	Απασχόληση
Global	Παγκόσμια
Indústria	Βιομηχανία
Inovador	Καινοτόμο
Investimento	Επένδυση
Negócio	Επιχείρηση
Possibilidade	Δυνατότητα
Produto	Προϊόν
Progresso	Πρόοδοσ
Qualidade	Ποιότητα
Receita	Έσοδα
Recursos	Πόρων
Reputação	Φήμη
Riscos	Κίνδυνοι
Tendências	Τάσεισ
Unidades	Μονάδεσ

Abelhas
Μέλισσες

Asas	Φτερά
Benéfico	Ευεργετική
Cera	Κερί
Colmeia	Κυψέλη
Diversidade	Ποικιλία
Ecossistema	Οικοσύστημα
Enxame	Σμήνοσ
Flor	Άνθοσ
Flores	Λουλούδια
Fruta	Φρούτο
Fumaça	Καπνίζουν
Inseto	Έντομο
Jardim	Κήποσ
Mel	Μέλι
Plantas	Φυτά
Pólen	Γύρη
Rainha	Βασίλισσα
Sol	Ήλιοσ

Acampamento
Κατασκήνωση

Animais	Ζώα
Aventura	Περιπέτεια
Árvores	Δέντρα
Bússola	Πυξίδα
Cabine	Καμπίνα
Caça	Κυνήγι
Canoa	Κανό
Chapéu	Καπέλο
Corda	Σχοινί
Equipamento	Εξοπλισμόσ
Floresta	Δασοσ
Fogo	Φωτιά
Inseto	Έντομο
Lago	Λίμνη
Lua	Φεγγάρι
Maca	Αιώρα
Mapa	Χάρτη
Montanha	Βουνό
Natureza	Φύση
Tenda	Σκηνή

Adjetivos #1
Επίθετα #1

Absoluto	Απόλυτη
Ambicioso	Φιλόδοξο
Aromático	Αρωματικό
Artístico	Καλλιτεχνική
Atraente	Ελκυστικό
Brilhante	Φωτεινό
Enorme	Τεράστιο
Escuro	Σκούρο
Exótico	Εξωτικό
Fino	Λεπτή
Generoso	Γενναιόδωρη
Idêntico	Ίδια
Importante	Σημαντικό
Lento	Αργή
Misterioso	Μυστηριώδησ
Moderno	Μοντέρνο
Perfeito	Τέλειο
Pesado	Βαριά
Sério	Σοβαρή
Valioso	Πολύτιμα

Adjetivos #2
Επίθετα #2

Autêntico	Αυθεντικό
Criativo	Δημιουργική
Descritivo	Περιγραφικό
Dotado	Προικισμένοσ
Elegante	Κομψό
Famoso	Διάσημη
Forte	Ισχυρή
Interessante	Ενδιαφέρον
Natural	Φυσική
Normal	Κανονική
Novo	Νέα
Orgulhoso	Υπεροχη
Produtivo	Παραγωγική
Puro	Αγνό
Quente	Ζεστό
Responsável	Υπεύθυνοσ
Salgado	Αλμυρή
Saudável	Υγιή
Seco	Ξηρό
Selvagem	Άγριο

Agronomia
Αγρονομία

Agricultura	Γεωργία
Ambiente	Περιβάλλον
Água	Νερό
Ciência	Επιστήμη
Crescimento	Ανάπτυξη
Doenças	Ασθένεια
Ecologia	Οικολογία
Energia	Ενέργεια
Erosão	Διάβρωση
Fertilizante	Λίπασμα
Identificação	Αναγνώριση
Legumes	Λαχανικά
Orgânico	Βιολογική
Plantas	Φυτά
Poluição	Ρύπανση
Produção	Παραγωγή
Rural	Αγροτική
Sementes	Σπόροι
Sistemas	Σύστημα
Sustentável	Βιώσιμη

Antártica
Ανταρκτική

Ambiente	Περιβάλλον
Água	Νερό
Baía	Κόλπο
Baleias	Φάλαινα
Científico	Επιστημονική
Conservação	Διατήρηση
Continente	Ήπειροσ
Enseada	Όρμο
Expedição	Εκδρομή
Gelo	Πάγοσ
Geografia	Γεωγραφία
Ilhas	Νησιά
Investigador	Ερευνητήσ
Migração	Μετανάστευση
Minerais	Ορυκτά
Península	Χερσόνησο
Pinguins	Πιγκουίνοι
Rochoso	Βραχώδησ
Temperatura	Θερμοκρασία
Topografia	Τοπογραφία

Antiguidades
Αντίκες

Arte	Τέχνη
Autêntico	Αυθεντικό
Coletor	Συλλέκτησ
Decorativo	Διακοσμητικό
Elegante	Κομψό
Entusiasta	Ενθουσιώδησ
Escultura	Γλυπτική
Estilo	Στυλ
Galeria	Συλλογή
Incomum	Ασυνήθιστο
Investimento	Επένδυση
Item	Στοιχείο
Leilão	Δημοπρασία
Mobiliário	Έπιπλα
Moedas	Κέρματα
Preço	Τιμή
Qualidade	Ποιότητα
Restauração	Αποκατάσταση
Século	Αιώνασ
Velho	Παλιό

Aquecimento Global
Υπερθέρμανση του Πλανήτη

Agora	Τώρα
Atenção	Προσοχή
Ártico	Αρκτική
Cientista	Επιστήμονασ
Clima	Κλίμα
Consequências	Συνέπειεσ
Crise	Κρίση
Dados	Δεδομένα
Desenvolvimento	Ανάπτυξη
Energia	Ενέργεια
Futuro	Μέλλον
Gás	Αέριο
Gerações	Γενιά
Governo	Κυβέρνηση
Indústria	Βιομηχανία
Internacional	Διεθνεσ
Legislação	Νομοθεσία
Temperaturas	Θερμοκρασία

Arqueologia
Αρχαιολογία

Análise	Ανάλυση
Anos	Χρόνια
Antiguidade	Αρχαιότητα
Avaliação	Αξιολόγηση
Civilização	Πολιτισμόσ
Descendente	Απόγονοσ
Desconhecido	Άγνωστοσ
Equipe	Ομάδα
Era	Εποχή
Esquecido	Ξεχασμένο
Fóssil	Απολίθωμα
Fragmentos	Θραύσματα
Investigador	Ερευνητήσ
Mistério	Μυστήριο
Objetos	Αντικείμενα
Ossos	Οστά
Professor	Καθηγητήσ
Relíquia	Λείψανο
Templo	Ναό
Túmulo	Μνήμα

Artes Visuais
Εικαστικές Τέχνες

Arquitetura	Αρχιτεκτονική
Artista	Καλλιτέχνησ
Caneta	Στυλό
Carvão	Κάρβουνο
Cavalete	Καβαλέτο
Cera	Κερί
Cerâmica	Κεραμική
Composição	Σύνθεση
Escultura	Γλυπτική
Estêncil	Πολυγράφο
Filme	Ταινία
Fotografia	Φωτογραφία
Giz	Κιμωλία
Lápis	Μολύβι
Obra-Prima	Αριστούργημα
Perspectiva	Προοπτική
Pintura	Ζωγραφική
Retrato	Πορτρέτο
Verniz	Βερνίκι

Astronomia
Αστρονομία

Asteróide	Αστεροειδήσ
Astronauta	Αστροναύτησ
Astrônomo	Αστρονόμοσ
Céu	Ουρανόσ
Constelação	Αστερισμό
Eclipse	Έκλειψη
Equinócio	Ισημερία
Foguete	Ρουκέτα
Galáxia	Γαλαξίασ
Gravidade	Βαρύτητα
Lua	Φεγγάρι
Meteoro	Μετέωρο
Nebulosa	Νεφέλωμα
Observatório	Παρατηρητήριο
Planeta	Πλανήτησ
Radiação	Ακτινοβολία
Solar	Ηλιακή
Supernova	Σουπερνόβα
Terra	Γη
Universo	Σύμπαν

Atividades
Δραστηριότητες

Arte	Τέχνη
Artesanato	Βιοτεχνία
Atividade	Δραστηριότητα
Caca	Κυνήγι
Caminhada	Πεζοπορία
Cerâmica	Κεραμική
Fotografia	Φωτογραφία
Habilidade	Επιδεξιότητα
Interesses	Συμφέροντα
Jardinagem	Κηπουρική
Jogos	Παιχνίδια
Lazer	Αναψυχή
Lendo	Ανάγνωση
Magia	Μαγεία
Pesca	Ψάρεμα
Pintura	Ζωγραφική
Prazer	Ευχαρίστηση
Relaxamento	Χαλάρωση

Atividades e Lazer
Δραστηριότητες και Αναψυχή

Acampamento	Κάμπινγκ
Arte	Τέχνη
Basquete	Μπάσκετ
Beisebol	Μπέιζμπολ
Boxe	Μποξ
Caminhada	Πεζοπορία
Futebol	Ποδόσφαιρο
Golfe	Γκολφ
Hobbies	Χόμπι
Jardinagem	Κηπουρική
Mergulho	Καταδύσεισ
Natação	Κολύμβηση
Pesca	Ψάρεμα
Pintura	Ζωγραφική
Relaxante	Χαλαρωτικό
Surfe	Σέρφινγκ
Tênis	Τένισ
Viagem	Ταξίδι
Voleibol	Βόλεϊ

Aventura
Περιπέτεια

Alegria	Χαρά
Amigos	Φίλοι
Atividade	Δραστηριότητα
Beleza	Ομορφιά
Bravura	Γενναιότητα
Chance	Ευκαιρία
Destino	Προορισμόσ
Dificuldade	Δυσκολία
Entusiasmo	Ενθουσιασμόσ
Excursão	Εκδρομή
Incomum	Ασυνήθιστο
Itinerário	Δρομολόγιο
Natureza	Φύση
Navegação	Πλοήγηση
Novo	Νέα
Perigoso	Επικίνδυνο
Preparação	Παρασκευή
Segurança	Ασφάλεια
Viagens	Ταξίδι

Aviões
Αεροπλάνα

Altitude	Υψόμετρο
Altura	Υψοσ
Ar	Αέρασ
Aterrissagem	Προσγείωση
Atmosfera	Ατμόσφαιρα
Aventura	Περιπέτεια
Balão	Μπαλόνι
Céu	Ουρανόσ
Combustível	Καύσιμο
Construção	Κατασκευή
Descida	Καταγωγή
Direção	Κατεύθυνση
Hidrogênio	Υδρογόνο
História	Ιστορία
Inflar	Φουσκώνουν
Motor	Μηχανή
Passageiro	Επιβάτη
Piloto	Πιλοτική
Tripulação	Πλήρωμα
Turbulência	Αναταραχή

Álgebra
Άλγεβρα

Diagrama	Διάγραμμα
Divisão	Διαίρεση
Equação	Εξίσωση
Expoente	Εκθέτη
Fator	Παράγοντασ
Fórmula	Τύποσ
Fração	Κλάσμα
Infinito	Άπειρο
Linear	Γραμμική
Matriz	Μήτρα
Número	Αριθμόσ
Parêntese	Παρένθεση
Problema	Πρόβλημα
Quantidade	Ποσότητα
Simplificar	Απλοποιώ
Solução	Λύση
Soma	Άθροισμα
Subtração	Αφαίρεση
Variável	Μεταβλητή
Zero	Μηδέν

Balé
Μπαλέτο

Aplauso	Χειροκρότημα
Artístico	Καλλιτεχνική
Bailarina	Μπαλαρίνα
Compositor	Συνθέτη
Coreografia	Χορογραφία
Dançarinos	Χορευτεσ
Ensaio	Πρόβα
Estilo	Στυλ
Expressivo	Εκφραστική
Gesto	Χειρονομία
Habilidade	Επιδεξιότητα
Intensidade	Ένταση
Música	Μουσική
Orquestra	Ορχήστρα
Prática	Άσκηση
Público	Ακροατήριο
Ritmo	Ρυθμού
Solo	Σόλο
Técnica	Τεχνική

Barcos
Σκάφη

Âncora	Άγκυρα
Balsa	Πορθμείο
Bóia	Σημαδούρα
Caiaque	Καγιάκ
Canoa	Κανό
Corda	Σχοινί
Doca	Αποβάθρα
Iate	Γιοτ
Jangada	Σχεδία
Lago	Λίμνη
Mar	Θάλασσα
Maré	Παλίρροια
Marinheiro	Ναύτησ
Mastro	Κατάρτι
Motor	Μηχανή
Náutico	Ναυτικό
Oceano	Ωκεανόσ
Ondas	Κύματα
Rio	Ποταμόσ
Tripulação	Πλήρωμα

Beleza
Ομορφιά

Batom	Κραγιόν
Cachos	Μπούκλεσ
Charme	Γοητεία
Cor	Χρώμα
Cosméticos	Καλλυντικά
Elegante	Κομψό
Elegância	Κομψότητα
Espelho	Καθρεφτησ
Estilista	Στυλίστασ
Fotogênico	Φωτογενησ
Fragrância	Άρωμα
Graça	Χάρη
Maquiagem	Μακιγιάζ
Óleos	Έλαια
Pele	Δέρμα
Produtos	Προϊόν
Rímel	Μάσκαρα
Serviços	Υπηρεσία
Tesoura	Ψαλίδι
Xampu	Σαμπουάν

Biologia
Βιολογία

Anatomia	Ανατομία
Bactérias	Βακτήρια
Célula	Κελί
Colagénio	Κολλαγόνο
Cromossoma	Χρωμόσωμα
Embrião	Έμβρυο
Enzima	Ένζυμο
Evolução	Εξέλιξη
Fotossíntese	Φωτοσύνθεση
Hormona	Ορμόνη
Mamífero	Θηλαστικό
Mutação	Μετάλλαξη
Natural	Φυσική
Nervo	Νεύρο
Neurônio	Νευρώνα
Osmose	Όσμωση
Proteína	Πρωτεΐνη
Réptil	Ερπετό
Simbiose	Συμβίωση
Sinapse	Σύναψη

Café
Καφές

Açúcar	Ζάχαρη
Amargo	Πικρή
Aroma	Άρωμα
Água	Νερό
Bebida	Ποτό
Cafeína	Καφεΐνη
Copa	Κύπελλο
Creme	Κρέμα
Filtro	Φίλτρο
Leite	Γάλα
Líquido	Υγρό
Manhã	Πρωί
Moer	Αλέθω
Origem	Προέλευση
Preço	Τιμή
Preto	Μαύρο
Sabor	Γεύση
Variedade	Ποικιλία

Caminhada
Πεζοπορία

Acampamento	Κάμπινγκ
Animais	Ζώα
Água	Νερό
Botas	Μπότεσ
Cansado	Κουρασμένοσ
Clima	Κλίμα
Cume	Κορυφή
Guias	Οδηγοί
Mapa	Χάρτη
Montanha	Βουνό
Mosquitos	Κουνούπια
Natureza	Φύση
Parques	Πάρκα
Pedras	Πέτρα
Penhasco	Βράχο
Pesado	Βαριά
Preparação	Παρασκευή
Selvagem	Άγριο
Sol	Ήλιοσ
Tempo	Καιρόσ

Casa
Σπίτι

Biblioteca	Βιβλιοθήκη
Cerca	Φρακτησ
Chaves	Κλειδιά
Chuveiro	Ντουσ
Cortinas	Κουρτίνα
Cozinha	Κουζίνα
Espelho	Καθρεφτησ
Garagem	Γκαράζ
Janela	Παράθυρο
Jardim	Κήποσ
Lareira	Τζάκι
Mobiliário	Έπιπλα
Parede	Τοίχοσ
Porta	Πόρτα
Quarto	Υπνοδωμάτιο
Sótão	Σοφίτα
Tapete	Χαλί
Teto	Ταβάνι
Torneira	Βρύση
Vassoura	Σκούπα

Chocolate
Σοκολάτα

Açúcar	Ζάχαρη
Amargo	Πικρή
Amendoins	Φιστίκια
Aroma	Άρωμα
Artesanal	Βιοτεχνική
Cacau	Κακάο
Calorias	Θερμιδεσ
Caramelo	Καραμέλα
Coco	Καρύδα
Delicioso	Νόστιμο
Doce	Γλυκό
Exótico	Εξωτικό
Favorito	Αγαπημένοσ
Gosto	Γεύση
Ingrediente	Συστατικό
Pó	Σκόνη
Qualidade	Ποιότητα
Receita	Συνταγή

Churrascos
Μπάρμπεκιου

Almoço	Γεύμα
Convite	Πρόσκληση
Crianças	Παιδί
Facas	Μαχαίρια
Família	Οικογένεια
Fome	Πείνα
Frango	Κοτόπουλο
Fruta	Φρούτο
Grelha	Σχάρα
Jantar	Δείπνο
Jogos	Παιχνίδια
Legumes	Λαχανικά
Molho	Σάλτσα
Música	Μουσική
Pimenta	Πιπέρι
Quente	Ζεστό
Sal	Αλάτι
Saladas	Σαλάτα
Tomates	Ντομάτα
Verão	Καλοκαίρι

Cidade
Πόλη

Aeroporto	Αεροδρόμιο
Banco	Τράπεζα
Biblioteca	Βιβλιοθήκη
Clínica	Κλινική
Escola	Σχολείο
Estádio	Στάδιο
Farmácia	Φαρμακείο
Florista	Ανθοπωλείο
Galeria	Συλλογή
Hotel	Ξενοδοχείο
Jardim Zoológico	Ζωολογικό
Livraria	Βιβλιοπωλείο
Mercado	Αγορά
Museu	Μουσείο
Padaria	Αρτοποιείο
Restaurante	Εστιατόριο
Salão	Σαλόνι
Supermercado	Μάρκετ
Teatro	Θέατρο
Universidade	Πανεπιστήμιο

Ciência
Επιστήμη

Átomo	Άτομο
Cientista	Επιστήμονασ
Clima	Κλίμα
Dados	Δεδομένα
Evolução	Εξέλιξη
Fato	Γεγονόσ
Física	Φυσική
Fóssil	Απολίθωμα
Gravidade	Βαρύτητα
Hipótese	Υπόθεση
Laboratório	Εργαστήριο
Método	Μέθοδοσ
Minerais	Ορυκτά
Moléculas	Μόρια
Natureza	Φύση
Observação	Παρατήρηση
Organismo	Οργανισμόσ
Partículas	Σωματίδια
Plantas	Φυτά
Químico	Χημική

Clima
Καιρός

Arco-Íris	Ουράνιο Τόξο
Atmosfera	Ατμόσφαιρα
Brisa	Αεράκι
Calmo	Ηρεμία
Céu	Ουρανόσ
Clima	Κλίμα
Furacão	Χιουρικανασ
Gelo	Πάγοσ
Monção	Μουσώνασ
Nevoeiro	Ομίχλη
Nuvem	Σύννεφο
Polar	Πολική
Relâmpago	Αστραπή
Seca	Ξηρασία
Seco	Ξηρό
Temperatura	Θερμοκρασία
Tempestade	Καταιγίδα
Tropical	Τροπική
Trovão	Βροντή
Vento	Άνεμοσ

Comida # 2
Τρόφιμα #2

Alcachofra	Αγκινάρα
Amêndoa	Αμύγδαλο
Arroz	Ρύζι
Banana	Μπανάνα
Beringela	Μελιτζάνα
Brócolis	Μπρόκολο
Cereja	Κεράσι
Chocolate	Σοκολάτα
Cogumelo	Μανιτάρι
Frango	Κοτόπουλο
Iogurte	Γιαούρτι
Kiwi	Ακτινίδιο
Maçã	Μήλο
Ovo	Αυγό
Peixe	Ψάρι
Presunto	Ζαμπόν
Queijo	Τυρί
Tomate	Ντομάτα
Trigo	Σιτάρι
Uva	Σταφύλι

Comida #1
Τρόφιμα #1

Açúcar	Ζάχαρη
Alho	Σκόρδο
Amendoim	Φιστίκι
Atum	Τόνοσ
Bolo	Κέικ
Canela	Κανέλα
Cebola	Κρεμμύδι
Cenoura	Καρότο
Cevada	Κριθάρι
Damasco	Βερίκοκο
Espinafre	Σπανάκι
Leite	Γάλα
Limão	Λεμόνι
Manjericão	Βασιλικού
Morango	Φράουλα
Nabo	Γογγύλι
Sal	Αλάτι
Salada	Σαλάτα
Sopa	Σούπα
Suco	Χυμόσ

Corpo Humano
Ανθρώπινο Σώμα

Boca	Στόμα
Cabeça	Κεφάλι
Cérebro	Μυαλό
Coração	Καρδιά
Cotovelo	Αγκώνα
Dedo	Δάχτυλο
Joelho	Γόνατο
Mandíbula	Σαγόνι
Mão	Χέρι
Nariz	Μύτη
Olho	Μάτι
Ombro	Ώμοσ
Orelha	Αυτί
Pele	Δέρμα
Perna	Πόδι
Pescoço	Λαιμόσ
Queixo	Πηγούνι
Sangue	Αίμα
Testa	Μέτωπο
Tornozelo	Αστράγαλοσ

Criatividade
Δημιουργικότητα

Artístico	Καλλιτεχνική
Autenticidade	Αυθεντικότητα
Clareza	Σαφήνεια
Dramático	Δραματική
Emoções	Συναισθήματα
Espontânea	Αυθόρμητη
Expressão	Έκφραση
Fluidez	Ρευστότητα
Habilidade	Επιδεξιότητα
Imagem	Εικόνα
Imaginação	Φαντασία
Impressão	Εντύπωση
Inspiração	Έμπνευση
Intensidade	Ένταση
Intuição	Διαίσθηση
Inventivo	Εφευρετική
Sensação	Αίσθηση
Visões	Οράματα
Vitalidade	Ζωτικότητα

Dança
Χορός

Academia	Ακαδημία
Alegre	Χαρούμενο
Arte	Τέχνη
Clássico	Κλασική
Coreografia	Χορογραφία
Corpo	Σώμα
Cultura	Πολιτισμόσ
Cultural	Πολιτιστική
Emoção	Συγκίνηση
Ensaio	Πρόβα
Expressivo	Εκφραστική
Graça	Χάρη
Movimento	Κίνηση
Música	Μουσική
Parceiro	Παρτενέρ
Postura	Στάση
Ritmo	Ρυθμού
Tradicional	Παραδοσιακή
Visual	Οπτική

Dias e Meses
Ημέρες και Μήνες

Abril	Απριλίου
Agosto	Αυγούστου
Ano	Ετοσ
Calendário	Ημερολόγιο
Dezembro	Δεκεμβρίου
Domingo	Κυριακή
Fevereiro	Φεβρουαρίου
Janeiro	Ιανουαρίου
Julho	Ιουλίου
Junho	Ιουνίου
Mês	Μήνασ
Novembro	Νοεμβρίου
Outubro	Οκτωβρίου
Quinta-Feira	Πέμπτη
Sábado	Σάββατο
Segunda-Feira	Δευτέρα
Semana	Εβδομάδα
Setembro	Σεπτεμβρίου
Sexta-Feira	Παρασκευή
Terça	Τρίτη

Diplomacia
Διπλωματία

Comunidade	Κοινότητα
Conflito	Σύγκρουση
Consultor	Σύμβουλοσ
Cooperação	Συνεργασία
Diplomático	Διπλωματικό
Discussão	Συζήτηση
Embaixada	Πρεσβεία
Embaixador	Πρέσβησ
Estrangeiro	Ξένο
Ética	Ηθική
Governo	Κυβέρνηση
Humanitário	Ανθρωπιστική
Integridade	Ακεραιότητα
Justiça	Δικαιοσύνη
Línguas	Γλώσσα
Política	Πολιτική
Resolução	Ανάλυση
Segurança	Ασφάλεια
Solução	Λύση
Tratado	Συνθήκη

Dirigindo
Οδήγηση

Acidente	Ατύχημα
Carro	Αυτοκίνητο
Combustível	Καύσιμο
Cuidado	Προσοχή
Estrada	Δρόμοσ
Freios	Φρένα
Garagem	Γκαράζ
Gás	Αέριο
Licença	Άδεια
Mapa	Χάρτη
Motocicleta	Μοτοσυκλέτα
Motor	Μοτέρ
Pedestre	Πεζόσ
Perigo	Κινδύνου
Polícia	Αστυνομία
Rua	Δρόμο
Segurança	Ασφάλεια
Transporte	Μεταφορά
Tráfego	Κυκλοφορία
Túnel	Σήραγγα

Disciplinas Científicas
Επιστημονικοί Κλάδοι

Anatomia	Ανατομία
Arqueologia	Αρχαιολογία
Astronomia	Αστρονομία
Biologia	Βιολογία
Bioquímica	Βιοχημεία
Botânica	Βοτανική
Cinesiologia	Κινησιολογία
Ecologia	Οικολογία
Fisiologia	Φυσιολογία
Geologia	Γεωλογία
Imunologia	Ανοσολογία
Linguística	Γλωσσολογία
Meteorologia	Μετεωρολογία
Mineralogia	Ορυκτολογία
Neurologia	Νευρολογία
Psicologia	Ψυχολογία
Química	Χημεία
Sociologia	Κοινωνιολογία
Termodinâmica	Θερμοδυναμική
Zoologia	Ζωολογία

Doença
Ασθένεια

Abdominal	Κοιλιακή
Alergias	Αλλεργία
Contagioso	Μεταδοτικό
Coração	Καρδιά
Corpo	Σώμα
Crônica	Χρόνιοσ
Genético	Γενετική
Hereditário	Κληρονομική
Imunidade	Ασυλία
Inflamação	Φλεγμονή
Lombar	Οσφυϊκή
Neuropatia	Νευροπάθεια
Ossos	Οστά
Patógenos	Παθογόνα
Pulmonar	Πνευμονική
Respiratório	Αναπνευστική
Saúde	Υγεία
Síndrome	Σύνδρομο
Terapia	Θεραπεία

Ecologia
Οικολογία

Clima	Κλίμα
Comunidades	Κοινότητα
Diversidade	Ποικιλία
Espécies	Είδοσ
Fauna	Πανίδα
Flora	Χλωρίδα
Global	Παγκόσμια
Marinho	Θαλάσσιο
Montanhas	Βουνά
Natural	Φυσική
Natureza	Φύση
Plantas	Φυτά
Recursos	Πόρων
Seca	Ξηρασία
Sobrevivência	Επιβίωση
Sustentável	Βιώσιμη
Vegetação	Βλάστηση
Voluntários	Εθελοντέσ

Edifícios
Κτίρια

Apartamento	Διαμέρισμα
Cabine	Καμπίνα
Castelo	Κάστρο
Celeiro	Αχυρώνα
Embaixada	Πρεσβεία
Escola	Σχολείο
Estádio	Στάδιο
Fazenda	Αγρόκτημα
Fábrica	Εργοστάσιο
Garagem	Γκαράζ
Hospital	Νοσοκομείο
Hotel	Ξενοδοχείο
Laboratório	Εργαστήριο
Museu	Μουσείο
Observatório	Παρατηρητήριο
Supermercado	Μάρκετ
Teatro	Θέατρο
Tenda	Σκηνή
Torre	Πύργοσ
Universidade	Πανεπιστήμιο

Energia
Ενέργεια

Ambiente	Περιβάλλον
Bateria	Μπαταρία
Calor	Θερμότητα
Carbono	Άνθρακασ
Combustível	Καύσιμο
Diesel	Ντίζελ
Elétrico	Ηλεκτρική
Elétron	Ηλεκτρόνιο
Entropia	Εντροπία
Fóton	Φωτόνιο
Gasolina	Βενζίνη
Hidrogênio	Υδρογόνο
Indústria	Βιομηχανία
Motor	Μηχανή
Nuclear	Πυρηνική
Poluição	Ρύπανση
Renovável	Ανανεώσιμη
Sol	Ήλιοσ
Turbina	Στροβίλων
Vento	Άνεμοσ

Engenharia
Μηχανική

Atrito	Τριβή
Ângulo	Γωνία
Cálculo	Υπολογισμόσ
Construção	Κατασκευή
Diagrama	Διάγραμμα
Diâmetro	Διάμετροσ
Diesel	Ντίζελ
Distribuição	Διανομή
Eixo	Άξονασ
Energia	Ενέργεια
Estabilidade	Σταθερότητα
Estrutura	Δομή
Força	Δύναμη
Líquido	Υγρό
Máquina	Μηχανή
Medição	Μέτρηση
Movimento	Κίνηση
Profundidade	Βάθοσ
Propulsão	Ώθηση
Rotação	Περιστροφή

Especiarias
Μπαχαρικά

Açafrão	Κροκοσ
Alcaçuz	Γλυκόριζα
Alho	Σκόρδο
Amargo	Πικρή
Anis	Γλυκάνισο
Azedo	Ξινή
Baunilha	Βανίλια
Canela	Κανέλα
Cardamomo	Κάρδαμο
Caril	Κάρυ
Cebola	Κρεμμύδι
Cominho	Κύμινο
Cravo	Γαρύφαλλο
Doce	Γλυκό
Funcho	Μάραθο
Gengibre	Τζίντζερ
Noz-Moscada	Μοσχοκάρυδο
Pimenta	Πιπέρι
Sabor	Γεύση
Sal	Αλάτι

Esporte
Σπορ

Alongamento	Τέντωμα
Atleta	Αθλητήσ
Capacidade	Ικανότητα
Cardiovascular	Καρδιαγγειακή
Ciclismo	Ποδηλασία
Corpo	Σώμα
Dançando	Χορό
Dieta	Διατροφή
Esportes	Αθλητική
Força	Δύναμη
Jogging	Τζόκινγκ
Maximizar	Μεγιστοποιώ
Metabólico	Μεταβολική
Ossos	Οστά
Programa	Πρόγραμμα
Resistência	Αντοχή
Saúde	Υγεία
Treinador	Προπονητήσ

Esportes
Αθλητισμός

Atleta	Αθλητήσ
Árbitro	Διαιτητήσ
Basquete	Μπάσκετ
Beisebol	Μπέιζμπολ
Bicicleta	Ποδήλατο
Campeonato	Πρωτάθλημα
Equipe	Ομάδα
Estádio	Στάδιο
Ganhador	Νικητήσ
Ginásio	Γυμνάσιο
Ginástica	Γυμναστική
Golfe	Γκολφ
Hóquei	Χόκεϊ
Jogador	Παίκτη
Jogo	Παιχνίδι
Movimento	Κίνηση
Tênis	Τένισ
Treinador	Προπονητήσ

Ética
Ηθική

Altruísmo	Αλτρουισμόσ
Bondade	Καλοσύνη
Compaixão	Συμπόνια
Cooperação	Συνεργασία
Dignidade	Αξιοπρέπεια
Diplomático	Διπλωματικό
Filosofia	Φιλοσοφία
Honestidade	Ειλικρίνεια
Humanidade	Ανθρωπότητα
Individualismo	Ατομικισμόσ
Integridade	Ακεραιότητα
Otimismo	Αισιοδοξία
Paciência	Υπομονή
Racionalidade	Λογικότητα
Razoável	Εύλογο
Realismo	Ρεαλισμοσ
Sabedoria	Σοφία
Tolerância	Ανεκτικότητα
Valores	Αξιεσ

Família
Οικογένεια

Antepassado	Πρόγονοσ
Avó	Γιαγιά
Avô	Παππούσ
Criança	Παιδί
Esposa	Γυναίκα
Filha	Κόρη
Gêmeos	Δίδυμα
Irmã	Αδελφή
Irmão	Αδελφοσ
Marido	Σύζυγοσ
Materno	Μητρική
Mãe	Μητέρα
Neto	Εγγόνι
Pai	Πατέρασ
Paterno	Πατρική
Primo	Ξαδέρφη
Sobrinha	Ανιψιά
Sobrinho	Ανιψιόσ
Tia	Θεία
Tio	Θείοσ

Fazenda #1
Αγρόκτημα #1

Abelha	Μέλισσα
Agricultura	Γεωργία
Arroz	Ρύζι
Água	Νερό
Bezerro	Μοσχάρι
Burro	Γαϊδούρι
Cabra	Γίδα
Campo	Πεδίο
Cavalo	Άλογο
Cão	Σκύλοσ
Cerca	Φρακτησ
Corvo	Κοράκι
Feno	Σανό
Fertilizante	Λίπασμα
Frango	Κοτόπουλο
Gato	Γάτα
Mel	Μέλι
Porco	Γουρούνι
Rebanho	Κοπάδι
Vaca	Αγελάδα

Fazenda #2
Αγρόκτημα #2

Agricultor	Αγροτησ
Animais	Ζώα
Celeiro	Αχυρώνα
Cevada	Κριθάρι
Colmeia	Κυψέλη
Cordeiro	Αρνί
Fruta	Φρούτο
Ganso	Χήνεσ
Irrigação	Άρδευση
Leite	Γάλα
Lhama	Λάμα
Milho	Καλαμπόκι
Ovelha	Πρόβατο
Pastor	Βοσκόσ
Pato	Πάπια
Pomar	Περιβόλι
Prado	Λιβάδι
Trator	Τρακτέρ
Trigo	Σιτάρι
Vegetal	Φυτό

Ficção Científica
Επιστημονική Φαντασία

Atómico	Ατομικό
Cenário	Σενάριο
Distante	Μακρινό
Distopia	Δυστοπία
Explosão	Έκρηξη
Extremo	Άκρο
Fogo	Φωτιά
Futurista	Φουτουριστικό
Galáxia	Γαλαξίασ
Ilusão	Ψευδαίσθηση
Imaginário	Φανταστικό
Livros	Βιβλια
Misterioso	Μυστηριώδησ
Mundo	Κόσμο
Oráculo	Μαντείο
Planeta	Πλανήτησ
Realista	Ρεαλιστική
Robôs	Ρομπότ
Tecnologia	Τεχνολογία
Utopia	Ουτοπία

Filantropia
Φιλανθρωπία

Caridade	Φιλανθρωπία
Comunidade	Κοινότητα
Contatos	Επαφή
Crianças	Παιδί
Finança	Χρηματοδοτώ
Fundos	Χρήματα
Generosidade	Γενναιοδωρία
Global	Παγκόσμια
Grupos	Ομαδεσ
História	Ιστορία
Honestidade	Ειλικρίνεια
Humanidade	Ανθρωπότητα
Juventude	Νεολαία
Missão	Αποστολή
Objetivos	Στόχοι
Pessoas	Άνθρωποι
Programas	Προγράμματα
Público	Δημόσιοσ

Física
Φυσική

Aceleração	Επιτάχυνση
Átomo	Άτομο
Caos	Χάοσ
Densidade	Πυκνότητα
Elétron	Ηλεκτρόνιο
Fórmula	Τύποσ
Frequência	Συχνότητα
Gás	Αέριο
Gravidade	Βαρύτητα
Magnetismo	Μαγνητισμόσ
Massa	Μάζα
Mecânica	Μηχανική
Molécula	Μόριο
Motor	Μηχανή
Nuclear	Πυρηνική
Partícula	Σωματίδιο
Químico	Χημική
Relatividade	Σχετικότητα
Universal	Καθολική
Velocidade	Ταχύτητα

Flores
Λουλούδια

Buquê	Μπουκέτο
Calêndula	Καλέντουλα
Dente-De-Leão	Πικραλίδα
Gardênia	Γαρδένια
Girassol	Ηλιοτρόπιο
Hibisco	Ιβίσκοσ
Jasmim	Γιασεμί
Lavanda	Λεβάντα
Lilás	Πασχαλιά
Lírio	Κρίνοσ
Magnólia	Μανόλια
Margarida	Μαργαρίτα
Orquídea	Ορχιδέα
Papoula	Παπαρούνα
Peônia	Παιωνία
Pétala	Πέταλο
Rosa	Τριαντάφυλλο
Trevo	Τριφύλλι
Tulipa	Τουλίπα

Floresta Tropical
Τροπικό Δάσος

Anfíbios	Αμφίβια
Botânico	Βοτανική
Clima	Κλίμα
Comunidade	Κοινότητα
Diversidade	Ποικιλία
Espécies	Είδοσ
Insetos	Έντομα
Mamíferos	Θηλαστικά
Musgo	Βρύα
Natureza	Φύση
Nuvens	Σύννεφα
Pássaros	Πουλιά
Preservação	Διατήρηση
Refúgio	Καταφύγιο
Respeito	Σέβομαι
Restauração	Αποκατάσταση
Selva	Ζούγκλα
Sobrevivência	Επιβίωση
Valioso	Πολύτιμα

Força e Gravidade
Δύναμη και Βαρύτητα

Atrito	Τριβή
Centro	Κέντρο
Descoberta	Ανακάλυψη
Dinâmico	Δυναμική
Distância	Απόσταση
Eixo	Άξονασ
Expansão	Επέκταση
Física	Φυσική
Magnetismo	Μαγνητισμόσ
Mecânica	Μηχανική
Movimento	Κίνηση
Órbita	Τροχιά
Peso	Ζυγίζω
Pressão	Πίεση
Propriedades	Ιδιότητα
Rapidez	Ταχύτητα
Tempo	Ώρα
Universal	Καθολική

Formas
Σχήματα

Arco	Τόξο
Canto	Γωνία
Cilindro	Κύλινδροσ
Círculo	Κύκλοσ
Cone	Κώνοσ
Cubo	Κύβοσ
Curva	Καμπύλη
Elipse	Έλλειψη
Esfera	Σφαίρα
Hipérbole	Υπερβολή
Lado	Πλευρά
Linha	Γραμμή
Oval	Οβάλ
Pirâmide	Πυραμίδα
Polígono	Πολύγωνο
Prisma	Πρίσμα
Quadrado	Πλατεία
Retângulo	Ορθογώνιο
Triângulo	Τριγώνου

Frutas
Φρούτα

Abacate	Αβοκάντο
Abacaxi	Ανανά
Baga	Μούρο
Banana	Μπανάνα
Cereja	Κεράσι
Coco	Καρύδα
Damasco	Βερίκοκο
Figo	Σύκο
Framboesa	Βατόμουρο
Goiaba	Γκουάβα
Kiwi	Ακτινίδιο
Laranja	Πορτοκάλι
Limão	Λεμόνι
Maçã	Μήλο
Mamão	Παπάγια
Manga	Μάνγκο
Nectarina	Νεκταρίνι
Pera	Αχλάδι
Pêssego	Ροδάκινο
Uva	Σταφύλι

Geografia
Γεωγραφία

Altitude	Υψόμετρο
Atlas	Άτλαντα
Cidade	Πόλη
Continente	Ήπειροσ
Hemisfério	Ημισφαίριο
Ilha	Νησί
Longitude	Γεωγραφικό
Mapa	Χάρτη
Mar	Θάλασσα
Meridiano	Μεσημβρινό
Montanha	Βουνό
Mundo	Κόσμο
Norte	Βορρά
Oceano	Ωκεανόσ
Oeste	Δύση
País	Χώρα
Região	Περιοχή
Rio	Ποταμόσ
Sul	Νότια
Território	Έδαφοσ

Geologia
Γεωλογία

Ácido	Οξύ
Camada	Στρώμα
Caverna	Σπήλαιο
Cálcio	Ασβέστιο
Continente	Ήπειροσ
Coral	Κοράλλι
Cristais	Κρύσταλλα
Erosão	Διάβρωση
Estalactite	Σταλακτίτησ
Estalagmites	Σταλαγμιτεσ
Fóssil	Απολίθωμα
Lava	Λάβα
Minerais	Ορυκτά
Pedra	Πέτρα
Platô	Οροπέδιο
Quartzo	Χαλαζία
Sal	Αλάτι
Terremoto	Σεισμόσ
Vulcão	Ηφαίστειο
Zona	Ζώνη

Geometria
Γεωμετρία

Altura	Υψοσ
Ângulo	Γωνία
Cálculo	Υπολογισμόσ
Círculo	Κύκλοσ
Curva	Καμπύλη
Diâmetro	Διάμετροσ
Dimensão	Διάσταση
Equação	Εξίσωση
Horizontal	Οριζόντια
Lógica	Λογική
Massa	Μάζα
Mediana	Μέση
Paralelo	Παράλληλη
Proporção	Ποσοστό
Segmento	Τμήμα
Simetria	Συμμετρία
Superfície	Επιφάνεια
Teoria	Θεωρία
Triângulo	Τριγώνου
Vertical	Κάθετη

Governo
Κυβέρνηση

Cidadania	Ιθαγένεια
Civil	Δημόσια
Constituição	Σύνταγμα
Democracia	Δημοκρατία
Discurso	Ομιλία
Discussão	Συζήτηση
Dissidência	Διαφωνία
Distrito	Περιοχή
Estado	Κατάσταση
Igualdade	Ισότητα
Independência	Ανεξαρτησία
Judicial	Δικαστική
Justiça	Δικαιοσύνη
Lei	Δίκαιο
Liberdade	Ελευθερία
Monumento	Μνημείο
Nação	Έθνοσ
Pacífico	Ειρηνική
Política	Πολιτική
Símbolo	Σύμβολο

Herbalismo
Βοτανολογία

Açafrão	Κροκοσ
Alecrim	Δενδρολίβανο
Alho	Σκόρδο
Aromático	Αρωματικό
Benéfico	Ευεργετική
Estragão	Εστραγκόν
Flor	Λουλούδι
Funcho	Μάραθο
Ingrediente	Συστατικό
Jardim	Κήποσ
Lavanda	Λεβάντα
Manjericão	Βασιλικού
Manjerona	Μαντζουράνα
Orégano	Ρίγανη
Planta	Φυτό
Qualidade	Ποιότητα
Sabor	Γεύση
Salsa	Μαϊντανόσ
Tomilho	Θυμάρι
Verde	Πράσινο

Imigração
Μετανάστευση

Administração	Διοίκηση
Adultos	Ενηλίκων
Ajuda	Βοήθεια
Aprovação	Έγκριση
Comunicação	Επικοινωνία
Crianças	Παιδί
Documentos	Έγγραφα
Estresse	Πίεση
Fronteiras	Σύνορα
Habitação	Στέγαση
Lei	Δίκαιο
Língua	Γλώσσα
Oficial	Αξιωματικόσ
Prazo	Προθεσμία
Processo	Διεργασία
Proteção	Προστασία
Situação	Κατάσταση
Solução	Λύση

Instrumentos Musicais
Μουσικά Όργανα

Bandolim	Μαντολίνο
Banjo	Μπάντζο
Clarinete	Κλαρινέτο
Fagote	Φαγκότο
Flauta	Φλάουτο
Gaita	Φυσαρμόνικα
Gongo	Γκονγκ
Harpa	Άρπα
Marimba	Μαρίμπα
Oboé	Όμποε
Pandeiro	Ντέφι
Percussão	Κρούση
Piano	Πιάνο
Saxofone	Σαξόφωνο
Tambor	Τύμπανο
Trombone	Τρομπόνι
Trompete	Τρομπέτα
Violão	Κιθάρα
Violino	Βιολί
Violoncelo	Βιολοντσέλο

Jardim
Κήπος

Ancinho	Τσουγκράνα
Árvore	Δέντρο
Banco	Παγκάκι
Cerca	Φρακτησ
Ervas Daninhas	Ζιζάνια
Flor	Λουλούδι
Garagem	Γκαράζ
Grama	Γρασίδι
Gramado	Γκαζόν
Jardim	Κήποσ
Lagoa	Λίμνη
Maca	Αιώρα
Mangueira	Σωλήνα
Pá	Φτυάρι
Pomar	Περιβόλι
Trampolim	Τραμπολίνο
Varanda	Βεράντα
Videira	Αμπέλι

Jardinagem
Κηπουρική

Água	Νερό
Botânico	Βοτανική
Buquê	Μπουκέτο
Clima	Κλίμα
Comestível	Βρώσιμα
Composto	Κοπρόχωμα
Espécies	Είδοσ
Exótico	Εξωτικό
Flor	Άνθοσ
Floral	Λουλουδιών
Folha	Φύλλο
Folhagem	Φύλλωμα
Mangueira	Σωλήνα
Pomar	Περιβόλι
Recipiente	Δοχείο
Sazonal	Εποχιακή
Sementes	Σπόροι
Sujeira	Βρωμιά
Umidade	Υγρασία

Jazz
Τζαζ

Artista	Καλλιτέχνησ
Álbum	Άλμπουμ
Bateria	Τύμπανα
Canção	Τραγούδι
Composição	Σύνθεση
Compositor	Συνθέτη
Concerto	Συναυλία
Estilo	Στυλ
Ênfase	Έμφαση
Famoso	Διάσημη
Favoritos	Αγαπημένα
Gênero	Είδοσ
Música	Μουσική
Novo	Νέα
Orquestra	Ορχήστρα
Ritmo	Ρυθμού
Solo	Σόλο
Talento	Ταλέντο
Técnica	Τεχνική
Velho	Παλιό

Literatura
Λογοτεχνία

Analogia	Αναλογία
Análise	Ανάλυση
Anedota	Ανέκδοτο
Autor	Συγγραφέασ
Biografia	Βιογραφία
Comparação	Σύγκριση
Conclusão	Συμπέρασμα
Descrição	Περιγραφή
Diálogo	Διάλογοσ
Estilo	Στυλ
Ficção	Φαντασία
Metáfora	Μεταφορά
Narrador	Αφηγητήσ
Opinião	Γνώμη
Poema	Ποίημα
Poético	Ποιητική
Ritmo	Ρυθμού
Romance	Μυθιστόρημα
Tema	Θέμα
Tragédia	Τραγωδία

Livros
Βιβλία

Autor	Συγγραφέασ
Aventura	Περιπέτεια
Coleção	Συλλογή
Contexto	Πλαίσιο
Dualidade	Δυαδικότητα
Escrito	Γραπτή
Épico	Επική
História	Ιστορία
Histórico	Ιστορικό
Inventivo	Εφευρετική
Leitor	Αναγνώστησ
Literário	Λογοτεχνική
Narrador	Αφηγητήσ
Página	Σελίδα
Poema	Ποίημα
Poesia	Ποίηση
Relevante	Σχετική
Romance	Μυθιστόρημα
Série	Σειρά
Trágico	Τραγική

Mamíferos
Θηλαστικά

Baleia	Φάλαινα
Camelo	Καμήλα
Canguru	Καγκουρό
Castor	Κάστορασ
Cavalo	Άλογο
Cão	Σκύλοσ
Coelho	Κουνέλι
Coiote	Κογιότ
Elefante	Ελέφαντασ
Gato	Γάτα
Girafa	Καμηλοπάρδαλη
Golfinho	Δελφίνι
Gorila	Γορίλασ
Leão	Λιοντάρι
Lobo	Λύκοσ
Macaco	Μαϊμού
Ovelha	Πρόβατο
Raposa	Αλεπού
Touro	Ταύροσ
Zebra	Ζέβρα

Matemática
Μαθηματικά

Aritmética	Αριθμητική
Ângulos	Γωνία
Circunferência	Περιφέρεια
Decimal	Δεκαδικό
Diâmetro	Διάμετροσ
Equação	Εξίσωση
Expoente	Εκθέτη
Fração	Κλάσμα
Geometria	Γεωμετρία
Paralelo	Παράλληλη
Perímetro	Περίμετρο
Perpendicular	Κάθετοσ
Polígono	Πολύγωνο
Quadrado	Πλατεία
Raio	Ακτίνα
Retângulo	Ορθογώνιο
Simetria	Συμμετρία
Soma	Άθροισμα
Triângulo	Τριγώνου
Volume	Ένταση

Medições
Μετρήσεις

Altura	Υψοσ
Byte	Ψηφιολεξη
Centímetro	Εκατοστό
Comprimento	Μήκοσ
Decimal	Δεκαδικό
Grama	Γραμμάριο
Grau	Βαθμόσ
Largura	Πλάτοσ
Litro	Λίτρο
Massa	Μάζα
Metro	Μέτρο
Minuto	Λεπτό
Onça	Ουγγιά
Peso	Ζυγίζω
Polegada	Ίντσα
Profundidade	Βάθοσ
Quilograma	Χιλιόγραμμο
Quilômetro	Χιλιόμετρο
Tonelada	Τόνοσ
Volume	Ένταση

Meditação
Διαλογισμός

Aceitação	Αποδοχή
Acordado	Ξύπνησε
Atenção	Προσοχή
Bondade	Καλοσύνη
Calmo	Ηρεμία
Clareza	Σαφήνεια
Compaixão	Συμπόνια
Emoções	Συναισθήματα
Gratidão	Ευγνωμοσύνη
Mental	Ψυχική
Mente	Μυαλό
Movimento	Κίνηση
Música	Μουσική
Natureza	Φύση
Observação	Παρατήρηση
Paz	Ειρήνη
Pensamentos	Σκέψη
Perspectiva	Προοπτική
Postura	Στάση
Silêncio	Σιωπή

Mitologia
Μυθολογία

Arquétipo	Αρχέτυπο
Ciúmes	Ζήλια
Comportamento	Συμπεριφορά
Criação	Δημιουργία
Criatura	Πλάσμα
Cultura	Πολιτισμόσ
Desastre	Καταστροφή
Força	Δύναμη
Guerreiro	Πολεμιστήσ
Heroína	Ηρωίδα
Herói	Ήρωασ
Imortalidade	Αθανασία
Labirinto	Λαβύρινθοσ
Lenda	Θρύλοσ
Mágico	Μαγικό
Monstro	Τέρασ
Mortal	Θνητόσ
Relâmpago	Αστραπή
Trovão	Βροντή
Vingança	Εκδίκηση

Moda
Μόδα

Acessível	Προσιτή
Bordado	Κέντημα
Botões	Κουμπιά
Boutique	Μπουτίκ
Caro	Ακριβά
Confortável	Άνετο
Elegante	Κομψό
Estilo	Στυλ
Minimalista	Μινιμαλιστικό
Moderno	Μοντέρνο
Modesto	Μέτριο
Original	Αρχική
Prático	Πρακτική
Renda	Δαντέλα
Simples	Απλόσ
Tecido	Ύφασμα
Tendência	Τάση
Textura	Υφή

Música
Μουσική

Álbum	Άλμπουμ
Balada	Μπαλάντα
Cantar	Τραγουδώ
Cantor	Τραγουδιστήσ
Clássico	Κλασική
Coro	Χορωδία
Gravação	Εγγραφή
Harmonia	Αρμονία
Improvisar	Αυτοσχεδιάσει
Instrumento	Όργανο
Lírico	Λυρική
Melodia	Μελωδία
Microfone	Μικρόφωνο
Musical	Μουσική
Músico	Μουσικόσ
Ópera	Όπερα
Poético	Ποιητική
Ritmo	Ρυθμού
Tempo	Τέμπο
Vocal	Φωνητικό

Natureza
Φύση

Abelhas	Μέλισσεσ
Abrigo	Καταφύγιο
Animais	Ζώα
Ártico	Αρκτική
Beleza	Ομορφιά
Deserto	Ερήμου
Dinâmico	Δυναμική
Erosão	Διάβρωση
Floresta	Δασοσ
Folhagem	Φύλλωμα
Geleira	Παγετώνασ
Nevoeiro	Ομίχλη
Nuvens	Σύννεφα
Pacífico	Ειρηνική
Rio	Ποταμόσ
Santuário	Ιερό
Selvagem	Άγριο
Sereno	Γαλήνιο
Tropical	Τροπική
Vital	Ζωτική

Negócios
Επιχείρηση

Carreira	Καριέρα
Custo	Κόστοσ
Desconto	Έκπτωση
Dinheiro	Χρήμα
Economia	Οικονομικά
Empregador	Εργοδότη
Empresa	Εταιρεία
Escritório	Γραφείο
Fábrica	Εργοστάσιο
Finança	Χρηματοδοτώ
Gerente	Μάνατζερ
Impostos	Φόροι
Investimento	Επένδυση
Loja	Κατάστημα
Lucro	Κέρδοσ
Mercadoria	Εμπορεύματα
Moeda	Νόμισμα
Rendimento	Εισόδημα
Transação	Συναλλαγή
Venda	Πώληση

Nutrição
Διατροφή

Amargo	Πικρή
Apetite	Όρεξη
Calorias	Θερμιδεσ
Comestível	Βρώσιμα
Dieta	Διατροφή
Digestão	Πέψη
Equilibrado	Ισορροπημένη
Fermentação	Ζύμωση
Ingredientes	Συστατικά
Líquidos	Υγρά
Molho	Σάλτσα
Nutriente	Θρεπτική
Peso	Ζυγίζω
Proteínas	Πρωτεϊνεσ
Qualidade	Ποιότητα
Sabor	Γεύση
Saudável	Υγιή
Saúde	Υγεία
Toxina	Τοξίνη
Vitamina	Βιταμίνη

Números
Αριθμοί

Cinco	Πέντε
Decimal	Δεκαδικό
Dez	Δέκα
Dezesseis	Δεκαέξι
Dezessete	Δεκαεπτά
Dezoito	Δεκαοκτώ
Dois	Δύο
Doze	Δώδεκα
Nove	Εννέα
Oito	Οκτώ
Quatorze	Δεκατέσσερα
Quatro	Τέσσερα
Quinze	Δεκαπέντε
Seis	Έξι
Sete	Επτά
Treze	Δεκατρία
Três	Τρία
Um	Ένα
Vinte	Είκοσι
Zero	Μηδέν

Oceano
Ωκεανός

Atum	Τόνοσ
Baleia	Φάλαινα
Barco	Βάρκα
Camarão	Γαρίδα
Caranguejo	Καβούρι
Coral	Κοράλλι
Enguia	Χέλι
Esponja	Σφουγγάρι
Golfinho	Δελφίνι
Marés	Παλίρροια
Medusa	Μέδουσεσ
Ondas	Κύματα
Ostra	Στρείδι
Peixe	Ψάρι
Polvo	Χταπόδι
Recife	Ξέρα
Sal	Αλάτι
Tartaruga	Χελώνα
Tempestade	Καταιγίδα
Tubarão	Καρχαρίασ

Paisagens
Τοπία

Cascata	Καταρράκτη
Caverna	Σπήλαιο
Colina	Λόφο
Deserto	Ερήμου
Geleira	Παγετώνασ
Golfo	Κόλποσ
Iceberg	Παγόβουνο
Ilha	Νησί
Lago	Λίμνη
Mar	Θάλασσα
Montanha	Βουνό
Oásis	Όαση
Oceano	Ωκεανόσ
Pântano	Βάλτοσ
Península	Χερσόνησο
Praia	Παραλία
Rio	Ποταμόσ
Tundra	Τούνδρα
Vale	Κοιλάδα
Vulcão	Ηφαίστειο

Países #1
Χώρες #1

Alemanha	Γερμανία
Brasil	Βραζιλία
Camboja	Καμπότζη
Canadá	Καναδά
Egito	Αίγυπτοσ
Equador	Εκουαδόρ
Espanha	Ισπανία
Finlândia	Φινλανδία
Iraque	Ιράκ
Israel	Ισραήλ
Itália	Ιταλία
Índia	Ινδία
Mali	Μάλι
Marrocos	Μαρόκο
Nicarágua	Νικαράγουα
Noruega	Νορβηγία
Panamá	Παναμά
Polônia	Πολωνία
Senegal	Σενεγάλη
Venezuela	Βενεζουέλα

Países #2
Χώρες #2

Albânia	Αλβανία
Dinamarca	Δανία
França	Γαλλία
Grécia	Ελλάδα
Haiti	Αϊτή
Indonésia	Ινδονησία
Irlanda	Ιρλανδία
Jamaica	Τζαμάικα
Japão	Ιαπωνία
Laos	Λάοσ
Líbano	Λίβανοσ
México	Μεξικό
Nepal	Νεπάλ
Nigéria	Νιγηρία
Paquistão	Πακιστάν
Rússia	Ρωσία
Síria	Συρία
Somália	Σομαλία
Ucrânia	Ουκρανία
Uganda	Ουγκάντα

Pássaros
Πουλιά

Águia	Αετόσ
Canário	Καναρίνι
Cegonha	Πελαργόσ
Cisne	Κύκνοσ
Cuco	Κούκοσ
Falcão	Γεράκι
Flamingo	Φλαμίνγκο
Frango	Κοτόπουλο
Gaivota	Γλάροσ
Ganso	Χήνα
Garça	Ερωδιοσ
Ovo	Αυγό
Papagaio	Παπαγάλοσ
Pardal	Σπουργίτι
Pato	Πάπια
Pavão	Παγώνι
Pelicano	Πελεκαν
Pinguim	Πιγκουίνοσ
Pombo	Περιστέρι
Tucano	Τουκάν

Pesca
Ψάρεμα

Água	Νερό
Barbatanas	Πτερύγια
Barco	Βάρκα
Brânquias	Βράγχια
Cesta	Καλάθι
Equipamento	Εξοπλισμόσ
Exagero	Υπερβολή
Fio	Σύρμα
Gancho	Άγκιστρο
Isca	Δόλωμα
Lago	Λίμνη
Mandíbula	Σαγόνι
Oceano	Ωκεανόσ
Paciência	Υπομονή
Peso	Ζυγίζω
Praia	Παραλία
Rio	Ποταμόσ
Temporada	Εποχή

Plantas
Φυτά

Árvore	Δέντρο
Baga	Μούρο
Bambu	Μπαμπού
Botânica	Βοτανική
Cacto	Κάκτοσ
Erva	Βότανο
Feijão	Φασόλι
Fertilizante	Λίπασμα
Flor	Λουλούδι
Flora	Χλωρίδα
Floresta	Δασοσ
Folha	Φύλλο
Folhagem	Φύλλωμα
Grama	Γρασίδι
Hera	Κισσόσ
Jardim	Κήποσ
Musgo	Βρύα
Pétala	Πέταλο
Raiz	Ρίζα
Vegetação	Βλάστηση

Profissões #1
Επαγγέλματα #1

Advogado	Δικηγόροσ
Alfaiate	Προσαρμοσμένα
Artista	Καλλιτέχνησ
Astrônomo	Αστρονόμοσ
Banqueiro	Τραπεζίτησ
Bombeiro	Πυροσβέστησ
Caçador	Κυνηγόσ
Cartógrafo	Χαρτογράφοσ
Cientista	Επιστήμονασ
Dançarino	Χορευτήσ
Editor	Επεξεργασία
Embaixador	Πρέσβησ
Encanador	Υδραυλικόσ
Enfermeira	Νοσοκόμα
Geólogo	Γεωλόγοσ
Marinheiro	Ναύτησ
Músico	Μουσικόσ
Pianista	Πιανίστασ
Psicólogo	Ψυχολόγοσ
Veterinário	Κτηνίατροσ

Profissões #2
Επαγγέλματα #2

Agricultor	Αγροτησ
Astronauta	Αστροναύτησ
Biólogo	Βιολόγοσ
Cirurgião	Χειρουργόσ
Dentista	Οδοντίατροσ
Detetive	Ντετέκτιβ
Engenheiro	Μηχανικόσ
Filósofo	Φιλόσοφοσ
Fotógrafo	Φωτογράφοσ
Ilustrador	Εικονογράφοσ
Inventor	Εφευρέτησ
Investigador	Ερευνητήσ
Jardineiro	Κηπουρόσ
Jornalista	Δημοσιογράφοσ
Linguista	Γλωσσολόγοσ
Médico	Ιατροσ
Piloto	Πιλοτική
Pintor	Ζωγράφοσ
Professor	Δάσκαλοσ
Zoólogo	Ζωολόγοσ

Química
Χημεία

Alcalino	Αλκαλικό
Ácido	Οξύ
Calor	Θερμότητα
Carbono	Άνθρακασ
Catalisador	Καταλύτη
Cloro	Χλώριο
Elementos	Στοιχεία
Elétron	Ηλεκτρόνιο
Enzima	Ένζυμο
Gás	Αέριο
Hidrogênio	Υδρογόνο
Íon	Ιόν
Líquido	Υγρό
Molécula	Μόριο
Nuclear	Πυρηνική
Orgânico	Βιολογική
Oxigénio	Οξυγόνο
Peso	Ζυγίζω
Sal	Αλάτι
Temperatura	Θερμοκρασία

Restaurante # 2
Εστιατόριο #2

Almoço	Γεύμα
Aperitivo	Ορεκτικό
Água	Νερό
Bebida	Ποτό
Bolo	Κέικ
Cadeira	Καρέκλα
Colher	Κουτάλι
Delicioso	Νόστιμο
Especiarias	Μπαχαρικό
Fruta	Φρούτο
Garçom	Σερβιτόροσ
Garfo	Πιρούνι
Gelo	Πάγοσ
Jantar	Δείπνο
Legumes	Λαχανικά
Macarrão	Λαζάνια
Peixe	Ψάρι
Sal	Αλάτι
Salada	Σαλάτα
Sopa	Σούπα

Roupas
Ρούχα

Avental	Ποδιά
Blusa	Μπλούζα
Calça	Παντελόνι
Camisa	Πουκάμισο
Casaco	Παλτό
Chapéu	Καπέλο
Cinto	Ζώνη
Colar	Κολιέ
Jaqueta	Σακάκι
Jeans	Τζιν
Luvas	Γάντια
Meias	Κάλτσα
Moda	Μόδα
Pijama	Πιτζάμα
Pulseira	Βραχιόλι
Saia	Φούστα
Sandálias	Σανδάλια
Sapato	Παπούτσι
Suéter	Πουλόβερ
Vestido	Φόρεμα

Saúde e Bem-Estar #1
Υγεία και Ευεξία #1

Alongamento	Τέντωμα
Altura	Υψοσ
Ativo	Ενεργή
Bactérias	Βακτήρια
Clínica	Κλινική
Doutor	Διδάκτωρ
Farmácia	Φαρμακείο
Fome	Πείνα
Fratura	Κάταγμα
Hábito	Συνήθεια
Hormones	Ορμόνη
Medicina	Ιατρική
Nervos	Νεύρα
Ossos	Οστά
Pele	Δέρμα
Postura	Στάση
Relaxamento	Χαλάρωση
Suplementos	Συμπληρώματα
Terapia	Θεραπεία
Vírus	Ιόσ

Saúde e Bem-Estar #2
Υγεία και Ευεξία #2

Alergia	Αλλεργία
Anatomia	Ανατομία
Apetite	Όρεξη
Caloria	Θερμίδα
Corpo	Σώμα
Dieta	Διατροφή
Digestão	Πέψη
Doença	Αρρώστια
Energia	Ενέργεια
Genética	Γενετική
Higiene	Υγιεινή
Hospital	Νοσοκομείο
Humor	Διάθεση
Infecção	Μόλυνση
Massagem	Μασάζ
Peso	Ζυγίζω
Recuperação	Ανάκτηση
Sangue	Αίμα
Saudável	Υγιή
Vitamina	Βιταμίνη

Tempo
Χρόνος

Agora	Τώρα
Ano	Ετοσ
Antes	Πριν
Anual	Ετήσια
Calendário	Ημερολόγιο
Década	Δεκαετία
Dia	Μέρα
Futuro	Μέλλον
Hoje	Σήμερα
Hora	Ώρα
Manhã	Πρωί
Meio-Dia	Μεσημέρι
Mês	Μήνασ
Minuto	Λεπτό
Momento	Στιγμή
Noite	Νύχτα
Ontem	Χθεσ
Relógio	Ρολόι
Semana	Εβδομάδα
Século	Αιώνασ

Tipos de Cabelo
Τύποι Μαλλιών

Branco	Λευκό
Brilhante	Λαμπερά
Cachos	Μπούκλεσ
Careca	Φαλακρόσ
Cinza	Γκρι
Curto	Κοντό
Encaracolado	Σγουρά
Fino	Λεπτή
Grosso	Παχύ
Loiro	Ξανθά
Longo	Μακρύ
Marrom	Καφέ
Prata	Ασημένιο
Preto	Μαύρο
Saudável	Υγιή
Seco	Ξηρό
Suave	Μαλακό
Trançado	Πλεγμένο
Tranças	Πλεξούδεσ

Universo
Σύμπαν

Asteróide	Αστεροειδήσ
Astronomia	Αστρονομία
Astrônomo	Αστρονόμοσ
Atmosfera	Ατμόσφαιρα
Celestial	Ουράνιο
Céu	Ουρανόσ
Cósmico	Κοσμική
Equador	Ισημερινόσ
Galáxia	Γαλαξίασ
Hemisfério	Ημισφαίριο
Horizonte	Ορίζοντα
Inclinar	Κλίση
Longitude	Γεωγραφικό
Lua	Φεγγάρι
Órbita	Τροχιά
Solar	Ηλιακή
Solstício	Ηλιοστάσιο
Telescópio	Τηλεσκόπιο
Visível	Ορατή
Zodíaco	Ζώδιο

Vegetais
Λαχανικά

Abóbora	Κολοκύθα
Aipo	Σέλινο
Alcachofra	Αγκινάρα
Alho	Σκόρδο
Batata	Πατάτα
Beringela	Μελιτζάνα
Brócolis	Μπρόκολο
Cebola	Κρεμμύδι
Cenoura	Καρότο
Chalota	Εσκαλωνίδα
Cogumelo	Μανιτάρι
Ervilha	Μπιζέλι
Espinafre	Σπανάκι
Gengibre	Τζίντζερ
Nabo	Γογγύλι
Pepino	Αγγούρι
Rabanete	Ραπανάκι
Salada	Σαλάτα
Salsa	Μαϊντανόσ
Tomate	Ντομάτα

Veículos
Οχήματα

Ambulância	Ασθενοφόρο
Avião	Αεροπλάνο
Balsa	Πορθμείο
Barco	Βάρκα
Bicicleta	Ποδήλατο
Caminhão	Φορτηγό
Caravana	Τροχόσπιτο
Carro	Αυτοκίνητο
Foguete	Ρουκέτα
Furgão	Βαν
Helicóptero	Ελικόπτερο
Jangada	Σχεδία
Lambreta	Σκούτερ
Metrô	Μετρό
Motor	Μηχανή
Ônibus	Λεωφορείο
Pneus	Λάστιχα
Submarino	Υποβρύχιο
Táxi	Ταξί
Trator	Τρακτέρ

Parabéns

Conseguiu!

Esperamos que tenha gostado tanto deste livro como nós gostamos de o desenhar. Esforçamo-nos por criar livros da mais alta qualidade possível.
Esta edição foi concebida para proporcionar uma aprendizagem inteligente, de qualidade e divertida!

Gostou deste livro?

Um simples pedido

Estes livros existem graças às críticas que publica.
Pode ajudar-nos, deixando agora uma revisão?

Aqui está um pequeno link para
a sua página de revisão:

BestBooksActivity.com/Avaliacoes50

DESAFIO FINAL!

Desafio n° 1

Está pronto para o seu jogo grátis? Usamo-los a toda a hora, mas não são tão fáceis de encontrar - aqui estão os Sinônimos!
Escreva 5 palavras que encontrou nos puzzles (n° 21, n° 36, n° 76) e tente encontrar 2 sinónimos para cada palavra.

*Escreva 5 palavras de **Puzzle 21***

Palavras	Sinônimo 1	Sinônimo 2

*Escreva 5 palavras de **Puzzle 36***

Palavras	Sinônimo 1	Sinônimo 2

*Escreva 5 palavras de **Puzzle 76***

Palavras	Sinônimo 1	Sinônimo 2

Desafio n° 2

Agora que já aqueceu, escreva 5 palavras que encontrou nos Puzzles (n° 9, n° 17 e n° 25) e tente encontrar 2 antônimos para cada palavra. Quantos se podem encontrar em 20 minutos?

*Escreva 5 palavras de **Puzzle 9***

Palavras	Antônimo 1	Antônimo 2

*Escreva 5 palavras de **Puzzle 17***

Palavras	Antônimo 1	Antônimo 2

*Escreva 5 palavras de **Puzzle 25***

Palavras	Antônimo 1	Antônimo 2

Desafio nº 3

Óptimo! Este desafio final  não é nada para si.

Pronto para o desafio final? Escolha 10 palavras que tenha descoberto nos diferentes puzzles e escreva-as abaixo.

1.	6.
2.	7.
3.	8.
4.	9.
5.	10.

Agora escreva um texto a pensar numa pessoa, num animal ou num lugar de seu agrado.

Pode utilizar a última página deste livro como um rascunho.

A Sua Composição:

CADERNO DE NOTAS:

ATÉ BREVE!

A equipa Inteira

www.ingramcontent.com/pod-product-compliance
Lightning Source LLC
Chambersburg PA
CBHW082213120626
46553CB00010B/3132
* 9 7 9 8 8 9 6 7 0 2 4 7 4 *